臺灣歷史與文化 研究輯刊

初 編

第 25 冊

臺灣的書院之社會功能及文化特色

施 玉 柔 著

花木蘭文化出版社

國家圖書館出版品預行編目資料

臺灣的書院之社會功能及文化特色／施玉柔 著 — 初版 —
新北市：花木蘭文化出版社，2013〔民102〕
目 4+254 面；19×26 公分
（臺灣歷史與文化研究輯刊 初編：第 25 冊）
ISBN：978-986-322-278-1（精裝）
1. 書院 2. 臺灣
733.08   102002955

ISBN-978-986-322-278-1

臺灣歷史與文化研究輯刊
初 編 第二五冊   ISBN：978-986-322-278-1

臺灣的書院之社會功能及文化特色

作　　者　施玉柔
總 編 輯　杜潔祥
出　　版　花木蘭文化出版社
發 行 所　花木蘭文化出版社
發 行 人　高小娟
聯絡地址　235 新北市中和區中安街七二號十三樓
　　　　　電話：02-2923-1455／傳真：02-2923-1452
網　　址　http://www.huamulan.tw 信箱 sut81518@gmail.com
印　　刷　普羅文化出版廣告事業
初　　版　2013 年 3 月
定　　價　初編 30 冊（精裝）新臺幣 60,000 元

臺灣的書院之社會功能及文化特色

施玉柔　著

作者簡介

作者：施玉柔

學歷：高雄師範大學經學研究所

經歷：從事讀經教育多年，一直在兒童讀經教育中鑽研，熱愛中國文化，更愛經典文學。期許自己將中國文學的精髓傳承下去，讓孩子能感受到中國文學的美，孩子在接觸經典文學的同時，可以學習到古聖先賢的精神及典範，吸收老祖宗的智慧精華，讓孩子能夠站在巨人的肩膀上，看得更高、學得更廣。

提　　要

　　逝者已逝來者猶可追。藉由古人的聰明智慧，運用在現今的社會裡，形成文化的傳承。研究書院的歷史變遷，讓現代推廣兒童讀經的書院，有更多的文化資源可以參考。

　　臺灣近十幾年來，兒童學習「經典」的風氣逐漸普及社會，提倡「兒童讀經」的「書院」也如雨後春筍般不斷增加。書院是否具有教育功能？傳統書院是否為一個食古不化的教育體制？從傳統書院演變過程中，能否為現今教育制度找到一帖良方？看到兒童讀經書院如火如荼的推廣，每個推廣者總是那麼的執著、那麼的投入。引起筆者研究書院的想法，以古鑑今，讓先人的智慧重新展現它的丰采。

　　藉由瞭解傳統書院的沿革，進而推廣臺灣書院的社會功能及其文化特色，讓臺灣的書院歷史意義不但不會消失，反而能藉由文化的傳承，更加適合於現代社會。把中華民族五千年的經典文化，承先啟後的繼續發揚光大，讓後代子孫能接受經典文化教育的薰陶，學習古聖先賢的智慧，以通經世致用的理想，闡揚經典的內在價值，達到淨化人心，改造社會風氣的功能，使中華文化傳統經典在二十一世紀重新發揚光大。

　　傳統書院與現代書院最大的相同點，就是誦讀經典；用經典去啟發孩子的創造力、想像力、理解力、邏輯思考能力。

目
次

第一章　緒　論

逝者已逝來者猶可追。藉由古人的聰明智慧，運用在現今的社會裡，形成文化的傳承。研究書院的歷史變遷，讓現代推廣兒童讀經的書院，有更多的文化資源可以參考。

第一節　研究動機與目的

一、研究動機

臺灣近十幾年來，兒童學習「經典」的風氣逐漸普及社會，提倡「兒童讀經」的「書院」也如雨後春筍般不斷增加。書院是否具有教育功能？傳統書院是否為一個食古不化的教育體制？從傳統書院演變過程中，能否為現今教育制度找到一帖良方？看到兒童讀經書院如火如荼的推廣，每個推廣者總是那麼的執著、那麼的投入。引起筆者研究書院的想法，以古鑑今，讓先人的智慧重新展現它的丰采。

何謂「經典」？經典是歷史長河逐步篩選出來的寶貴典籍，經典是永垂不朽的智慧之作，用永恆的著作來啓發孩子、涵養其性情、增長智慧、提升眼界、增長道德勇氣，經典是智慧的結晶，所載為常理常道，其價值歷久而彌新任何一個文化系統，皆有其永恆不朽之經典作為源頭活水。「經典」不僅構成其民族之傳統，而且提供給全人類以無限之啓發。中國儒、釋、道三家之經典自古流傳，為所有知識分子所必讀，以形成中國文化之特色。「經典教育」是直接接觸文化傳統中最高智慧。經典教育就是讓孩子在大腦發育最迅

速的年齡階段，通過接觸代表人類最高智慧的經典文化，開發其高度智力、培養其健全人格，為孩子的成人成才，奠定堅實基礎的一種教育方法！而經典，則是指古今中外重大知識領域的原創性著作，是被歷史證明最有價值、最重要的文化精髓，比如，音樂有音樂的經典、美術有美術的經典……而最能代表中華民族五千年文化精髓的經典有《大學》《中庸》《論語》《老子》《易經》《孟子》《三字經》《弟子規》《千字文》等重要著作。經典教育正是通過經典的語言、文字、音樂、美術，採用符合兒童天性的教育方法，使孩子得到最優質的資訊刺激。經典誦讀年紀越小越是全盤吸收，像海綿一樣，堆存在生命的深處，將來慢慢地發酵。像種子種下去一樣，將來慢慢地生根、發芽、開花、結果。有意識地給孩子誦讀、傾聽、觀看經典的文化。不需要他懂什麼意思，只是誦讀。讀誦經典是中國自古以來所開發的教育方法，不僅接通文化慧命，也合乎中國人對教育的見解，有高度文化教養的人，也就是一個有智慧的人，會盡力追求知識，我們可以給孩子讀誦經典讓經典成為孩子一輩子用之不盡的資產。所謂：「近朱者赤、近墨者黑」！俗話說：「整天跟偉人在一起，你想不偉大都難」！人格的塑造，習慣的養成都奠定在人生的最初幾年。經典著作正是以寬闊的胸懷陶冶著孩子的心性！

何謂「兒童讀經」？讀經在潛移默化中，可以幫助兒童的人格發展，陶冶其性情。現今的教育制度，講求速成的成績表現，但許多性格與心靈的化育，是不能靠這些效果，透過讀經慢慢的領悟做人處世的道理，並且提升內省的能力，這是很可貴的。很多人一聽到「讀經」，總是聯想到宗教，其實「讀經」正是我國古代傳統的教育方式，讀的是古聖先賢的經典。兒童的理解力差，機械記憶強，不能理解的詞句，只要透過多次覆誦，很快就能琅琅上口。「讀經」提升一個人的智慧高度，就像開發生命的縱軸；閱讀就是拓寬一個人的常識空間就像延展生命的橫軸；給予下一代以「十字打開」的教育，教育所應尋求的真實景象就該如此。經典是濃縮了人文科學和自然科學等多方知識的結晶，誦讀經典可以把德育、智育、體育、美育統一在一起，意誠、心正、身修、家齊、國治、天下平；不正是德育教育嗎？經典的學習可以使兒童掌握簡潔、明瞭、準確的語言文字表達方式，而良好的語言文字能力是學好一切知識的基礎，科學文化的內在精神，同樣離不開簡潔、明瞭、準確的原則；同時，誦讀經典可以舒解身心壓力，並能加強創造力、靈感、注意力、判斷力及記憶力；經典優美的行文、韻味以及從經典中散發出人與自然

的和諧也正是美育所不可缺少的。有國際觀，才能不被空間所局限；有歷史觀，可以縱觀自己生命的軸線；有宇宙觀，才能究天人之際，通古今之變。鑑於亞洲經濟蓬勃發展，中國大陸經濟勢力的崛起，歐美興起學習中文的風潮，固有經典的學習益顯重要。孔、孟儒家思想，提倡忠恕孝悌及仁義道德，是中華傳統文化的基礎，也是立身處世之準則。

　　何謂「書院」？書院是有別於一般學校的另一種教育系統。學校體制從漢朝以後，規模逐漸擴大，制度也日漸成熟，終於演變成為政治上的一個機關，學生也成為政府官吏的主要來源，學校的學術功能，反而漸漸顯的不重要。所幸，在民間始終保持著專門研究學問的另一種教育系統，先秦時有論諸子的「講堂」；兩漢魏晉有講經學、玄學的「精舍」；宋明有提倡理學的「書院」。這是屬於做學問的另一個教育系統，不是專門培養官吏的學校。在這系統中，以書院的歷史最久，制度最健全，影響也最大。書院是中國古代一種獨特的教育組織，開始於唐，中間經過宋元明清各朝代，直到清朝末年有千年之久，在中國歷史上有著光輝的一頁。然而隨著科舉考試的結束，書院教育也走入歷史。所幸民國八〇年代開始不斷有人推廣讀經教育，進而成立讀經書院，以讀經教育為書院教育的主軸，本文中的現代書院就是以全日讀經為教育主軸的學校為研究目標，至於薇閣學校，雖然標榜讀經教育，但每天固定只讀二十分鐘的時間，就不在研究範圍內。

二、研究目的

　　本研究的目的是希望藉由瞭解傳統書院的沿革，進而推廣臺灣書院的社會功能及其文化特色，讓臺灣的書院歷史意義不但不會消失，反而能藉由文化的傳承，更加適合於現代社會。把中華民族五千年的經典文化，承先啓後的繼續發揚光大，讓後代子孫能接受經典文化教育的薰陶，學習古聖先賢的智慧，以通經世致用的理想，闡揚經典的內在價值，達到淨化人心，改造社會風氣的功能，使中華文化傳統經典在二十一世紀重新發揚光大。主要研究目的如下：

　　（一）臺灣的書院發展歷程是否具有社會特色？

　　書院是有別於學校教育的另一種教育機構，由於時代的變遷，書院已失去原有的教育功能，但它在書院祭祀活動的發展過程中，仍具有相當程度的

社會功能，例如：每逢考期，很多父母會帶考生到書院祈求五文昌帝君〔註1〕、魁星等書院祭祀的神明，祈求考試順利、金榜題名，這對安定考生的身心靈有很大的幫助，這或許也算是書院社會功能的延續，畢竟祭祀活動一直是書院特有的社會功能。

（二）臺灣的書院教學方式與讀經教育是否相同？

書院是我國封建社會中，傳播傳統文化的重要場所，是我國特有的一種文化教育組織模式，不少學派以書院作為學術基地與培育人才的搖籃；許多著名學者都與書院有著微妙的關係；傳統書院教學以培養學生擁有自學能力為主，在教學方法上，多採用問難論辯方式，注意啟發學生的思維，培養自學能力；書院師生朝夕相處，師生共同討論，共同研究，感情深厚。現代讀經書院以推廣讀經為主軸，提倡老實讀經，最重要而特別要注意的教學觀念是：只需多唸熟背，不需刻意講解。期待兒童多讀自會了解。然而傳統書院與現代書院最大的相同點，就是誦讀經典；用經典去啟發孩子的創造力、想像力、理解力、邏輯思考能力。

（三）傳統書院建築與現代書院建築是否相同？

傳統的書院是乎並不重視採光及通風性，書院的建築都屬於矮小密閉式建築，感覺上都較幽暗潮溼，只注重有一個空間可以講學、可以讀書就算是一個書院，也好像缺少運動的空間。現代的書院就會注意到採光及通風性的問題，以高雄宏遠書院為例，就是一個古色古香的書院現代建築，在採光及通風性都有良好的設計，但是仍然有缺少運動空間的問題，在現代人口稠密，寸土寸金的都市叢林裡，缺少運動空間是現代書院普遍存在的問題，只能善用附近的公園、運動場來改善空間不足的缺失。

第二節　研究範圍

臺灣文化是由中國文移植而來的，鄭成功克復臺灣之後，開始拓墾與教化的工作，這是臺灣開發史上的大事。臺灣書院也是從中國移植而來的，不管是制度、性質、建築、祭祀儀式、祭祀對象、教育宗旨、教學、教材、考課……等等，都有或多或少的相關聯性，甚至以中國書院為模仿與學習的對象。本研究的重點為

〔註1〕五文昌「文昌帝君、文衡帝君、孚佑帝君、魁斗星君、朱衣帝君」。

第一個階段

　　明鄭時期陳永華建議鄭經設立「臺灣首學」開始，到康熙二十二年，在這個階段裡，只有官學並未開始設立書院。

第二個階段

　　康熙二十三年，臺灣正式歸入清朝版圖開始，到雍正四年奎樓書院設立為止；滿清初期為消弭漢人反滿運動，禁止人民集會結社，包括書院也在限制之列；隨著大清政權漸趨穩定，靖海侯施琅首創西定坊書院，成為臺灣最早的一所書院；臺南府城歷經明鄭時期、清朝康熙時代的開發，商家鼎立，街道繁榮，形成一個人口聚集的城市。在這一時期，臺灣的書院集中於臺南地區且多屬官府出資興建，便於政府當局就近管理輔導〔註2〕。

第三個階段

　　自雍正十一年（1733）起，經乾隆、嘉慶，至道光十九年（1839）鴉片戰爭爆發為止百年間。清朝政府陸續在各府縣興建孔廟，也就是官學，藉以推廣儒學，已形成一套完整的科舉考試體系。為了讓儒學與地方書院平衡發展，當時的政府開始提倡民間設立書院，於是私人書院及官辦民營的書院，如雨後春筍般的陸陸續續的發展起來。書院也跟隨著漢人移民臺灣，在臺灣開發的腳步，在中南部各地方都陸續新建許多書院，甚至離島的澎湖都設有文石書院〔註3〕，如文開書院、興賢書院、藍田書院、振文書院、奎璧書院、萃文書院、鳳儀書院、屏東書院、等書院都是這時期所新建的。

第四個階段

　　道光二十二年（1842）鴉片戰爭以後，揭開中國近代史的序幕，書院也同時進入另一個嶄新的階段。這段時期，局勢混亂，屬多事之秋，臺灣社會卻呈現經濟發展民生富庶。在官方推波助瀾下，地方仕紳合力捐建的書院增多，如苗栗英才書院、大肚礤溪書院、和美道東書院、草屯登瀛書院等書院。

〔註2〕　《台灣的書院》李鎮岩（臺北市：遠足文化事業，2008，頁21）（以下引用此書時只於引文之後僅註記書名及頁碼）。
〔註3〕　臺灣本島在康熙四十三年就設立崇文書院，而離島的澎湖則晚到乾隆三十一年才設立文石書院。

而著名的官建書院，如臺北明志書院、萬華學海書院、臺中宏文書院、臺南蓬壺書院等書院，大都位於人口密集、工商發達的城市裡。此一時期西方東漸，開始有馬偕（Dr. Ceorge Leslie Mackay）等傳教士進入淡水等地設立書院及教堂。加上嘉慶、道光年間，臺灣地方富庶，社會安定，書院之設立密集達到高峰，幾乎遍及全臺各地。

第五個階段

日本明治二十九年，日本開始統治臺灣，不到五十年之間，在日本人推行新式教育體制後，由於時代的變遷，書院已失去它原有的教育功能，而紛紛停課，其建築物也逐漸頹圮不堪。其後，有些書院被充為公學校臨時教室、師生宿舍，如文開書院、礦溪書院、萃文書院等書院。或改設私立幼稚園，如大觀義學。部分則轉型為廟宇、宗祠或文祠，如雲梯書院、明新書院、興賢書院、振文書院、屏東書院、學海書院、登瀛書院等書院。但也有整修後繼續維持書院名義的，如明志書院。自此，臺灣的書院制度被毀於無形，從此走入歷史。光復後，臺灣各地書院或因年久失修而頹圮，或因人為因素遭致拆除改建。如今，全臺僅存澎湖文石書院、屏東市屏東書院、鳳山鳳儀書院、內門萃文書院、臺南奎樓書院、臺南蓬壺書院、西螺振文書院、南投藍田書院、集集明新書院、草屯登瀛書院、員林興賢書院、鹿港文開書院、和美道東書院、大肚礦溪書院、苗栗雲梯書院、苗栗英才書院、泰山明志書院、板橋大觀義學、淡水理學堂、萬華學海書院等二十所書院。（參考《台灣的書院》p27）。

第六個階段

臺灣藉由推廣讀經教育，紛紛設立讀經書院，此一階段的讀經書院也與正規體制的學校不同，不管是教學、教材、教育宗旨、等內容都有很大的差異性。讀經教學的基本理念：

（一）各民族文化有相容性。

（二）經典在文化傳承上有重大意義。

（三）「文言文」是易教易學的。

（四）「文言文」對中國文化傳承具有重要功能。

（五）「讀經」以兒童時期為最適當的年齡。

（六）「讀經」具有潛能開發的功效。

（七）「讀經」可以提升品德教育。

（八）「讀經教育」觀念具有可拓展性。

（九）「兒童讀經教育」教法是簡易可行性。

第三節　相關研究文獻探討

一、專書

臺灣的書院是由中國的書院移植而來的，這是不可否認的事實，但移植到臺灣後，在地生根茁壯，發展出適合當地的臺灣書院模式，在討論臺灣的書院中，王鎮華《書院教育與建築》、王啟宗《臺灣的書院》、林文龍《台灣的書院與科舉》、李鎮岩《台灣的書院》最為道地，以臺灣書院為主軸編寫而成的內容。

王鎮華《書院教育與建築》是屬於早期的書院介紹書籍，從明前時期開始介紹，到民國七十五年為止，它是以建築的角度來介紹臺灣的書院，書中圖片介紹多於文字介紹，多樣的建築圖片、立面圖、透視圖與剖面圖、還有平面配置圖、甚至連當時書院的位置圖和與當地關係位置圖都有，也實際拍攝許多書院照片，讓讀者比較新建築與舊建築的差異性，例如：書院屋頂的介紹、各種窗戶的不同、牆壁推砌法的特色、書院建築的裝飾、磚刻藝術、壁框、門額柱聯……等等；幫讀者還原當時的書院模樣，為書院保留許多珍貴的照片，每張照片都是珍貴的文化資產，都具有時代的意義與文化的價值，為書院的過往留下不可磨滅的歷史鏡頭，如作者自己說的，當他完成初步調查之後，有些實蹟已遭改變，原蹟照片十年不到竟成絕響。這也是時代變遷中無可奈何的改變。

王啟宗《臺灣的書院》就是以文字敘述為主，從臺灣書院的起源、由來、制度、設立的經過、書院的建築、臺灣各書院的簡介等，做了很詳細且完整的說明，並以圖片介紹舊址遺蹟，在圖片的部份沒有《書院教育與建築》的豐富，但在文字敘述方面卻非常深入且多元，讓讀者很容易認識臺灣書院的內涵，及書院的文化淵源。

　　林文龍《台灣書院與科舉》除了介紹臺灣各個書院以外，最精采的是，它介紹了臺灣書院盛行的時代裏，與書院相關的科舉，科舉在臺灣、科舉相關的習俗等，說明了書院與科舉的關係，並介紹了秀才與舉人的不同之處，書中也提到「改良式的書房」，書房教育爲異族統治下的臺灣，保留學習自己的語言、自己的文化的地方，書院因科舉而存在，科舉因書院而有生命；書院與科舉有著濃的化不開的相關性。

　　相較於前面三本書籍介紹，李鎭岩《台灣的書院》就比較屬於現代版的臺灣書院介紹，它結合了《書院教育與建築》的照片與圖片功能，介紹臺灣現存的書院風貌；然而臺灣現存的書院或多或少，都有受到民國八十八年九二一大地震的摧殘，所以李鎭岩《台灣的書院》介紹的是轉型後的臺灣書院，也可以說是重建後的臺灣書院介紹。除了現代書院實際照片，與格局配置示意圖外，還有風格獨特的書院鳥瞰圖，配合豐富的圖片與各種角度的照片，引領讀者一窺臺灣書院的建築美學。也介紹臺灣的書院起源、制度、發展歷程，較不同的是，它介紹臺灣的書院供祀的神明和臺灣的書院的祭典。李鎭岩《台灣的書院》可以說是，王鎭華《書院教育與建築》、王啓宗《臺灣的書院》、林文龍《台灣書院與科舉》的現代精華濃縮版，把七〇年代到九〇年代轉型後臺灣的書院，做了詳實的紀錄，讓豐富的臺灣的書院文化資產，能夠得到完整的整理，並且用文字記錄保存下來。對臺灣的書院文化的發揚與傳承，具有不可磨滅的意義與價值。

二、學位論文

　　研究關於中國書院的論文很多，但研究關於臺灣的書院的論文就不多了。

　　許世穎《清代臺灣書院之研究》是早期臺灣的書院研究論文，以概括論述的方法介紹清代臺灣的書院，內容簡單扼要，敘述淺顯並不深入。

　　陳紫屏《清代臺灣學海書院研究》藉由學海書院的興盛史來說明北臺灣的經濟發展，學海書院是建構在當時經濟起飛的時代，當大家肚子溫飽時，文教風氣就跟著有所轉變，學海書院的成立，建立了北臺灣的文教中心，爲學子提供觀摩學習的地方。

　　許楓萱《清代明志書院》以對照、比較的方式來說明，臺灣地區書院與大陸地區書院的差異性，再以北臺灣教育和明志書院之間的關係，來凸顯書院教育，對臺灣教育影響的深遠性。

黃淑怡《清代臺灣海東書院之研究》主要探討海東書院的沿革、分析海東書院對當時文化教育的影響，深入的探討海東書院，其中以透過分析臺南地區科名及仕紳成長狀況，來說明海東書院對臺南地區的文教風俗影響，在這個部分有很明確的探討。

王惠琛《清代臺灣科舉制度》臺灣在滿清時代推行科舉制度，雖然制度本身與內陸的科舉制度並沒有太大的差異性，但臺灣科舉制度與文化教育卻有密切的關係，文中提及臺灣科舉制度，對儒家傳統思想的影響，而科舉制度移殖臺灣後，對促進臺灣文化教育的提升，有非常大的貢獻，臺灣近百年來的教育制度，受到科舉制度的影響很深。

綜觀各專書及期刊論文對臺灣的書院介紹，有下列共同特點：

（一）臺灣的書院是從中國書院移植而來的。

（二）臺灣的書院的發展與科舉制度有關聯性。

（三）臺灣的書院普遍設立在人文薈萃的地方，是當地的文運中心。

（四）臺灣的書院的發展具有傳播中華文化及培養地方才俊的功能。

（五）臺灣的書院教育制度受中國教育制度的影響，但也影響臺灣的教育制度。

（六）臺灣的書院培養出來的仕紳，對政治、經濟、文化有相當大的影響及貢獻。

（七）臺灣的書院具有安定人心的力量。

（八）臺灣的書院是教育人才的地方。

第二章　書院的起源與歷史變遷

　　書院是我國封建社會中傳播傳統文化的重要場所，是我國特有的一種文化教育組織。它興起於中唐，雛型於晚唐或五代，鼎盛於宋元，持續和普及於明清，到了清代書院幾乎成了主導地位的一種教育機構。至今已有一千多年的歷史了。它對我國的傳統文化產生過巨大而深遠的影響；書院實質上是一種綜合型多層面的文化教育組織，它具有多種功能，既具有學校、圖書館、研究所的功能，還具有某種宗教性質的功能。「書院」是一個富有歷史意義的文化資產。在時代巨輪的推動之下，到現在教育機關的普及，書院的院址多被掩沒了，可是書院所締造的功能依然未減，甚至可供給我們追尋昔時傳道授業的事蹟。

第一節　書院的歷史沿革

　　書院是我國封建社會中，傳播傳統文化的重要場所，是我國特有的一種文化教育組織模式。它興起於中唐，雛型於晚唐五代，鼎盛於宋元，持續和普及於明清，它對於我國的傳統文化產生過巨大而深遠的影響。不少學派以書院作為學術基地與培育人才的搖籃；許多著名學者都與書院有著微妙的關係；這種特殊教育組織形式的發展歷程，同宋、元、明、清時期的學術思想演變有著密切的聯繫。

一、唐朝的書院

　　書院這一名稱開始見始於唐朝。唐朝書院有朝廷所設的，也有私人所建

的。朝廷所設的書院為集賢書院。唐王朝建立後，除了保留隋朝政府的藏書以外，又從民間收購圖書，並有專人寫錄、收藏。但由於這些圖書一直缺乏系統整理，到了開元初年，其書籍久封未開啓、書籍脫落、書頁錯亂的狀況已十分嚴重。因此，唐玄宗親自發起進行整理內庫圖書的活動，而集賢書院就是在這一個整理內庫圖書的活動中出現的。

唐玄宗於開元五年（717）下令於乾元殿校理內庫所藏圖書，稱為乾元書院或乾元院。開元六年（718），乾元書院改稱麗正修書院，又名麗正書院。開元十三年（725），麗正修書院改稱集賢殿書院，又名集賢書院或稱集賢院。集賢書院通過自乾元書院以來對圖書的檢校、傳錄，到開元十九年（731）時，建立了一套規模可觀，並且有系統的藏書。集賢書院的活動並不是只有校理、收藏圖書、還有蒐集圖書、侍講侍讀、承旨撰文及徵求賢才、建言籌策等職能。集賢書院是一個兼具某些政治職能的圖書蒐集、整理與收藏機構。這種書院它與作為學校性質的書院是名同而實異的。

關於唐朝私人所建的書院，大都是文人學者個人讀書或研討學問的所在。在這些私人所建的書院中，有的已經有了講學活動或具備學校性質；如根據記載：「皇寮書院……唐劉慶林為吉州通判，留寓永豐，始建書院講學〔註1〕」。「鼇峯書院……為子孫肄業之所〔註2〕。」這就表示具有教育功能的書院，在唐朝開元以前就已經產生了。不過這種具有教育功能的書院，在唐朝還只是鳳毛麟角，為數極少，尚處於萌芽狀態。

二、五代的書院

唐天祐四年（907），朱溫廢唐稱帝，改元開平，建立了後梁，中國歷史從此進入五代十國時期。其時，在北方是後梁、後唐、後晉、後漢、後周五個王朝的頻繁更迭，在長江流域及其以南地區，則是除去北漢以外的九國，吳、吳越、前蜀、楚、閩、南漢、南平、後蜀、南唐割據稱雄的局面。社會動盪不安，戰爭不斷。在這形勢下，書院自很難可以有很大的發展。不過在南唐統治區內，書院還是有所發展的。在分裂混亂的五代之際，南唐的書院卻能有一定的發展，這絕不是偶然的。首先，這是因為一般來說，當時南方

〔註1〕 《吉安府志》明・余之楨修、王時槐纂（北京市：中國書店出版，1992 年）卷 15 頁 206。

〔註2〕 《建陽縣志》清・余光璧纂修（北京市：中國書店出版，1992 年）卷 2 頁 643。

諸國比中原地區戰亂較少，人民的生活環境較爲穩定，因而社會經濟仍能呈向上發展的趨勢；而南唐在南方諸國中，地大兵強可以算是「大邦」。這種狀況自然有利於文化教育的發展。其次還因爲南唐的三位君主，李昇、李璟、李煜都酷愛文學，是當時著名的詞人。他們都很重視文化教育。南唐君主的這種重視與關切，顯然也是南唐教育事業發展的重要因素。

　　五代時期，大部份書院具有了較多的藏書，並能爲家境貧寒的學習者提供資助。有的書院還有專供解決經費問題的學田。另外，爲白鹿洞書院前身的廬山國學中，還出現了「升堂講釋」的教學形式和「日課」。所有這些，都勢必對以後書院的發展產生影響。

三、宋代的書院

（一）北宋

　　後周顯德七年（960）初，在後周擔任殿前都檢點之職的趙匡胤發動兵變，即帝位，改元建隆，建立了宋王朝，都於開封。史稱北宋。宋朝初期，自唐末以來長期動盪、分裂、混亂的局面漸趨結束，從而爲文化教育的發展創造了有利的條件。在生活較安定時，士子們就會有強烈的就學願望，但當時宋朝政府的主要精神都用在軍事、政治和財政方面，爲加強中央集權而努力，對教育尚無瑕顧及。在這種形勢之下，爲了教育發展的客觀需要，書院應運而興。呂祖謙在談及宋初書院的興起時，便曾說過：「竊嘗聞之諸公長者，國初斯民，新脫五代鋒鏑之厄，學者尚寡，海內向平，文風日起，儒生往往依山林，即閑曠以講授，大率多至數十百人〔註3〕。」明人李東陽也曾說：「書院之作，乃古庠序之遺制。宋之初，學校未立，故盛行於時〔註4〕。」宋初著名的書院具有以下一些特點：

1. 宋初著名書院的主持人已有了「山長」、「院長」、「洞主」等專門的稱謂，唐五代時已有「山長」之稱。
2. 這些書院大多數都有學田，是書院的主要經費來源。
3. 這些書院多半始建於唐末五代，而且大多數原爲個人讀書、治學、講習之所，以及家族所立的私塾。宋朝初期，這些書院大多有不同程度

〔註3〕　《東萊集》呂祖謙〈白鹿洞書院記〉（臺灣商務館，第1150冊卷6頁54）。
〔註4〕　《湖南通志》（曾國荃等撰，臺北市：京華出版，1967年，卷69頁1576）。

的得到官方的關注。有些更是都曾得到官方的資助，其中有的後來直接變爲官辦的府學。

4. 這些書院大都建於山林閑曠之地。這一則是唐朝士人讀書山林的流風餘韻所使然；二則同唐朝末年以後，戰亂相仍，士人爲躲避戰亂，只好遁跡山林密不可分；三則也同自魏、晉以來，佛寺禪舍常建於山林名勝之區的禪林制度的影響不無關係。

5. 這些書院中，除了有作爲教學活動的講習以外，有的已有了供祀的活動。而且，這些書院還大多都有藏書。這就表明，從總體上看，後來所謂的書院「三大事業」即講學、供祀與藏書，在宋初已經初步形成。

宋初著名書院的以上特點，對後來的書院建設產生了廣泛的影響，也被後來熱心於書院建設的人們奉爲圭臬。不過宋初大多數著名書院的規模都不大，書院的組織機構也較爲簡單，並且也還沒有形成完備的制度。

書院在北宋初期雖曾一度勃興，出現一些著名的書院，但自慶曆以後，書院的發展在總體上卻處不景氣的狀況。造成這一變化的主要原因是，這一時期，宋朝政府大力推進官學的發展，對書院不再予以表彰。而這一時期，宋朝政府之所以重視官學的發展，也不是突如其來的變化。宋朝初期，宋朝政府從建立和加強中央集權統治的需要，曾極力提倡科舉，以招攬人才。這主要表現在以下兩點：

甲、宋初比唐朝多增加了科舉的錄取名額。

乙、宋朝政府還提高了進士及第者的待遇。

宋初統治者如此大興科舉，一方面雖然對鞏固宋王朝的統治起了一定的作用，但另一方面也在士子中造成了一種希圖僥倖獲取名利而不務實學的風氣。一些有識之士開始指陳科舉制度的弊端，主張興學育才。慶曆以後，宋朝政府之所以重視官學的發展，正是同這一形勢密切相關。而官學的蓬勃發展中曾一再強化的入學與入士的聯繫，勢必將讀書士子的注意力從書院引向官學，書院被冷落自然是不可避免的。

（二）南宋

靖康二年（1127）二月，宋徽宗、欽宗二帝被金軍所廢，北宋王朝滅亡。同年五月，康王趙構即帝位於南京應天府，改元建炎，是爲宋高宗。後南遷，於紹興八年（1138）定都臨安，也就是今天的浙江杭州，史稱南宋。

　　南宋時期是宋朝書院的發展鼎盛時期，南宋建立之初，由於與金軍的戰事不斷，政府無暇顧及教育事業。書院的創建與興復再度興起，這一時期書院的復興，理學家當負起重要角色。理學，又稱「道學」，興起並初步發展於北宋，但這一時期，理學的遭遇卻是很不順利。因為，以朱學為代表的理學更曾被視為「偽學」，受到嚴厲的毀謗及排擠；在其中間階段，理學也一直未受到朝廷的重視。在這種情況下，當時的各派著名理學家及其門人，只好以書院作為研究與傳播理學的重要基地。這就是他們熱中於創建與興復書院的原因所在。由此，在北宋時期就已發端的理學家創建書院的傳統，在這一時期進一步的發揚。後來理學又受重視，伴隨著理學地位的提高及其佔據思想領域的統治地位，被理學家們視為傳授、宣傳理學觀點陣地的書院發展，自然也會受到促進。與此同時，南宋政府還曾一再向書院賜額，以示提倡，這也同樣會使書院的發展受到促進。另外，當時雕版印刷業的興盛，也為書院豐富藏書提供了物質條件。由於這些原因，這一時期，書院愈發蓬勃發展起來，成為南宋書院發展的鼎盛期。

四、元朝的書院

　　由成吉思汗（鐵木眞 1162～1227）在金泰和六年（1206）所建立的蒙古國，於中統元年（1260）由忽必烈（1215～1294），即元世祖繼承汗位。至元八年（1271），忽必烈正式定國號為大元。次年，建都大都。至元十三年（1276），元兵攻陷臨安。至元十六年（1279），南宋覆亡，全國又歸於統一。

　　還在全國統一以前，元朝統治者就已逐漸認識到「文治」對於鞏固政權的重要性。因此，他們很注重尊崇儒學和發展文化教育事業。元朝政府對於書院教育也很重視。但總體來看，在元朝政府統一全國以前，由於戰事不斷，其統治區域內，書院教育尚無顯著發展。元王朝統一江南後，有些地方官吏自發地興復了南方的某些書院，並新建了一些書院。在此同時，鄉里間也恢復並新建了一批書院。有些不肯仕元的南宋學者、文人或自建書院以講學，或在其他私人所辦的書院中教學。面對這種局面，元朝中央政府為了消解漢族知識分子的敵對情緒，對於書院，不論其為官吏所辦亦或民間所辦，一概採取了鼓勵、幫助的辦法。

　　元朝中央政府的這種作法，有力的推動了書院的發展。在這以後，元朝書院迅速的發展起來。元朝書院既有官辦的，也有民辦的以及官民合辦的。

元朝書院的興建者中，既有漢族人，也有蒙古族人與色目人。在元朝時其所形成的規模，無疑的體現出，空前的多民族統一國家，對於書院建設所產生的影響。

五、明朝的書院

至正二十八年（1368）正月，朱元璋即帝位於應天府，就是今天的江蘇南京，定國號為大明，建元洪武。同年八月，明軍攻佔大都，結束了元朝的統治。

明初的統治者從鞏固自身統治的需要出發，十分重視培養與網羅人才。為此，他們大力興辦官學，並提倡科舉。一方面，正是由於明初統治者把發展文教事業的重點，放在興辦官學與提倡科舉方面，他們對書院教育自然不予重視，也無暇顧及，另一方面，也是由於一般士子，為官學的優厚待遇與科舉的錦繡前程所吸引，對書院的興趣大減，所以，從洪武迄天順的近百年間，書院的發展十分緩慢，顯的比較沉寂。

成化以後，科舉制度日趨腐敗，其最突出的表現是以八股取士，從而使一般士子，把注意力完全集中在如何學作八股文，以獵取功名富貴。就在這個時候，官學也日益衰弱。在這種局面下，書院作為育才之地的作用，又逐漸引起人們的重視。於是，從成化以後，書院又逐漸興起。書院在這一時期的振興，特別是在嘉靖年間達於極盛，與同心學派的理學家們所起的作用密不可分。而這一時期，心學派的理學家們，之所以熱中於創建與興復書院，也不是偶然的。我們知道，自南宋末年以來，朱學在思想領域長期居於統治地位，已達到頂點。然而，在這個時期，思想領域造成了謹守儒者先人的正傳，不敢改變或修正錯誤的嚴重墨守之風，並使朱學日趨固陋空疏、繁瑣支離。正是在這種狀況下，與朱學同時產生於南宋，但卻長期晦而不彰的心學，得以重振旗鼓，乘勢而興，出現了明朝心學的兩大派別，即江門心學與姚江心學。如果說江門心學是姚江心學在明朝的先導的話，那麼，姚江心學無疑集宋明理學心學派之大成。由此當時的官學完全是程朱理學的一統天下，所以，很自然的，心學派的理學家們便把書院視為從事研討與傳播心學的基地。這就是心學理學家們那樣熱中，創建與復興書院的原因所在。隨後，明世宗、張居正皆曾毀之，尤以東林書院事件，魏忠賢盡毀天下書院，書院乃大沒落。明天啟七年（1627）崇禎皇帝即位，罷黜魏忠賢，魏忠賢畏罪自縊。隔年，

皇帝下詔：「各處書院宜表彰者，著提學官盡行修復。」於是書院又逐漸恢復昔日生機。

六、清朝的書院

　　明萬曆四十四年（1616），女眞貴族努爾哈赤（1559～1626）及汗位，國號大津，史稱後金，後遷都瀋陽。其子皇太極（1592～1643）於天聰十年（1636）稱帝，並改國號爲大清。順治元年（1644），清政權乘李自成農民起義軍推翻明朝統治之機，入關南下，遷都北京，確立清王朝的中央政權，以後逐漸統一了全國。

　　清朝初期，清政府一方面採用高壓政策，如強制漢人剃髮易服、建立駐防制度、大興文字獄等，維護與加強自身的統治，另一方面則施展籠絡的手法，如尊奉孔子、提倡程朱理學、開科取士、興辦官學等，藉以消弭漢族知識分子的敵對情緒，擴大自己的統治基礎。對於書院這種獨立於官學系統之外的教育組織，清廷最初是採取了一種抑制其發展的政策。康熙年間，伴隨著清王朝統治秩序的漸趨相對穩定，清廷對書院的態度也明顯改觀。清廷已從對書院發展進行抑制、轉而提倡、鼓勵書院發展。在順治初到雍正初這八十年間，總體來看，清廷的書院政策是不穩定。毫無疑問，在這段時間裏，當清廷對書院發展加以提倡、鼓勵時，自然會顯著促進書院建設的進行。同時也應看到，即使在清廷對書院發展採取抑制政策時，也畢竟始終沒有下令廢棄書院；而且，截至到清初，書院已有了九百多年的發展史，不僅對一般知識分子，而且對清朝的各級官吏，都有著深刻的影響，他們中間一些熱心於文教事業之士，對於發展書院事業具有強烈的要求與主動性。因此，即使在清廷抑制書院的發展時，也仍然存在著書院繼續向前發展的一定條件與動力。

　　雍正十一年（1733）後，清朝書院的發展進入了一個新的階段。這一年，雍正帝明令各直省省會均設立書院，並各賜帑金以爲經費。這一諭旨不僅意味著，雍正對書院從抑制轉爲提倡；而且意味著，清廷開始從經濟上對書院的發展給予支持，但在此之後也強化了對書院的控制。自雍正末年始，書院迅速的發展起來。截止到鴉片戰爭爆發前夕的道光十九年（1839），在各地陸續新建的一大批書院，其中以乾隆年間新建書院最多。我們知道，清代漢學又稱樸學或清代古文經學，是主要從事訓詁考據的經學派別，以其推崇東漢

古文經學家許慎、鄭玄之學而得名。這一學派的興起，一方面同當時理學的空疏有關，另一方面也是清王朝在文化領域裡實行高壓政策的結果。其治經，重實證而不重義理，以此迥別於崇尚以義理說經的宋明理學。這一學派在乾隆、嘉慶年間盛極一時，故又稱爲乾嘉學派。乾嘉學者中的不少人都曾在書院講過學，有的也曾建立過書院，但就影響論，都不能同阮元創立杭州詁經精舍與廣州學海堂相比。這是因爲，在這兩所書院裡阮元首次明確的將進行有關經史訓詁之學的教育，確定爲書院的辦學宗旨。阮元把它由宋學返歸漢儒之學，以訓詁求經義的治學主張，說的再清楚不過了。正是在這種治學思想的指導下，杭州詁經精舍與廣州學海堂，成爲專門研究經史辭賦的教育機構與學術研究機構，從而把以往漢學家們所進行的關於漢學的一般提倡，推進到建立漢學最高學府的階段。

自道光二十年（1840）鴉片戰爭始，外國侵略勢力憑藉武力打開了中國的大門，使中國社會逐漸發生了根本性的變化。伴隨著中國近代史帷幕的揭開，書院的發展也進入了一個新的階段。在這一階段的最初一段時間，亦即道光三十年（1850）以前，新建書院仍然不少。咸豐年間，由於戰爭的原因，新建書院較少；同時，不少原有書院也難免毀於兵火。到了同治、光緒年間，除了不少書院曾進行重修或重建以外，新建書院也多了起來。而且在以前從未建過書院的今臺灣、吉林、青海、黑龍江、內蒙古諸省區，也都有了書院的建置。清朝時期，書院的分布無疑比以往任何朝代都要更爲廣泛。清朝時期的書院發展，還有兩個特點：一是，同以前朝代著名書院多位於山林閑曠之地的狀況不同，這一時期，伴隨著社會經濟的發展與雍正十一年後，官方在書院建設中所起作用的強化，書院教育的中心愈來愈轉向城市，以致逐漸形成著名書院大都位於較大城市，尤其是省會，新的書院分布格局。二是，這一時期中的鴉片戰爭以後，基於列強對華進行文化侵略的需要，外國傳教士曾在中國設立了一些由他們所主辦的書院，這類書院雖然名爲書院，實則一般都是教會學校，與中國本來意義上的書院並不是一回事。

七、清末的書院改制

清朝既是中國歷史上書院分布最廣泛的時期，又是書院積弊日深，以致最終被廢改的時期。清朝時期，書院的官學十分嚴重，而正是這種嚴重的官學化勢必造成書院的種種弊端。這一時期書院的弊端主要表現在：

第一：書院的山長多不稱職。清朝時期，雖然有不少著名學者曾在書院充任主持人或從事講學活動，但同清朝二百六十多年漫長歲月中所任職於書院的大量山長相比，這類名師畢竟只佔很小的比例。

第二：大多數書院生徒專究制藝，別無所事。清廷於乾隆九年曾明文規定，書院課試以八股為主，由此導致清朝的大多數書院均以八股文為主要教學內容，成為科舉考試的預備場所。同時，由於清朝政府為了加強對書院的控制，十分注意向書院提供經費，所以，不少書院生徒往往僅僅是為了謀取膏火銀以餬口而來。他們熱中於比較獎金、膏火的多少，爭取排名的前後次序，其中有些人還不惜為此而作偽舞弊，書院士風由此而日益敗壞。在這種情況下，清朝的大多數書院無疑難以有培養真才實學的作用。

　　上述書院之弊隨著時間的推移，愈演愈烈。到了光緒年間，書院的內部狀況更加腐敗。導致清末書院改制，除了上述書院弊端積重難返的原因以外，還有更為深刻的社會原因。自鴉片戰爭後，中國不斷遭受外國列強的侵略，民族危機日益嚴重，社會危機日益加深。有識之士愈來愈認識到：為了抵抗外侮，富國強兵，就必須向西方學習，並培養出通曉西學的新型人材。而當時書院的教學內容，無論是制藝，還是理學、漢學等，都屬於舊學的範疇，根本不能適應這一社會要求。這一點，尤其決定書院的改制必不可免。清末書院改制是以甲午戰爭的失敗為契機而正式提上歷史日程的。這次戰後，帝國主義列強愈發加劇了對中國的侵略活動，使中國面臨空前嚴重的瓜分危機。在這種形勢下，書院教育同社會需要不相適應的情況，更加尖銳地突顯出來。於是，伴隨著康有為、梁啟超等人所領導的維新運動的蓬勃興起，書院改制的問題也成為當時的重要議題之一。書院改制實際上還主要限於變通書院的教學內容方面。至於書院形式的發生改變，則是到戊戌變法期間才出現的。光緒二十四年五月十五至二十一日間，亦即戊戌變法開始後不到一個月，康有為即上《請飭各省改書院淫祠為學堂摺》，建議將「公私現有之書院、義學、社學、學塾，皆改為兼習中西之學校〔註5〕」光緒皇帝採取了他的這一建議，從此之後，有些地區隨即展開了書院改學堂的活動。不過這次書院改學堂的活動為時甚短。光緒二十四年八月，戊戌政變發生。同年九月三十日，

〔註5〕　《康有為政論集》上冊，康有為（北京市：中華書局 1981 年第一版，頁 312）。

慈禧太后下諭：「書院之設，原以講求實學，並非專尚訓詁詞章。凡天文、輿地、兵法、算學等經世之務，皆儒生分內之事，學堂亦不外乎此。是書院之與學堂，名異實同，本不必更改。現在時事艱難，尤應切實講求，不得謂一切有用之學，非書院所當有事也〔註6〕。」於是僅剛剛開始不久的書院改學堂的活動，猶如曇花一現，即告終止，而且，有的原來並非書院的學堂也隨之而改為書院。但是，歷史發展的必然趨勢終究是不可逆轉的。由於光緒二十六年八國聯軍攻陷北京以及次年喪權辱國的《辛丑條約》的簽訂，腐朽的清王朝愈發內外交困，風雨飄搖。在這種局面下，為了緩和人民群眾的反抗情緒，挽救自身的腐朽統治，以慈禧太后為首的清朝政府也不得不實行所謂「新政」。其所謂「新政」的內容之一，便是改書院為學堂。隨後，書院改學堂的活動在各地又展開。這裡需說明的是，從全國範圍看，這一活動在最初三、四年間進展還很不平衡，不少地方仍按兵不動。不少地方因而抱觀望態度。於是，兩湖總督張之洞與直隸總督袁世凱、盛京將軍趙爾巽、兩江總督周馥、兩廣總督岑春煊、湖南巡撫端方於光緒三十一年會銜奏請立停科舉，摺中強調：「科舉一日不停，……學堂絕無大興之望。……欲推廣學校，必自先停科舉始。」清廷為形勢所迫，乃於同年八月四日下諭廢止科舉制度，規定自光緒三十二年始，「所有鄉會試一律停止，各省歲科考試亦即停止」。（《大清德宗景皇帝實錄》p5034）而這也就使一般士子憑藉僥倖得第以進入仕途的希望，徹底化為泡影，從而使書院改學堂的步伐顯著加快。在此後不到幾年間，全國書院便都陸續停辦，或改為學堂，或廢棄不用。綿延千年以上的中國書院制度就此告終。

第二節　臺灣書院的發展歷程

一、荷蘭人時期的書院

　　明天啟四年（1624）八月，荷蘭人從南臺灣登陸，建築了熱蘭遮城，今安平古堡，成為當時全臺的政商中心。隔年，長官宋克（Sonck）向荷蘭當局要求，希望能有二到三位能讀經者，到臺灣展現神的話語，並教化土著皈依

〔註6〕　《大清德宗景皇帝實錄》（臺北市：華文書局1970年六月再版）卷486頁4475。（以下引用此書時只於引文之後僅註記書名、卷數及頁碼）。

基督信仰。天啓七年（1627）六月，第一位正式的教區牧師喬治・干治士（Georgius Candididus）抵達，受命主持城內的宗教事務。他常利用閒暇，度過臺江內海，到新港學習平埔族語，進而使用拉丁字母拼音法（新港文）寫成平埔族語的《聖經》，開始向當地平埔族西拉雅各部落宣教，爲後來的教會學校立下基礎。天啓十六年（1636），傳教士尤羅伯（Robertus Junius），在新港社搭起竹屋，開辦臺灣第一所新港教會學校。他以基督教傳統教學方式，每天教導七十位原住民青少年。由此可知，臺灣早期的學校教育始於十七世紀中葉。

二、明朝鄭成功時期的書院

　　明永曆十六年（1662），延平郡王鄭成功攻克臺灣，驅走荷蘭人。當時制度剛建立，休兵息民爲施政重點。翌年五月鄭成功病逝。永曆十九年（1665），鄭經即位後，以陳永華〔註7〕爲諮議參軍。陳永華治理國務有方，加上年年豐收，民生富庶，於是向鄭經建言興建孔廟、設立學校。鄭經接受陳永華的建議，首建聖廟，設學校，以崇祀至聖先師孔子，並教育漢蕃子弟，這是中華文化移植臺灣的開始。陳永華選擇寧靜王府南邊街坊，面對魁斗山的地點，興建孔廟，旁設明倫堂，以供授課講學。孔廟的興建，不只象徵臺灣沿襲了數千年的中華文化，也同時開啓了臺灣文教史上的第一頁。接著陳永華命令全臺各地設立學校，延請中土通儒前來教授子弟。並規定一般孩童八歲開始進入小學唸書，由啓蒙老師坐而教之。先讀《三字經》、《千字文》，然後教授《四書》，《論語》、《孟子》、《大學》、《中庸》等書，爲將來考試、研究學問打好基礎。陳永華自任書院山長，在老師們諄諄教誨下，一時之間，文風丕振，從此奠定臺灣人奮學上進的精神。的確，明鄭時期學校的設立，以及陳永華所開創的人文教育系統和精神，可謂歷久彌新。時至今日，重新審視當代臺灣的教育發展歷史，實具有深遠的意義存在。

〔註7〕陳永華字復甫，明崇禎七年（1634）生在書香世家，福建同安儒生，待人誠懇，處事果斷，精通醫學、易經、孔孟學說與孫吳兵法，可謂文武雙全，對臺灣早期的政經制度與文教等措施，貢獻良多。明永曆三十四年（1680）七月，病逝台南。民眾爲感念這位「臺灣諸葛亮」的德澤，於是在臺南市建「永華宮」加以供祀。另臺南市南區「永華路」也是爲了紀念他而命名的。

三、清朝時期的書院

（一）清朝初期（1683～1726）

臺灣早期的書院均設於府城，除重建臺南孔廟外，又有儒學、社學、義學、書院和私塾等教育機構。康熙二十二年（1683），施琅攻陷澎湖，鄭克塽降清，臺灣歸入清朝版圖，初期為消弭漢人的反滿運動，禁止人民集會結社，包括書院也在限制之列。其後，隨著大清正權漸趨穩定，靖海侯施琅為了籠絡民心，奏請皇上，將寧靜王府改建為大天后宮，並首創西定坊書院，成為臺灣最早的一所書院。

臺南府城歷經明鄭、清朝康熙時代的開發，人群聚集，街市繁榮，形成都邑。此時，康熙皇帝曉示：「允言官請，詔各直省營建書院，為士子觀摩地。」於是將軍吳英建、郡守蔣毓英等人，在臺南地區利用明鄭舊有義學，改建為安東坊、西定坊、鎮北坊、彌陀室……等八所書院，形成義學過渡到正式書院的雛形，而產生有別於儒學的另一種教育系統。康熙四十三年（1704），知府衛台揆將原有安東坊舊義學改建為崇文書院，臺灣首座典型著重在考課、科舉，規模完備的書院終於形成。康熙四十九年（1710）知縣宋永清在高雄鳳山舊城成立屏山書院，接著又過十年，臺灣的第三所書院——海東書院出現，為全臺最具規模的書院。到了雍正四年（1726），分巡道吳昌祚又於臺南府治道署之旁創建中設書院，就是奎樓書院，此一時期，臺灣的書院集中於臺南地區且多屬官府出資興建者，便於政府當局就近管理輔導。（參考《台灣的書院》p21）。

（二）清朝中葉（1727～1841）

雍正六年（1728）皇帝下旨：「凡官員有蒞民之責，其言語必使人人共曉，然後可以通達民情，熟悉地方事宜……朕每引見大小臣工，凡陳奏履歷之時，唯有閩、廣兩省之人，仍係鄉音，不可通曉。……但語言自幼習成，驟難更改，故必徐加訓導，庶幾歷久可通。」由於朝廷表明對閩、粵兩省鄉音採行糾正，因此當時臺灣的彰化、臺灣、諸羅和鳳山等四縣，奉文設立四所「正音書院」。雍正十一年（1733）清廷對書院的態度，有了很大的轉變，指定各省建立書院。乾隆元年（1736）揭示：「書院之制所以導進人才，廣學校所不及。」意思是書院介於官學與鄉學之間，儒學只課而不教的缺失與不足，可以透過廣設民間書院來加以補救。並向書院頒贈經史書籍，薦舉書院優等生，

同時撥款資助諸生膏火，以示提倡。自雍正十一年（1733）起，經乾隆、嘉慶，至道光十九年（1839）鴉片戰爭爆發為止百年間，清廷陸續在各府縣興建孔廟，就是官學、儒學，以形成一套完整的科考體系。為了讓儒學與地方書院平衡發展，當時的政府開始提倡民間設立書院，於是書院如雨後春筍般地發展起來。而臺灣也隨著漢人開發的腳步，在中南部各地陸續興建許多書院，如文開書院、興賢書院、藍田書院、振文書院、奎璧書院、萃文書院、鳳儀書院、屏東書院、文石書院等二十四所書院。這些書院當中，有官辦的，如澎湖文石書院、鹿港文開書院等。官民合辦的如鳳山鳳儀書院、南投藍田書院等。也有民辦的，如西螺振文書院、員林興賢書院等。此一階段，臺灣的書院在清廷的大力鼓吹與協助下，成長迅速，並轉往各地發展，甚至發展到外島澎湖。

（三）清朝末期（1842～1895）

道光二十二年（1842）鴉片戰爭以後，揭開中國近代史的序幕，書院也同時進入另一個嶄新的階段。這段時期，局勢混亂，屬多事之秋，臺灣社會卻呈現經濟發展民生富庶。在官方推波助瀾下，地方仕紳合力捐建的書院增多，如苗栗英才書院、大肚磺溪書院、和美道東書院、草屯登瀛書院等書院。而著名的官建書院，如臺北明道書院、萬華學海書院、臺中宏文書院、臺南蓬壺書院等書院，大都位於人口密集、工商發達的城市裡。此一時期西方東漸，開始有馬偕（Dr. George Leslie Mackay）等傳教士進入淡水等地設立書院及教堂。加上嘉慶、道光年間，臺灣地方富庶，社會安定，書院之設立密集、達到高峰幾乎遍及全臺各地，而有些大型書院，更設有書院分校。臺灣從康熙二十二年（1683）施琅首建西定坊書院，到光緒十九年（1893）成立的崇基書院為止，二百餘年之間，從「草萊初闢、窮鄉僻壤」中建起，到分布全臺各地的書院總數達六十二所之多。在昔日臺灣教育不普及的農耕時代，書院以研究學問，供人讀書講學而獨樹一幟，其教育體制有別於一般學校，成為早期的文教中心。對當時臺灣的教育發展產生重大的影響。時至今日，書院的教育特色與社會文化發展之關係，對現今仍具有一定的意義。

四、日據時代的書院（1896～1945）

日明治二十九年清光緒二十二年（1896），日本開始統治臺灣。隔年冬天，

臺灣總督在全臺各地設置十四所日語傳習所，到了明治三十一年（1898）八月十六日發布「公學校令」明定：「本島人子弟施德教，授實學，以養成國民性格，同時使精日語。」同時開辦各地公學校，從明治三十一年（1898）至昭和十九年（1944），不到五十年之間，全臺總共設立九百四十四所公學校。在日本人推行新式教育體制後，由於時代的變遷，書院已失去它原有的教育功能，而紛紛停課，其建築物也逐漸頹圮不堪。其後，有些書院被充為公學校臨時教室、師生宿舍，如文開書院、礦溪書院、萃文書院等書院。或改設私立幼稚園，如大觀義學。部分則轉型為廟宇、宗祠或文祠，如雲梯書院、明新書院、興賢書院、振文書院、屏東書院、學海書院、登瀛書院等書院。但也有整修後繼續維持書院名義的，如明志書院。自此，臺灣的書院制度被毀於無形，從此走入歷史。

五、光復後的臺灣書院（1946～今日）

光復後，臺灣各地書院或因年久失修而頹圮，或因人為因素遭致拆除改建。現在全臺灣僅存萬華學海書院、淡水理學堂、板橋大觀義學、泰山明志書院、苗栗英才書院、苗栗雲梯書院、大肚礦溪書院、和美道東書院、鹿港文開書院、員林興賢書院、草屯登瀛書院、集集明新書院、南投藍田書院、西螺振文書院、臺南蓬壺書院、臺南奎樓書院、內門萃文書院、鳳山鳳儀書院、屏東市屏東書院和澎湖文石書院等二十所書院。（《台灣的書院》p27）

然而，在施琅成立第一所書院三百多年後的今天，我們檢視這段「古代學校」的發展歷史，不難發現它是清代臺灣農業社會培育人才的搖籃，也是臺灣早期傳播學問之泉源所在，對於臺灣本土文化、教育事業的發展，具有承先啟後的偉大貢獻。而這些僅存的書院建築，更是記錄這段教育史實的珍貴文物。因此，無論站在教育學術或社會文化的角度上看，均屬台灣不可多得的歷史文化資產，值得我們加以珍惜。如今，淡水理學堂大書院與和美道東書院在民國七十四年經內政部公告為第二級古蹟，而其他像萬華學海書院、板橋大觀義學、苗栗英才書院、大肚礦溪書院、鹿港文開書院、草屯登瀛書院、南投藍田書院、集集明新書院、員林興賢書院、西螺振文書院、臺南蓬壺書院、鳳山鳳儀書院和屏東市屏東書院等十三所書院，則先後於民國七十四年被列入國家第三級古蹟加以保護。

　　此外，有些書院附設「詩社」，配合節慶，舉辦書法、美術、歌唱、詩歌、健行和贈送善書等活動，甚獲好評。同時針對貧民子弟提供獎學金、助學金等等，造福大眾。時至今日，每逢考期，很多父母會帶著考生前來書院祈求五文昌、魁星等神明，期盼考場順利、金榜題名。只見案桌上擺滿了成疊的准考證影本，想必是有求必應，靈驗無比的緣故吧！由於文昌帝君主司文運、智慧，是古今士人學子考前必拜的神衹之一。所以每逢考季，臺灣各地書院或文昌祠都會請神職人員誦經，並爲考生點「智慧燈」、上奏文疏，舉辦一系列的「考生祈福法會」活動。這或許是時代下賦予書院的新功能。(參考《台灣的書院》p28)。

第三節　臺灣的書院類型

　　中國文化薪火相傳，由大陸全面移植臺灣，開始於明鄭時代。永曆十五年（1661），鄭成功克復臺灣，全面展開拓墾與教化的工作，這是臺灣開發史上一大事。永曆十九年，諮議參軍陳永華向鄭經進言建聖廟、立學校，開啓中華文化植入臺灣的契機。翌年正月，聖廟成，旁設明倫堂，就是今天全臺首學，開創了臺灣文教史上的第一頁。

　　到了清代思文相承，除重建儒學外，又有義學、社學、書院及書房等教育機構。中華文化遂透過教育管道，源源輸入臺灣，並隨著中華民族在臺灣的拓展，不斷的成長。在這文化移植的過程中，教育始終居於重要地位，而在教育體系中，又以書院之功厥偉。此因儒學偏重科舉，並未認眞講學，社學、義學、書房則屬於基礎教育，科舉意味又濃，職是之故，書院遂成爲清代臺灣教育的重心，擔負起地方文運與普通教育的雙重責任，承襲了陳永華以來的文教使命。

　　清康熙二十二年（1681），清人得臺，福建水師提督施琅，首建西定坊書院於臺灣府治，其後約二十餘年間，雖然歷任職官續有增建，但均止於義學性質而已，始自清康熙四十三年（1704）臺灣府知府衛臺揆所建的崇文書院，從此「各縣先後繼起，以爲諸生肄業之地」。

　　總計清人領臺二百一十三年間，全臺大大小小書院多達五十所以上，雖俱有書院之名，而究其性質，卻不盡相同，大致可分爲高等教育的正規書院與基礎教育的非正規書院二大類型〔註8〕。

〔註8〕　《台灣的書院與科舉》林文龍（臺北市：吳氏圖書公司，1999年9月）頁17。（以下引用此書時只於引文之後僅註記書名及頁碼）。

正規書院之中又可細分道管轄的海東書院、府管轄的崇文書院、廳管轄的鳳儀書院、白沙書院⋯⋯等數種。

非正規書院之中，則可細分爲義學，有西定坊書院、藍田書院⋯⋯等書院、社學有興賢書院⋯⋯等書院、文昌祠、試館、特殊教育有正心書院、正音書院等數種。茲分述如下：

一、高等教育

此類書院，均爲官方所建，設備完善，組織健全，師資優良，財力雄厚。生童的入學資格須經考試，而有「文堪造就者〔註9〕」及「才俊之士」的限制，每月舉行官課、師課二種〔註10〕，其題於考課前兩日，貼講堂前，凡參加之生童，應自購指定的考試用紙，於課期內繕謄繳卷，由學官或山長評閱發榜，分等級發給膏火。各書院膏火的名額與數量視財力而異，茲以臺北縣泰山鄉明志書院爲例說明之。明志書院據清同治十年（1871），陳培桂纂修《淡水廳志》卷五〈明志書院章程〉云：「全年考課八期，每月官課、師課二期，生員超等一名給膏火銀二圓，餘超等均一圓；特等一名給膏火銀一圓，餘特等均五角；一等不給。童生上取一名給膏火銀一圓，餘上取均五角；中取一名給膏火銀五角，餘中取均二角五瓣；次取不給。」此類高等教育的書院，臺灣道及各府、廳、縣志，有之，如海東書院屬於臺灣道、崇文書院屬於舊臺灣府、登瀛書院屬於臺北府、蓬壺書院屬於舊臺灣縣、鳳儀書院屬於鳳山縣、白沙書院屬於彰化縣、明志書院屬於淡水廳、文石書院屬於澎湖廳、仰山書院屬於噶瑪蘭廳、宏文書院屬於新臺灣縣⋯⋯等書院均是。

二、義學

此類書院係以收容貧困學童爲主，對於入學資格，自無嚴格的限制，當然學業內容，也僅限於初級的啓蒙教育而已。如清康熙年間臺灣府治先後所建西定坊書院、鎮北坊書院、竹溪書院、東安坊書院等均屬之。此外亦有義學改名書院，而性質不變者，如南投縣藍田書院、南投縣草屯鎮登瀛書院均

〔註 9〕 《清會典臺灣事例》第一冊（臺北市：臺灣銀行經濟研究室 1966 年）〈各省書院〉條下，係指臺灣府海東書院而言，頁 99。

〔註10〕 以明志書院爲例，監院學官於每月初二、十六日出題考課，稱爲「官課」，山長於初八、二十二日自行出題考課，稱爲「師課」。

是，據劉枝萬先生《南投縣教育志稿》云：「由於地方之開發，教育亦隨之而興，南投義學乃改爲藍田書院，北投義學改爲登瀛書院，是爲本縣教學設施之一大擴張，而雖改稱書院，內容實是一保之義學，僅以官准聘請教師，與普通義學稍異耳，職是之故，義學之稱，未曾因此而廢，有時乃沿用之，或可謂之義學附設於書院內，但此就非書院之本來目的。」至於南投縣集集鎮明新書院的情形，亦大同小異。全臺書院中，與上述相同，亦具有義學性質者不在少數。

三、特殊教育

　　清雍正七年（1729），臺灣、諸羅、鳳山、彰化四縣，均「奉文」設正音書院，是在清乾隆五年（1740），劉良璧纂輯《重修福建台灣府志》卷十一〈學校〉。所謂「正音」，即以教授官音爲主，考《重修福建台灣府志》卷首〈聖謨〉載有清雍正六年（1728）上諭一道，內容爲「諭閩、廣正鄉音」，有云：「……朕每引見大小臣工，凡陳奏履歷之時，惟有福建、廣東兩省之人乃係鄉音，不可通曉。夫伊等以現登仕籍之人，經赴部演禮之後，其敷奏對揚，尚有不可通曉之語，則赴任他省，又安能於宣讀訓諭、審斷詞訟，皆歷歷清楚，使小民共知而共解乎？官兵上下言語不通，必使吏胥從中代爲傳述，於是添飾假借，百弊叢生，而事理之貽誤者多矣！且此二省之人，其語言既不可通曉，不但伊等歷任他省，不能深悉下民之情，即伊等身爲編氓，亦必不能明白官長之意，是上下之情扞格不通，其爲不便實甚。但語言是從小就開始學習，當習慣養成後就很難改變，所以要多加以訓練，經過時間的練習就會有所改變。所以福建、廣東兩省督、撫，轉飭所屬各府、州、縣有司及教官，遍爲傳示，多方教導，務必在語言方面要使人明白，使人通曉講話內容，不得仍然學習鄉音，則伊等將來引見殿陛，奏對可以奏得詳細明白，而出仕地方，民情亦易於通達。」於是翌年（1729）各縣所設的正音書院，即遵此諭旨而辦理的，惟至清乾隆初，各院即歸荒廢，形同虛設，臺灣縣正音書院竟淪爲「各縣佐雜公館〔註11〕」。

　　另有爲教化土著民族而成立的書院，例如南投縣日月潭珠仔山，就是今天的光華島上的「正心書院」。該院爲清光緒二年（1876）臺灣總兵吳光亮所

〔註11〕　《重修台灣縣志》卷三〈建置志〉王必昌云：「各縣佐雜公館，在東安坊，原
　　　　爲正音書院，雍正七年買置，後廢。」

倡建，並由當時防備駐屯該地的丁汝霖及幕僚吳裕明、黃允元等兼掌司教。清光緒三年（1877），又由該院分設義學多處，此亦為清代臺灣書院的特殊教育之一。

四、試館

試館號稱書院，在臺僅見一例，為清代澎湖士子赴臺灣府城應試時的寓所，名「澎瀛書院」據清光緒十九年（1893）林豪纂輯《澎湖廳志》卷四文事云：「澎湖武館，在臺灣郡治，土名二府口。乾隆年間，前廳胡建偉卸任後，在臺捐建。內兩進各一廳二房，右邊護厝房五間，日澎瀛書院，為應試諸生公寓」。

五、文昌祠

古來書院皆重祭祀，臺灣的書院亦不例外，通常規模較大的官立書院，都祀有朱文公其他先賢牌位，如明志書院「中為講堂，後祀朱子神位」。文開書院「中祀徽國朱文公，兩旁以海外寓賢八人配享」。至於一般的書院，則均以文昌帝君為主神，配祀以朱文公、大魁夫子、倉聖人等神，即以其廳充為講課之所，實兼具有義學與文昌祠的功能，如彰化的員林興賢書院及和美道東書院等均是如此。另有無生童就讀期間的純文昌祠，也有號稱書院者。

第四節　臺灣各書院的簡介 〔註12〕

文石書院

文石書院即今澎湖孔廟前身，是清代澎湖廳屬的官方書院，位在澎湖縣馬公市東南郊文化中心附近，是澎湖地區唯一的書院及教育中心。歷任院長春風化雨不遺餘力，使得書院成為澎湖地區的文教中心。即清代的媽宮城內。

〔註12〕 臺灣各書院的簡介，介紹的是現在仍然存在的書院，如：文石書院、屏東書院、鳳儀書院、蓬壺書院、奎樓書院、振文書院、道東書院、興賢書院、文開書院、登瀛書院、明新書院、藍田書院、磺溪書院、英才書院、雲梯書院、明志書院、學海書院、理學堂大書院、大觀義學。另外一種是不存在但對臺灣的書院影響深遠如：白沙書院、海東書院、正心書院、崇文書院、仰山書院。

創建於清乾隆三十一年（1766），由澎湖通判胡建偉捐俸以倡，是年九月興工，至翌年（1767）二月告成，採澎湖盛產五彩文石，命名文石書院。後經歷任通判數次重修，互有增刪。澎湖為海中群島，多風災，建築物易於損壞，因此歷代修葺頻仍，為臺灣本島書院所少見。

胡建偉字勉亭，廣東三水人，乾隆十年（1745）進士。乾隆十四年（1749），授直隸無極縣同知。乾隆三十一年（1766），調任澎湖通判，得悉澎湖為海中群島，地瘠民貧，當地人士苦學無師，於是倡建文石書院。先是親訂學規十條，以為學堂模式。又勸導各設多設義塾，並經常前往探視，助其經費。由於當時澎湖人士參加科舉考試，必須遠赴臺灣停留數月，或資金不夠，中途而返者，比比皆是。於是上書府城，比照南澳先例，讓考生可在澎湖當地會考，錄取者再送院通報，便利大眾。每遇農忙時，還經常到處視察，詢問疾苦，遇有弊端，馬上更正。胡建偉在澎湖經營，少有文獻記載，前任通判周于仁僅作《志略》一卷，版又失傳，於是編輯《澎湖紀略十二卷》刊之。乾隆三十八年（1773），升任北路理番同知。澎湖人士感其德政，稱他為「治澎第一人」。又澎湖地瘠民貧，官府經費拮据，為了節省山長的束修之費，早期的澎湖通判大多親自兼任山長。清代中葉後，地方職官捐班出身者日多，因此又恢復敦聘名儒擔任山長，其中最為著名的即為兩度擔任山長的金門舉人林豪。林豪曾於清同治八、九年（1869、1870），主講文石書院，又於清光緒十六年（1890）再度來任。他任內有值得記述的二事，一是首任時的續訂書院學規，傳統上多出自職官手筆，此由山長撰寫頗為少見。一是再任時完成《澎湖廳志》的纂修，山長修志亦為臺灣所罕見。

日據時代，地方人士為保持民族固有文化，將書院改為孔子廟，供奉至聖先師孔子神位，配祀顏回、曾子、子思、孟子四大賢及周敦頤、程頤、程灝、張載、朱子五大先儒。根據《澎湖縣志》所載：「文石書院初建時規模宏大，分為前中後三進。第一進門廳，頭門三開間，中架之樓供奉魁斗星君，故稱魁星樓。第二進講堂，為祭祀、授課空間，左右闢有學舍各十間，為學子讀書、起居之所。第三進後堂，設置文昌祠供奉文昌帝君，左右兩側耳房為院長住處。其後，在歷任通判重修中，魁星樓一度移祀於後院，後又移建置書院的左前方，同時更名為「登瀛樓」。

如今，穿過孔廟櫺星門進入前庭，位於門旁左側的登瀛樓，便是文石書院現存的唯一遺留的結構。這棟前清閣樓建築坐北朝南，有著書院特有的儒

雅精緻，門牆、窗櫺、簷角……都有可觀之處。樓分上下兩層，樓下門楣橫寫「魁璧聯輝」，板門為實心木材組合而成，窗櫺以漏明的木條作裝飾，紅藍相間的對比色彩，生動艷麗。樓上門楣橫書「登瀛樓」，樸拙中顯得高聳華麗。兩側石柱上鐫刻「文海翻瀾光射斗」、「石渠祕藏金凌霄」等精美字句。登樓遠眺，藍天碧海，整個馬公半島及風櫃尾半島，盡入眼簾，令人發思古之幽情。

屏東書院

屏東書院，原設地點為前鳳山縣港西里阿猴東街頭仔，就在今天的中山公園境內。屏東書院創建於清嘉慶十九年（1814），由鳳山知縣吳性誠與阿猴地方人士，包括總理歲貢生郭萃、林夢陽、捐首蕭兆榮、蕭啟德、江啟源、鄭純修、黃紹鐘等議定基址，籌劃規模。自清嘉慶二十年（1815）元月興工，至同年十二月告竣，但因經費不足，只完成建築結構，並未油漆彩繪。於是再由阿里港縣丞劉蔭商請郭萃、蕭啟德、蕭啟源協力勸捐，終於成為一所美輪美奐的書院。是屏東縣內唯一的書院建築。不久，吳、劉相繼卸任，當年董事也多謝世，屏東書院徒有新貌，卻缺乏維繫營運的學租。有鑒於此，總理郭萃再邀集蕭啟邦、陳珏等建置祖產，至清道光二十一年（1841）八月結算，仍不敷開銷，難以辦理考克。郭萃堅辭總理一職，院內同仁乃公議設立規條，請蕭啟邦繼辦，此後經費日漸充裕，在經歷任董事的努力，書院內祭祀、考課經費無缺，得以永遠舉行。清光緒三年（1877），重修屏東書院，為了不沒前賢創建之功，特將當年公議所設的規條，刻碑立於書院之內，至今尚存。

光緒二十五年，日人設立阿猴公學校，乃將書院財產捐供學校之獎學金。自此，屏東書院無院產可資維護，任由風雨侵蝕，漸呈腐朽。民國二十五年，日人為實施都市計劃，擬將書院拆除，市長宗藤大陸，為祭祀孔子，特撥日金一萬元作為遷移改建之用。是東京帝大教授藤島彥治朗博士來臺考察，對該書院之結構倍加讚賞，曾說：「臺島依形保存的書院，只有屏東書院和澎湖文石書院，若要改建，必依舊形。」且命隨行的技師、助手詳細勘測，做為重建之依據。是年十一月，耆紳會於武廟，眾推鄭清榮，當時當任孔廟管理委員長，決定依原行遷建，至二十八年完工。遷後之孔廟位於屏東市太平里勝利路三十八號，俗稱「孔子廟」。臺灣光復後，雖曾多次修補。但因日據時

代重修時之因陋就簡，木作部份已腐朽不堪，因此，縣府乃決定重修。民國六十八年，縣政府請漢寶德設計重修，結構略有調整，乃今之孔廟。民國七十四年十一月，經政府指定為三級古蹟，現已完成修護。

　　屏東書院建築坐北朝南，格局完整，結構古樸典雅，由照壁、山門、正殿就是當時的講堂、軒亭、左右廂房、後殿及兩側耳房所組成的三進式四合院。建築物正前方有照壁一座，上書「九仞宮牆」，意指孔孟之學極其高深，有如萬尺高牆一般「不得其門而入，不見宗廟之美，百官之富」，充分體現了古代典型書院建築的文教氣息。第二進中央三開間正殿，融合了傳統書院及大成殿的建築風格，為昔日講堂，也是每年九月二十八日縣府舉辦祭孔大典的重要場所。正殿莊嚴肅穆，奉祀孔子、孟子、顏淵和曾子等四聖神位。兩側廂房，祭祀孔門成名弟子以及鄭玄、朱熹等歷代著名理學家。穿過軒亭，便到第三進後殿。後殿崇聖祠，奉祀孔子世祖。兩側耳房以過水廊相連接，環境優美，有著書院特有的寧靜與安祥。屏東書院現存「屏東書院章程碑記」、「屏東書院租條碑記」、「屏東書院改築紀念碑」即「重修孔廟碑記」等四座碑記，是書院過往歷史的最佳佐證。

鳳儀書院

　　鳳儀書院，位在高雄縣鳳山市鳳崗里縣口巷七鄰十二號。創建於清嘉慶十九年（1814），是屬於清代鳳山縣級的書院。取名「鳳儀」，具「有鳳來儀、文風鼎盛」之象徵意義。書院的前身，為清嘉慶五年（1800）奮社同人創設的敬字亭，亭內奉有魁星、倉聖二神，且置產生息作為每年拾字紙經費。清嘉慶十九年（1814），鳳山知縣吳性誠計畫就敬字亭改建為鳳儀書院，以貢生張廷欽、鄭朝清為董事，中祀魁星、倉聖，與書院的文昌帝君合祀。院成之後，原奮社經費尚有四千餘金，同人遂將之充為鳳儀書院的膏火田。清代書院創制最重學統，因鳳儀書院屬於鳳山縣級的書院，地方人士乃提出增祀宋代濂、洛、關、閩五夫子的建議，俾能「上接洙泗之淵源，下開萬古之聾聵」，於清同治十一年（1872）夏，向知縣孫紀祖提出此一構想，但未克實施而去。翌年（1873），署知縣饒書升，因任期短暫仍未能進行。至清同治十二年（1873），知縣李焯菡任，李焯重視文教，留心士習，地方人士再度提出增祀五子，增建五子祠。使鳳儀書院成為規制完備的縣級書院。院內並設有桌椅，是當時學童求學的場所，也是歲科童試的考場。學生來自旗山、屏東、潮州、東港、恆春、鳳山等地。

　　鳳儀書院的建築規格相當宏偉，前頭有照壁，左右各有一門出入，左門上題「登雲路」，右門上題「步天衢」。院內屋子共有三十七間，分正中廳事三間、左右官廳房各二間，兩廊學舍十二間、講堂三間、頭門五間、義倉九間、聖蹟庫一間。該書院的經費來源乃以舊捐贄助建此院後所剩的，合置院產，歲收其入，以供書院支出及拾字工資，餘則以獎勵每期課藝佳者。至於山長之脩金則以官司之租息供之。

　　依據光緒二十年（1894）盧德嘉所編的《鳳山縣采訪冊》指出，高雄鳳山、左營一帶開發甚早，大約三百多年前，就有福建先民渡海來臺，跟隨著鄭成功的部隊深入鳳山內陸屯墾，逐漸形成村落。因地勢平坦，街道繁榮，人口密集，形成「鳳山縣新城」以別於左營舊城，成為南臺灣的政商中心。同治三年（1864）五月，高雄港赴正式開港通商，南臺灣行政中心開始由陸地轉向濱海地區，鳳山新城的地位逐漸被高雄市所取代。但當時鳳儀書院依舊是文人雅士聚集之地。到了光緒十七年（1891）書院日久殘破，由舉人盧德洋募款遷建於現址。

　　隨著科舉制度的結束，以及日本統治，鳳儀書院一如其他書院，逐漸走入歷史，日明治三十一年（1898）鳳山郡成立鳳山公學校，昔日書院教育漸失功能，鳳儀書院一度充作街役所，今鳳山市公所員工宿舍。此後屋舍殘破，乏人管理，任由荒蕪。光復後，書院被租佔戶所用，但遭居民占住，淪為大雜院，時代推移，徒呼奈何。民國七十四年十一月，經內政部指定列為三級古蹟，近來在高雄縣政府文化局相關單位積極協調下，已遷出所有租佔戶，目前正修復當中。全臺現存清朝時期書院中，鳳儀書院規模最大且尚稱完整，呈現嘉慶年間泉州派匠師的獨特建築風格，具有重要的學術研究價值。

蓬壺書院

　　蓬壺書院，位於臺南市民族路二段的赤崁樓前，其創建年代為光緒十二年（1886），乃清代臺南市著名的四座書院之一〔註13〕。目前僅殘存門廳一座，併入赤崁樓範圍，主體建築已蕩然無存。蓬壺書院為清代臺灣縣屬的官方書院，前身則是民間義學性質的引心書院，位置在今天臺南市開山路與府中街口一帶，創建於清嘉慶十五年（1803），由拔貢張青峰及監生黃拔萃所建，引

〔註13〕清代臺南市著名的四座書院為：蓬壺書院、奎樓書院、海東書院、崇文書院。

心書院初爲引心文社，院址設於臺南寧南坊呂祖廟內，在今臺南市開山路五十二巷。光緒十二年，知縣沈受謙以爲作育英才的義學不宜寄設於廟內，遂將之遷移至赤崁樓右側，在赤崁樓大興土木，將荷蘭時期的樓基墳平，同時興建文昌閣，祭祀文昌帝君、五子祠祭祀宋代五大儒及海神廟，樓閣巍峨壯觀。將民間義學引心書院遷建於赤崁樓西北側，遂改名「蓬壺書院」完全脫離民間色彩，成爲一所正式的縣級書院。

光緒三十二（1906）年大地震，書院屋宇大部分傾塌。指出，日據時期初期（1898～1904），蓬壺書院曾一度充當臺南衛戍醫院。直至日大正七年（1918）日人整修赤崁樓及蓬壺書院，並做爲臺灣總督府日語學校臺南分校校舍，直到大正十一年（1922）三月新校舍落成後遷離。翌年，蓬壺書院講堂、五子祠因地震、風災侵襲，先後倒塌。昭和十年（1935）日人將赤崁樓，包括蓬壺書院門廳、文昌閣列爲重要歷史館，開始進行大規模整修。經整修後使復原貌，門壁鑲有釉花磚，甚爲古雅，門額尚懸沈受謙親題的「蓬壺書院」門匾，字跡蒼勁有力。簷前壁間之「雲路」、「鵬程」、「立雪」、「窺霄」浮字灰匾猶存，上可窺見昔日風貌之一斑。當年所遺留由臺灣知縣白鷺卿書寫的「聖訓」：「爾奉爾祿，民膏民脂。下民易虐，上天難欺。」全臺僅見，最爲珍貴。此匾現陳列於開山路文物館內。光復後，蓬壺書院於民國七十一年經內政部公告指定爲三級古蹟，並於民國七十八年進行修護工程，同時併入赤崁樓建築群，開放供人參觀。

蓬壺書院初建時，設有門廳、講堂、文昌閣、五子祠等傳統閩南式建築，規模宏偉，氣象萬千，是清代臺南地區規模最大的書院。而與海東書院、崇文書院二書院，合稱「府城三大書院」。如今，時過境遷後，僅剩門廳遺留構造供人憑弔。書院門廳門板以實心木材製作，淡藍色調的油漆，顯現書院特有的沈穩儒雅氣息。兩邊間丁字砌的紅磚牆，配上綠釉花窗，紅綠相間的色彩，益顯古樸典雅。左右綠釉花窗上方各題「窺霄」、「鵬程」、「立雪」、「雲路」，透露出讀書人「十年寒窗無人問，一舉成名天下知」的心路歷程。文昌閣原屬澎湖書院的一部份，樓上供祀魁星爺又稱大魁星君，爲科舉時代學子崇拜的神明。魁乃北斗的第一顆至第四顆星座，左手握墨斗，右手持硃筆，有「獨占鰲頭，狀元及第」之意味。而今，每逢考期，前往祈求金榜題名的學子更是門庭若市。文昌閣二樓中門上方更懸有沈受謙當年所題的「文昌閣」三個大字，字跡流暢，一氣呵成，值得細細觀賞。

奎樓書院

奎樓書院〔註14〕，也稱中社書院，原在臺南市中正路，現在的永福國小旁。始自雍正四年（1726）巡道吳昌祚創建魁星堂於府城關帝廳街道臺衙後，清乾隆時三次修建。清嘉慶初年增建惜字塔，並改建東西兩堂。嘉慶十九年（1814）按察使糜奇瑜蒞臺，見該堂狹陋，招篤志士紳議捐款改建，嘉慶二十一（1816），厥功告成，崔巍壯觀，改稱「奎光閣」。至道光十三年（1833），董事陳泰階、黃應清等提議更名為奎樓書院，並由眾士紳募捐購買產業，收益充為學費及春秋二祭之用。同治、光緒間，曾有大小修葺，但此書院與其他書院寺廟性質不同，只是先達以文會友，論道德、學詩史之處。

清代臺灣的方志文獻毫無這所書院的記載，日據時代，連橫《台灣通史》教育志所附的「台灣書院表」始見相關記載，但寥寥數語：「奎樓書院在臺南府志道署之旁，雍正四年建，為諸生集議之所。」此後有關奎樓書院的記載大都沿襲這條資料，問題是如果書院建於清雍正四年（1726），依常理而言，清代方志不可能毫無所記，但書院的存在是事實，也許是清代中業以後所建的緣故。滄海桑田，由於民國十五年受市區改正，奎樓書院一半建築在中正路中，因中正路開闢被拆充為馬路，奎樓書院遂移至文昌祠西鄰，當局津貼移資。五年後，士紳黃欣等撥該款三千元向文昌祠管理人許廷光買收現址——臺南市府前路九十巷三十四弄二十五號，遂建二層大樓、上下走廊，剛完工連碑都未豎立，卻因二次大戰期間，奎樓書院鄰近機場戰備跑道，屢受美軍轟炸而嚴重毀損。

民國四十四年大家雖然想重建，但並非容易之事，適逢政府實施耕者有其田政策，該院計有田園十八甲餘放領於耕者，得其現款及債卷計九萬八千餘元，茲為體念先代創建主旨，鑑古道人心，非提倡道德宏揚儒家教言，鼓吹文化不可，故將此款重建書院及教室，以培養人才，重振文風。眾議一決，興工數月，共費十萬三千多元，不足由董監事負擔，建平房二重、三面走廊，院貌換新，洵不復先人之苦心。奎樓書院於民國四十四年重建，規模雖不大，但環境幽雅，古木參天，頗能使人引發思古之幽情。書院內保有嘉慶、道光十期的匾額及門柱、石礎、石獅、石虎，更為後人珍惜〔註15〕。目前臺南市

〔註14〕 臺南四大書院：奎樓書院、崇文書院、海東書院、蓬壺書院。
〔註15〕 《臺灣的書院》王啟宗（臺中市：臺灣省政府新聞處，1987年6月初版）頁53。（以下引用此書時只於引文之後僅註記書名及頁碼）。

有現代水泥建築的奎樓書院，爲近代所建，位置在今臺南市府前路一段九十巷三十四弄二十五號。「奎樓書院」橫匾現鑲於書院外牆上，門柱上的一副對聯是青浦趙逢源所題，內容如下：「才識奎星眞面目，更看滄海大文章」。嘉慶年間增建惜字塔，改建東西兩堂，今奎樓書院上面的「東壁」與「西園」即當時之物，左、右後門上的「騰蛟」與「鳳起」亦是當時之物。書院中奉祀的神祇有文昌帝君與魁星。東鄰原有文昌祠，二次大戰毀於盟機，戰後該地即爲百姓所據，文昌帝君及魁星便移至奎樓書院奉祀，如今每逢考試季節，許多家長及考生均至書院祭拜，祈求金榜題名。

振文書院

　　振文書院，位在雲林縣西螺鎮興西路，是雲林地區四所書院中保存最完整的一所〔註16〕。書院創建於嘉慶十八年（1813），翌年完成，是由鄉紳王有成等會同振文社諸人士所創建，遂以「振文」爲書院名。振文書院的前身爲「振文社」，由振文社儒士捐建兼具文昌祠性質的地方書院。大正十年（1921），振文書院經地方人士集資重修，現仍存有當年所立碑記。但這時書院功能已完全爲宗教功能所取代，也因此之故，對於平日的管理維護，都有良好成效。民國七十四年十一月，經政府指定爲第三級古蹟，並撥款整體重修，維持原建築構造。民國七十八年將「謝恩壇」改建爲山川門。書院建築更爲古樸典雅，成爲西螺當地最珍貴的古蹟建築，民國七十七年完成修護。

　　該書院最初只是木造建築，至咸豐二年始由鄉紳張明德等以土埆加以重建，其後於光緒十八年、三十三年各重修一次。於日本時期改建爲磚造，整體造型秀麗典雅。書院採傳統三開間二進式格局，建築分爲門廳、拜殿、講堂、正殿及東西廂房等部份。前埕左右兩側各設字紙亭一座，亭分爐頂、爐身、台機等三層，其上裝飾葫蘆，古意盎然。該書院並設有詩社和學堂，以發展地方文教。院分二進，左右爲廊，兩旁爲室，院前圍牆內建有謝恩壇；正座一進，排列案桌，專供祭典或信徒膜拜之用；二進爲奉祀五文昌帝君，另合祀至聖先師、朱夫子及制字聖人等神。第一進門廳爲三開間歇山式建築，屋頂正脊裝飾「雙龍搶珠」泥塑佳作。門楣上懸有「振文書院」七間雕龍銜牌，雕工細膩，栩栩如生。中門兩側門柱旁各飾「團龍」造型透雕窗。其下

―――――――――――――――

〔註16〕雲林地區四所書院爲振文書院、修文書院、龍門書院、奎文書院。

配置抱鼓石一對。左、右龍虎門各立二座石門枕，益顯古樸典雅，令人發思古之幽情。穿過門廳便進入寬敞的內埕，內埕以壓艙石鋪地，相當平整美觀。第二進拜亭、講堂，為書院的主體建築。拜亭前方台基中軸線上，鑲有一塊傾斜石板，其上雕雲龍，又稱「御路石」。拜亭以簡潔的四根方形石柱承接三開間軒亭。屋頂正脊中央飾以麒麟，兩旁配飾鳳凰、花草、猛虎等吉祥圖案，其兩側垂脊尾端則置「稻穗」向上揚起剪黏佳作。講堂神龕是書院之精神所在，其兩側鑲有金碧輝煌的漆金團龍透雕木窗，裡面供奉孔子、朱熹即五文昌。梁上懸有「千秋書祖」、「百代文衡」等匾額。左右壁上，左書「忠孝」，右書「節義」，字跡雄渾，與臺南大天后宮有幾分神似。

　　至民國十年，振文書院遭遇暴風雨吹倒，由義孚社同仁再予重修，奈何因為年侵月蝕，損壞不堪，及於民國二十四年由懿德堂堂主李錫禧等有志人士發起重修木屋，覆蓋磚瓦，並添建東西室各三間，全院粉刷一新；至民國三十六年復由懿德堂諸生籌款重修一遍；因為有歷次的修建，書院始能保持一百七十多年而不廢。甲午戰爭之後，臺灣淪日，日本實施「皇民化運動」，限制臺胞奉祀神明、修習漢文，有李錫禧等人為喚起臺胞的民族意識，遂於民國二十七年在書院設立「善光寺布教所」，聘臺南名士林霽秋前來西螺講經說教，藉以宣揚祖國文化，文風為之一振，書院亦得保全至今。

道東書院

　　道東書院創建於清咸豐七年（1857），翌年竣工。位在彰化縣和美鎮和卿路一〇一號，院址約佔二千五百坪，即清代彰化城西郊和美線街。清咸豐七年（1857），和美線街關心教育的地方人士，包括訓導阮鵬程〔註17〕、秀才陳嘉章、貢生王祖陪、廩生黃際清、秀才鄭凌雲、黃興東、黃仰袁等，共同奔走募捐，建了這作佔地二千五百坪的完善學府，取漢朝大儒馬融期許其弟子鄭玄「吾道東矣」的典故，定名為道東書院。

　　道東書院緊鄰彰化縣和美國中、國小，格局方正，環境優雅，座北朝南，院區佔地二千五百坪，規模宏大，為一座平面呈「口」字形的閩式建築風格，分前後二進，為成四合院。書院前有圍牆、照壁、半月池，綠蔭茂密，形制完整。其院門位於巽方，也就是東南方，為書院風水上常用的出入口角度。前埕

〔註17〕阮鵬程，原名為飄香，鵬程為其字。在南安縣補弟子員，也就是生員，鄉試中武舉人。道東書院成立時，被舉為正總理，為該書院第一任山長。

寬敞，結構嚴謹，以紅磚採「萬」、「人」、「丁」字砌鋪就，具有「萬年久遠、四通八達、人丁旺盛」之意味，展現了先民文化的建築藝術與智慧結晶。建築呈現書院溫文儒雅的風格，藝術表現傑出，不僅在臺灣建築史上佔有重要地位，還名列全臺的二級古蹟之一。書院前的半月池，形狀爲半月形，內植荷花。除作爲舉行儀式之用，還兼具有消防和風水聚氣等功能。學子經縣試、府試成童生，稱爲「入泮」。由童生經院試成爲生員，也就是當時的秀才，可繞半月池三圈，而後行謝師宴。生員參加鄉試成爲舉人後，可搭燈籠橋，走過半月池，取諧音「登龍」之意。書院的半月池水色成黛綠色。第一進爲門廳，第二進爲正殿。正殿爲講堂兼祀堂，神龕兩旁對聯曰：「集解析疑傳斯文正印，繼往開來爲萬世宗師」。中懸有光緒十五年陝甘總督莊俊元所書之「精之聖舍」、「梯航絕學」諸匾額。中殿門外，兩柱對聯曰：「六經註腳秦漢以來獨步，千聖傳心孔孟而後一人」。中殿兩旁各有以圓門爲出入口的圍牆，入內即可通學生住宿讀書的地方。左圓門兩旁題曰：「至教遺千載，微言播六經」；右圓門兩旁題曰：「詩書資博約，禮教致中和」。中殿門外左壁刻「道東書院沿革敘」，右壁刻「道東書院沿革誌」。外牆尚有頭門、門牆。講堂構造精美，山牆墀頭則可媲美鹿港龍山寺。

　　清光緒十二年（1886）因在院攻讀的儒生火燭不愼，引發火災，大殿付之一炬。不久，再度重建。由於科舉制度廢除，書院喪失既有功能而漸趨荒廢。地方人士不忍坐視，曾在大正九年（1920），由區長許在泮發起重修，並組織漢文研究會，藉此以文會友，並勉強維持平時的祭典。二次戰後的道東書院，耆老凋零，殿堂淪爲大雜院。民國七十年十月，由和美鎮公所接管道東書院。民國七十四年，經政府指定爲二級古蹟，且完成修護，但卻添加了原來所無的照牆、半月池、欄杆等突兀之物，且器物、神像，乃至精美木雕，被竊取一空，令人慘不忍睹。民國八十八年九二一大地震，書院建築部分毀損，於民國九十四年二月修復完成。

興賢書院

　　興賢書院位在彰化縣員林鎮三民街一號，在彰化縣員林鎮公園內網球場對面。奉祀文昌帝君，配祀呂純陽祖師、魁斗星君、關帝聖君、朱衣神君、韓文中公、紫陽夫子等。樂捐建祠人士包括武東堡、武西堡、燕霧下堡，及今之員林、大村、埔心、永靖、社頭等五個鄉鎮，故該書院爲此五鄉鎮民的文教中心。爲文祠、社學兼而有之的地方書院。

　　書院前身是「興賢社」；書院的建立約在清道光三、四年（1823～1824），由白沙坑莊恩貢生曾拔萃所創。約清道光中晚期，有廣東人邱海設教於興賢書院，他曾廣置了七甲多的學田並設月客講學，以教育燕霧上下保、大武郡東西保學子，文風大振。至今書院內仍奉祀有邱海的牌位，其終生義行，後人無限追思。清光緒七年（1881），永靖街貢生邱萃英及燕霧下保仕紳賴繩武發起重建，並由邱萃英擔任山長。大正九年（1920），地方人士為延續傳統文化，聘請黃溥造至興賢書院傳授漢文，長達十七年。其間，曾於大正十三年（1924），與其弟子成立興賢吟社。至今該社仍活躍詩壇，由社長陳木川先生主持，火盡薪傳，一脈相承。

　　興賢書院坐落於環境優美的員林公園內，四周有寬敞的草坪、綠樹與圍牆，將書院與週遭房舍區隔開來，行程一個安靜典雅的學習空間。書院基地為長方形，坐北朝南，正面寬三十八公尺，縱深五十公尺，格局方正，屬兩進式三合院建築。第一進為正殿、講堂，第二進是後堂。正殿兩側為狹長對稱的廂房。入口左側有座古色古香的敬聖亭。右側則為興建較晚的金紙爐。循著台階拾級而上，位於拜亭月台，又稱份台，一般常見於孔廟建築形制中軸線上，可見一塊雕鑿五角龍形圖案的「御路石」，雕工精緻，栩栩如生，是光緒七年重建時流傳下來的。中央三開間正殿，不設門廳，只以延伸的拜殿作為緩衝。左右門前「門枕石」又稱「乞丐石」，具有穩固門板的作用，其造型樸拙可愛，與月台御路石同為書院創立時的原物。神龕採用鏤雕漆金作法，外形如精雕細琢的小書房。兩側題有「星斗燦奎垣珠璧交輝共說文光自天上」、「蓬瀛麗仙島國家盛典永留象教在人間」對聯。神龕內主祀文昌帝君，護法神天聾、地啞分祀兩旁。除了文昌帝君外，神龕前供桌上，還奉祀民間流傳的「五文昌」即關聖帝君、孚佑帝君即是呂洞賓、朱衣星君即是朱熹和魁斗星君等神像。門聯旁的木製門扇，鑲有「螭虎檀香爐」鏤雕圖飾，其造上彩繪金黃、青、藍、白、紅等五彩顏色，讓人忍不住想多看一眼。抬頭上望，屋頂正脊採「雙龍護塔」形式。兩側墀頭以灰泥塑邊框，框內做花果、盆景泥塑作品。左右側門上方可見「刻甲」、「聯登」、「福祿」、「壽金」等金字「門印」，是古代讀書人十年寒窗苦讀的主要目標。民國八十八年台灣中部發生九二一大地震，年久失修的興賢書院，在一瞬間被夷為平地，毀損相當慘重。隔年獲得行政院九二一震災災後重建推動委員會全額補助重建，民國九十四年重建完成。如今，書院建

築依舊保留著幾分古意，裡面所供奉的「文昌帝君」，靈驗無比。每逢考季，更是現代學子們爭相祈福的地方。

文開書院

　　文開書院，位在彰化縣鹿港街尾里，與文武廟毗鄰。是清代官方所建的大型書院之一，前為前堂，也就是門廳，中為朱文公祠，在進為講堂，講堂而進，原有後堂，為山長所居，今已不存。文開書院建於清道光四年（1824），為當時駐鹿港兼理海防的北路理番同知鄧傳安捐廉倡建，用以紀念有「臺灣文獻初祖」之稱的沈光文。因文開書院的創建具紀念意義，因此特以同時有功臺灣文教的寓賢八人配祀，為其一大特色。昭和二十年（民國三十四年‧1945）二、三月間，美軍空襲臺灣，鹿港居民死傷二百餘人，書院還成為臨時避難所。二次戰後，乏人管理也年久失修，中國電視公司更淪為堆置木材的倉庫，而於民國六十四年付諸一炬，而書院內的蒼涼落寞常成為古裝電影的拍攝場景。光復後，廈門、泉州恢復來鹿港貿易通商，但此時文開書院內已雜草叢生，殘破不堪。民國六十四年，更因一場火災，使書院講堂及後堂受損，形同廢墟。民國七十三年政府撥款比照舊制重建，並依法列入古蹟保護。民國八十八年，文開書院在九二一大地震中損壞，曾一度關閉，歷經數年整修，於民國九十四年完成修復。

　　穿過文武廟院門，文開書院及文祠、武廟連成一片，占地廣闊。如今，寬敞前埕上，芳草鮮美，成行綠樹掩映，憑添了幾許思古幽情。此外，庭外文祠前闢有半月型之泮池，為昔日文人科考及第舉行儀式處。書院坐落於文祠旁，遠離塵囂。建築坐西朝東，格局方正，形式典雅，唯一呈「日」字形的「三進二院」四合院。整體建築群包括門廳、講堂、後堂和東西廂房等五部份。建築設計與規劃條理分明，功能上包括祭祀講學、院長居所、書庫和學舍與出入口等空間用途。第一進門廳為書院出入口，具有內外分界的功用。門廳屋頂正脊分為三段，中斷裝飾「雙龍搶珠」泥塑佳作，其兩側各飾飛龍圖像，垂脊尾端則順勢做稻穗向上揚起的剪貼作品，紅瓦藍脊，形制華麗。屋檐及牆身之間的左、右基座形墀頭上，各飾一隻青斗石打造的小石獅，形狀可愛。門廳三開間，左為入口稱「龍門」，又為出口稱「虎門」，龍、虎堵上不飾龍、虎圖案，而是彩繪充滿文人氣息的書法和水墨畫。中門兩旁豎立著抱鼓石，益顯古典雅致。石柱楹聯上題「賓日有祥興雲有兆，希賢得地入

道得門」。跨過門廳，便進入第二講堂，講堂爲書院的中心建築，兼具祭祀、講學功能。其外觀造型與門廳裝飾多少有幾分神似。講堂屋頂正脊同樣分爲三段，中段裝飾「雙龍護塔」，正脊與山尖接角向上揚起不飾文物，垂脊之尾端則順勢做稻穗捲起圖飾。講堂台基高度抬高，位於堂前中軸線上，鑲有一塊傾斜的「御路石」，具有地位尊崇的象徵。走出講堂，便到第三進後堂，後堂爲書院書室及昔日院長住所。其門居中，採格扇作法，左右偏房飾有細格木窗，形制隱祕。兩側廂廊各闢瓶形門一座，具有出入平安之意。後堂內埕靜僻、寬敞，值有二棵大樹。紅牆、紅柱、紅地磚，配上濃蔭密樹，形成鮮明對比。

　　值得一提的，左廂房前方的牆邊，鑴有道光二十七年（1843）的「公業條款」碑，此碑刻有鄧傳安、陳盛紹等二位海防同知爲文開書院籌措銀糧，作爲書院經費來源之依據

登瀛書院

　　登瀛書院，位在南投縣草屯鎮新莊里，即清代的北投保新莊。清道光二十七年（1848），由莊文蔚、洪濟純等首倡，就保內居民募得五千八百元，同年十一月興工，翌年（1849）十二月竣工，取「十八學士登瀛州」典故，而命名登瀛書院。登瀛書院繼藍田書院之後興建，也接受白沙書院補助，爲北投保義學。在清代，院內分別有三個士子的結社，即碧峰社、玉峰社、萃英社。三社各有成員且置有學田。清光緒九年（1883），登瀛書院因年久失修，由士紳李定邦、林錫爵、簡化成等首倡，募款二千三百元，並得碧峰、玉峰、萃英三社資助三百五十元，予以重修。民國七十四年十一月，也經政府指定爲三級古蹟，民國七十七年完成修護。登瀛書院因離新莊街區，獨立稻田之中，規模宏敞，殊稱雅致，爲全臺現存書院所少見，可惜目前鄰近已出現若干突兀的搭蓋房舍，甚至許多珍貴神像、器物、木雕遭竊，令人扼腕。

　　登瀛書院以藍、白爲主調，搭配少許紅、黃、綠等色。我們從書院的窗几、門飾、牆面或樑柱之間的彩繪藝術，處處可見這種藍、白相間的色彩，充滿著古典美感。裝飾題材方面則以花草、鳥獸和歷史人物爲主。爲了室內採光和裝飾上的需要，木雕諸如花草、飛魚、飛獅、大象等樑柱間的雀替，完全採鏤空立體雕法，在方寸之間，呈現真實的空間概念，作品栩栩如生，值得細細品味。在兩廂屋外的第一根「挑檐」內側，可見到紅土硃寶瓶泥塑，

其上附有蝙蝠吉祥物,有出入吉祥平安的意味。而正殿左、右兩側磚柱「斜面形墀頭」上,各有一幅以「忠孝故事」為主題的泥塑作品。神龕主祀文昌帝君,陪祀關公、朱衣神君等塑像,另供奉朱文公、魁斗星君之牌位,院內除了「文運重興」、「學教敦倫」等匾額外,還收藏相當罕見的魁星神筆、竹編字紙簍、童生籃書包,及「文昌帝君」、「萃英社文昌帝君」、「登瀛玉峰社」等十六面出尋執事牌,彌足珍貴。登瀛書院坐北朝南,格局方正,是由正殿及二道廂房所組成的「ㄇ」字型單進式三合院建築。書院坐落於一片綠油油稻田間,遠離都市塵囂,氣氛靜謐,尚保有創建時的樣貌。書院正前方有燕尾脊照壁一座。照壁以紅磚砌成,長約十二公尺,形似廟宇屋頂的正脊分向兩端翹起,其兩端各飾鏤空花磚,造型別致,具有矮牆分界的功能。寬敞的前埕是由壓艙石鋪地,平整美觀。前埕右側有聖蹟亭一座,建於道光二十七年(1874),亭高一丈二,其上下不飾圖案,透著一股簡樸韻味。

登瀛書院歷經了一百六十年悠悠歲月,期間曾有六次修葺,儘管書院年代久遠,還歷經多次重修,但整座建物無論是格局、結構或建材,都還能保有初建時的舊貌。置身其中,彷彿重返當年學子們齊聚一堂,一起讀書、一起研究學問的模樣。如今,雖然昔日學子的琅琅讀書聲已遠去。但是百年來,在歷任導師諄諄教誨下,當時仕紳們的共同努力,及書院文化的累積,草鞋墩〔註18〕人才輩出,地方上遂有「秀才窩」雅稱。

明新書院

明新書院,位在南投縣集集鎮永昌里東昌巷四號,在今天永昌國小旁,即清末的集集保柴橋頭莊。清光緒初年(十九世紀中期),由於八通關古道的開通及樟腦業的蓬勃發展,人口聚集居住在一起,形成街道繁華興盛的景象,商家林立,成為濁水溪上游最繁榮的地方,人文活躍,於是地方仕紳乃提議

〔註18〕 草鞋墩地名的由來:昔日貨品流通,不似今日有貨車可以配送,當時全靠挑夫、苦力將埔里一帶的山產挑到鹿港銷售,再將鹿港的海產帶回埔里販售。由於埔里與鹿港間路途遙遠,因此介於兩地之間的草屯,便成了挑夫們的中途休息站。穿著草鞋一路由鹿港趕到草屯,經過一夜的休憩,隔天一大早便要繼續趕路。因為穿著舊鞋登山容易滑倒,所以經驗豐富的挑夫們一到草屯以後,都會把舊鞋脫掉,換上新鞋再上路。如此一來,在草屯路旁被丟棄的舊鞋,日積月累,堆積如山,而形成一種特殊景觀,自此有了「草鞋墩」的稱呼。

組織「濟濟社」，並建明新書院於柴橋頭莊。不久，隨著街市的發展，遂有遷建集集街內之議。清光緒九年（1883）夏，適濁水溪氾濫，從山間漂下許多漂流木，於是由總理陳長江首倡，募款一千八百元，利用漂流木遷建書院於集集街內，今集集農會對面。以林光祥爲董事，予以遷建。同年十二月興工，至清光緒十一年（1885）十一月竣工，現存「掌握文衡」古匾，即獻立於此時。日本時代初期，明治三十五年（1902）七月，將土地撥歸集集公學校，以書院充當教室，民眾無從禮拜，於同年十二月初再遷回柴橋頭，且轉變爲鸞堂性質的廟宇，另稱「崇德堂」。二次戰後，永昌國民學校成立，曾以堂宇權充教室。民國七十四年十一月，也經政府指定爲三級古蹟。民國八十八年九二一地震，書院建物部分毀損，民國九十一年完成修護，且隨集集觀光事業的發展，遊客大增。

明新書院坐落於永昌國小旁，其排樓以鋼筋水泥塑造完成，位在東昌巷口。書院面西而立，環境清幽，屬單進式「冂」字型三合院建築，一般臺灣閩南式三合院的正面建物稱「正身」，左右二邊有「護龍」，俗稱「正身護龍」、「大厝身」或廂房。主體建築爲三開間正殿、講堂，前方有寬敞的前埕，以石板塊鋪砌，是生徒的主要活動空間。書院左門額題「吾道在南方」，右門額書「斯文爲世表」，洽與左、右側廊月洞門楣上所題「吾道」、「斯文」等字句，相互輝映。抬頭上望，前簷上畫有歷史故事彩繪，內容多以古代忠孝節義故事爲題材，如「乳姑不怠」、「單衣順母」。前簷下有「不應積善方行善，豈爲功名始讀書」對聯，引人深思。正殿爲昔日講學、祭祀之所在。殿上懸有「掌握文衡」、「立我蒸民」、「奎壁聯輝」等古匾。神龕旁有副對聯：「明列名垣耿耿天河星聚五，新登桂籍迢迢雲漢士升三」。正中神龕內主祀文昌帝君神位，配祀制字聖人倉頡、紫陽夫子和至聖先師孔夫子等神位，每年農曆二月三日，舉行祭典。兩側耳房、廂房仍保留著昔日的建築架構與格局。過水廊連接正殿宇廂房，三面的紅磚圍牆組成一處古色古香，靜謐雅致的學習空間。前埕西南方建有惜字亭一座，是古人焚燒字紙的地方。文物方面，除了殿內古匾外，書院旁闢有民俗文物展示處，有許多昔日農耕器具，供遊客參觀。

明新書院爲清代晚期，漢族於平地開發就緒，進入山區發展後而建的教育設施，具有社學性質，雖名爲「書院」，實爲義學，規模格局簡單，帶有草創初闢的簡樸風格，以及漢族移民刻苦不忘子弟教育的傳統精神。如今明新書院內，學子琅琅讀書聲雖已不再，但文昌帝君的香火鼎盛，每逢考季總有

許多家長、學子前來祈福。站在充滿古意的廟埕上，但見夕陽西沉，天邊盡是落日餘暉，總令人發思古之幽情。

藍田書院

　　藍田書院，位在南投市崇文里文昌街一四〇號，為義學性質的書院。初建於清道光十一年（1831），南投縣丞朱懋延請南北投、水沙兩保議建書院，擇地於南投街東的壽康莊，至清道光十三年（1833）告俊。取「樹人無殊種玉，而冀青出於藍」之義，故名藍田書院。希望藉此書院培植地方文秀，是南投縣三大古蹟書院[註19]中最早成立者。清道光二十五年（1845）三月地震，加上陰雨連綿，水浸半月而書院坍毀。清同治三年（1864）由富紳例貢生首倡改建於現址。此後歷經多次重修。由於藍田書院接受白沙書院的補助，具半官方色彩，偶而彰化職官還會前來巡視。日明治三十一年（1895），曾以右廂房充作「臺中國語傳習所」南投分教場。十月，又改做南投公學校分校及師生宿舍。明治三十五年（1902），臺灣總督府頒布政令，徵收藍田書院土地做為公學校用地，但書院仍照例每年舉行秋季大典。民國七十四年十一月，經政府指定為三級古蹟。民國八十年八月，因修護施工，拆除兩廂違建，而發現久已遺失的「新建藍田書院」副碑即捐題碑，以及「道光丁未年冬月立」的重修碑記，均為珍貴文獻史料。

　　藍田書院俗稱文昌祠，今稱孔子廟，青山綠水圍繞，坐東朝西，格局方正，佔地七百八十餘坪，是由院門、正殿、後殿及左右廂房所組成的三合院閩南式建築。院門額題「藍田書院」，設於東南方。照壁高聳，形似屋脊分三段，其垂脊尾分向兩端揚起。半月池位於照壁下方，四周以石欄杆環繞，池內水質清澈，游魚可數。敬聖亭位於前埕的右側，以紅磚砌成，爐口朝南，外形酷似四方體小塔，由爐頂、爐身和基座構成。殿前牆邊前埕上，立有「重修南投藍田書院碑記」。中央三開間正殿，為昔日講堂所在。民國八十五年三月，採前清舊貌重建，外觀宏偉，期間供祀文昌帝君，配祀紫陽夫子。為昔日講學、祭典之所在。左廂闢為辦公室及接待室。右廂是小型會議廳，平日開放給生徒作為讀書進修之用。後殿樓高二層，巍峨壯麗，一樓「濟化堂」，頒定堂規，為昔日扶鸞之鸞堂。中廳主祀關聖帝君、孚佑帝君、司命真君，

〔註19〕南投縣三大古蹟書院為：藍田書院、登瀛書院、明新書院。

左偏殿供奉城隍，右偏殿供祀福德正神。二樓爲大成殿，中央供祀孔子神位，左右各祀儒家七十二賢人及儒家歷代聖賢神位。

重修後的藍田書院，環境優美，煥然一新，已恢復昔日三合院兩進式的建築規模。殿宇內外木雕、彩繪、泥塑、石雕龍柱和交趾陶浮雕，顏色淡雅而高尚，無一不是精美佳作。其中詩詞、人物、花卉、鳥獸等題材，精緻華麗，如殿前龍堵交趾陶「畫龍點睛」，是魏晉南北朝張僧繇舉筆作畫點上龍眼睛，瞬間飛龍幻化騰空而去的故事，寓意深遠，頗具社會教育功能。書院內珍藏「藍田書院」彩繪銜牌，「奏凱崇文」〔註20〕等清代古匾。此外，前埕立有道光十三年（1833），貢生曾作霖所撰「新建藍田書院碑記」，花崗石，高一百二十二公分，寬七十二公分，字跡尚明。

磺溪書院

磺溪書院，位在臺中縣大肚鄉磺溪村。磺溪書院的創建，始於清光緒十三年（1887）丁亥，竣工於十五年（1889）己丑。取名「磺溪書院」，文風盛極一時，是大肚下堡地區的文化搖籃。招募今烏日、大肚、龍井三鄉子弟，實施啓蒙教育。由大肚上保富紳趙順芳倡建，現存石柱對聯上下款「光緒丁亥年仲冬之月，新建磺溪書院諸紳董敬叩」，應是初建時所刻，而「經天緯地」匾額上下款「光緒己丑端月穀旦，磺溪書院總董紳民仝立」，則是落成之際的獻匾。甲午戰爭後，臺灣割讓日本，書院曾一度被進攻彰化的日軍進衛師團進駐，稍有破壞。光緒三十四年（1908），日本強迫改制，設立大肚公學校，後因學生人數增加，大肚公學校遂遷離文昌祠。二次戰後，長期失修，約六、七年代，已然殘破不堪，搖搖欲墜。民國四十八年又逢八七水災，屋牆更是嚴重毀損。雖然如此，民國七十四年仍被列入國家三級古蹟。民國七十五年由政府出資進行重修，民國七十八年修建完工，讓磺溪書院重現往日風采。民國八十八年九二一大地震，磺溪書院再度受創，被列入「有立即性危險」建物而進行修復，民國九十一年完成。

磺溪書院坐落於僻靜的鄉間道路旁，正面寬二十八公尺，縱深三十公尺，坐北朝南，格局方正，佔地約八十坪，氣勢宏偉，在整體建築設計的方面，磺溪書院給人寬廣舒適、寧靜怡人之感。我們從屋頂飛簷、樑柱架構、門窗

〔註20〕當時戴潮春之役平定之後，乃由兵備道丁曰健題匾「奏凱崇文」紀念此事。

台基，到地面上的紅磚地板，隨處可見經典佳作。而集合了各地名匠手藝的磺溪書院，也讓我們從石雕、木雕或精緻磚雕的技巧與造形上，看到源自各地地方色彩的創作，內容豐富的就像是座建築博物館。這也是磺溪書院最引人入勝的地方，在今臺灣本土建築中已不多見，足以媲美和美道東書院與鹿港龍山寺。

磺溪書院前埕寬敞，芳草鮮美，花木扶疏，益顯書院的樸拙典雅。書院建築群分為門廳、拜亭、拜殿、講堂及左右廂房。講堂與廂房有過水廊相連，形成平面為「口」字型的二進式四合院建築物。第一進為七開間門廳，結構嚴謹，中門採古色古香的原木板門。栩栩如生的石獅以及造型渾厚的抱鼓石，立於中門兩旁。此處是運用福建惠安石雕的技巧，在石材上採用質密、硬度高的青斗石，展現相當細緻的藝術。另一方面，石獅的雕法，除了線條流暢外，還講求立體塊面和透雕的處理，使作品更加生動自然。門廳以精緻的紅磚砌成八角窗和邊門。邊門左側稱為「龍門」，右側稱為「虎門」。進入門廳，跨過花窗造型的拱門，映入眼簾的便是紅磚鋪就的內埕廣場。前方是一座巍峨壯觀的拜亭，矗立於高約六十公分的月台上。樑柱採石木架構的拜亭，四隅分別是精美的木雕圖案，亭下正前方有御路石。屋頂西施脊高入雲天，氣勢磅礡。第二進講堂，兼具祭祀和講堂的功能。講堂三開間，莊嚴肅穆，主祀五文昌。堂內高懸「經天緯地」古匾，昔日此處設有桌椅供教學之用。左右耳房及廂房為昔日師生之居所。其中耳房以造型獨特的六角窗和瓶形門作裝飾，頗具樸拙美感。除此之外，六角窗下更流傳了百年前的精緻磚牆面而聞名於世。如此豐富的磚雕藝術組合，令人眼界大開。

英才書院

英才書院，位在苗栗市中正路南苗市場旁，是清代頗為特殊的一所官舍書院，書院迄未建立，而以苗栗文昌祠暫用，但數年後即遭逢乙未割臺之變，苗栗縣廢，當然苗栗文昌祠也就兼具了英才書院的身分。割臺前夕成書的《苗栗縣志》，但記英才書院章程、學租，而未見書院建築之故在此。按清代苗栗縣，建縣於清光緒十五年（1889），建縣前一年，苗栗開始與新竹分治，就有籌措書院經費的計畫。廩生湯樹梅以北坑田埔的明志書院膏火田已在苗栗管轄，且原捐著也是苗栗縣人，而請知縣林桂芬將北坑田埔田租二百五十石撥歸苗栗，充作新建書院的膏火之費。清光緒十六年（1890），知縣林桂芬將內

麻莊田租二百石稟歸苗栗書院膏火。清光緒十八年（1892），暫於文昌嗣設立英才書院，由廩生謝維岳任董事，管理一切事務。同年，又由知縣稟准將苗栗縣境內的「番社租銀」，提充爲英才書院膏火。割臺之初所修的《新竹縣志初稿》，記稱：「英才書院，未建。清光緒十八年，暫社文昌嗣中。」便是英才書院迄未設立的最好說明。由於書院設在文昌祠裡，在正殿神龕上供奉著文昌帝君、魁星爺神像，以及至聖孔子神位，學生們可以朝夕膜拜。而今，文昌祠則成爲當地考生祈求考運順利的地方。

書院從光緒十五年（1889）開辦以來，至日明治二十八年（清光緒二十一年‧1895）結束所有教學活動爲止，其間雖然僅僅運作了短短的六個年頭。卻令此處成爲苗栗市文教發祥地，在近百年當地縣政文化發展過程中，扮演相當重要的角色。日本人統治臺灣後，書院停課，一度充作憲兵屯駐所。明治三十一年（1898）苗栗市成立苗栗公學校，取代傳統書院的教育功能。到了昭和二年（1927）中秋，成立「苗栗詩社」成爲中北部著名的吟詩大會，盛況空前。爲了紀念此事還特別鑄了一口鐘，爲昔日英才書院留下歷史印記。

英才書院即文昌祠〔註21〕，坐落在苗栗市中正路與文昌街交叉口，苗栗市中正路七百五十二號。形式典雅。爲平面呈「口」字型的四合院。原始建築群包括照壁、門樓、廟埕、惜字亭、門廳、正殿和東西廂房共十六間。寬敞的廟埕前有照壁及惜字亭，照壁左右各設出入門樓。第一進門廳三開間，左爲入口稱「龍門」，右爲出口稱「虎門」。中門兩旁豎立抱鼓石，鞏固門板。左右板壁上鏤雕的石質夔型圓窗，形制古樸。門神彩繪「天聾」、「地啞」，匠心獨具，有別於一般的寺廟門神。第二進正殿，神龕主祀文昌帝君神像，配祀至聖孔子、韓文公、倉頡聖人神位，以及魁星爺神像。從整體建築上看，英才書院的建築相當樸拙，保留著初建時的原有風貌，在今日臺灣眾多寺廟群中，相當罕見。

〔註21〕 一般所謂的文昌祠是指主祀文昌帝君的祠廟。相傳文昌帝君是聰明正道的神，也是掌管功名和學務的神明。《彰化縣志》提到：「蓋以世所傳帝君之書，如陰騭經、感應篇、勸孝文、孝經諸書，皆有裨於教化，不失聖人之旨，故學者崇拜之，使日用起居皆有敬畏，非徒志科名者，祀以求福也」。因此，歷代官府「因神設教」通令下學校，建祠立廟，供祀文昌帝君。到了清代除各府縣學供祀文昌帝君外，全臺各地的許多書院，也各有供祀。由於文昌祠與部分的書院均祀相同神明，而產生密不可分的關係。其後，臺灣地區的許多文昌祠均附設學堂，成爲書院的前身。如英才書院、登瀛書院、興賢書院。

雲梯書院

　　雲梯書院位在苗栗縣西湖鄉四湖村學堂下四鄰十號，西湖鄉位在苗栗縣西側，居民以客家族群為主，鄉內阡陌縱橫，綠野平疇，宛若仙境，素有「世外桃源」之美稱。清乾隆十七年（1752），劉恩寬由廣東梅縣渡海來臺灣，在苗栗西湖庄，今西湖鄉拓墾。由於勤儉持家，胼手胝足，家境日漸好轉，數十年後，傳至永長、永義年代，已成為地方首富，為了讓子孫「勤奮耕田、修心積德」外，更期望子孫能懂得「知書達禮、耕讀傳家」的道理，於是永長、永義兄弟兩商議籌建書院。清道光九年（1829）春天，貢生劉永長，聘請粵籍老師傳授漢學，在本鄉四湖村伯公背，今瑞湖國小創辦私塾〔註22〕。其後因學生日益增多，不敷使用。乃於道光二十年（1840）由劉永義獻地，把私塾遷移到四湖村山仔頂現址擴建為學堂，稱雲梯書院。並恭迎廣東惠州府孔夫子、五文昌神位，分靈來臺奉祀，成為苗栗地區最早的一間書院。根據《劉氏族譜》記載：「此後數十年間，書院孕育舉人及貢生各九位，成為北臺灣文風鼎盛的地區之一。

　　日本時期，苗栗廢縣設廳後，雲梯書院仍繼續傳授漢文。道了日明治三十一年（1898），地方教育由日本人所推動的新式學校取代。明治三十三年（1900）秋天，雲梯書院慶祝創立六十週年，劉氏族人倡議改書院為「修省堂」，雲梯書院至此功成身退，走入歷史。昭和十年（1935）四月二十一日，中部發生大地震，修省堂毀後重建，民國六十五年再度改建，易名「宣王宮」，成為當地信仰中心。

　　雲梯書院，今天的宣王宮位於純樸的四湖村學堂下，景色優美，坐西朝東，格局方正。建築群為正殿及兩道廂房所組成的三合院。外埕闢有寬敞的停車場。左側可見敬聖亭及石砌伯公廟。敬聖亭高三公尺，亭分三層，由石板塊採四方體組合而成。下層為基座；中層「敬聖亭」，爐口朝東；上層闢通風口，供奉倉頡，橫批「始制文字」，兩側楹聯：「啟發乾坤祕」、「傳流宇宙心」。此亭建於道光年間書院初創時，保存完好，古樸典雅，令人發思古之幽情。走過圍牆門，

〔註22〕　在昔日教育不普及的年代，家長通常會將孩子送到讀書人所開設的書館，或由幾戶人家合資，或是獨資聘請老師前來家中教學。而後者開啟了臺灣私塾教育的風氣，成為當時學童接受啟蒙教育的開始。在私塾裡，拜孔子是學生上課前的禮儀，上香拜過孔子以後，接著在老師的帶領下，開始讀誦《弟子規》、《三字經》、《千字文》、《百家姓》、《四子書》、《唐詩》等傳統詩書經典，除此以外，還有書法、習作等科目。

便進入書院內埕。位於殿前台階的中軸線上，有一傾斜平鋪的斜坡道，稱為「御路石」，其上雕刻栩栩如生的無角螭龍。御路石源自宮中，因在宮內只有皇帝才可以使用中軸線，而皇帝進出時，大多乘坐轎子，於是將階梯中央做成斜坡，兩側石階則讓轎夫行走，後來為孔廟和民間廟宇所沿用。上了台階，便到殿前，地板以早期磨石子鋪就，樑柱上「雲梯書院」匾額高懸，左右兩旁龍柱巍然聳立，氣氛寧靜。跨過龍門，便進入正殿，是從前院長講學的地方。正中神龕供奉三恩主及至聖先師神位，左右偏殿配祀觀音、三官大帝，給人莊嚴肅穆的印象。兩廂房則是昔日老師居所和學舍所在。

明志書院

　　明志書院，位在臺北縣泰山鄉，即清代淡水廳的興直保新莊山腳。清乾隆二十八年（1763）三月，有寄籍當地的永定縣貢生胡焯猷，年老將歸里，願將舊宅捐置為義學，年收租穀六百餘石的田產充作學租，呈請官方立碑。淡水同知胡邦漢前往查勘，認為淡水廳境尚無書院，亟表贊同。同年，繼任的淡水同知夏瑚詳報上司，不僅認為「該生所請立碑之處，意圖經久，應如其請」，更提出「並請錫以書院佳名，俾光海表」的建議，清乾隆二十九年（1764），奉閩浙總督楊廷璋核定，命名為「明志書院」並撰書碑記。「明志書院」取讀書人「志在聖賢」，為學先「表明心志」之意。清乾隆十五年（1765），淡水同知李俊原開始計畫另建明志書院於廳治南門內。至清乾隆四十六年（1781），同知丞履泰任內才新建明志書院於西門內。新明志書院建成，胡焯猷所捐舊的明志書院，據《淡水廳志》記載：「其興直保舊地，距新建書院較遠，留為租館，仍聽生童照舊肆業。今僅存正屋三間，中廳供朱子神位。……餘屋九坦。」換句話說，舊明志書院已由本部的地位轉換為分部了。然而歷盡桑海的變遷，廳治規模宏敞的明志書院已經片瓦無存，僅存正屋的舊院，卻依然老樣子，殘存於鄉野之中。

　　清乾隆三十四年（1769），監生郭宗嘏效其義行，捐獻田產一百六十二甲、園二十九甲，充作明志書院學資。到了清乾隆四十六年（1781），同知李俊原以書院距縣治太遠為由，將明志書院南遷至竹塹城內，今新竹市，在開臺第一進士鄭用錫（1788～1858）等人的經營下，逐漸成為北臺灣最高學府。而位於「山腳」今泰山鄉的義塾依舊以「泰山明志書院」名稱，招收學生就讀。清光緒二十一年（日明治二十八年·1895）臺北知府以正名為由，明令「泰山明志書院」改稱「新莊山腳義塾」，且不得再用舊書院名稱招生。然而不論

是「書院」或「義塾」，泰山明志書院持續爲當地作育英才無數，成爲今日泰山鄉「義學村」及「明志路」地名由來。

　　清乾隆二十八年（1763）明志書院初建時爲「瓦屋一進五間，旁有廂房十二間」的閩南式建築規模。屋頂正脊採「燕尾」形式，呈曲線分向兩端揚起。這種燕尾屋脊具有「通天敬神」的象徵意義，也是臺灣傳統建築的一大特色，常見於寺廟、書院或官宅建築。根據《重修明志書院碑》記載：到了大正十年（1921）重修書院時，建築物僅存「一進三間」，如今日所見之規模。正廳供奉朱熹神位及創始人胡焯猷祿位。正門門框上有副門聯：「明德惟馨景行壯志」、「窮理致知反躬實踐傳聖道應尊朱夫子」、「捨宅作祠捐資興學惠鄉里當效胡先生」，寥寥數語，貼切的表達宋代大儒朱熹的好學精神，與胡焯猷捨宅興學的義舉。廳內收藏有清乾隆二十九年（1764）「興直保新建明志書院碑」等歷史文物，彌足珍貴。左廳爲講堂，右廳爲寢室，如今，闢爲展示廳，展出明志書院百年來的歷史變遷及建築修復過程，收藏文物內容豐富，令人目不暇給。明志書院在地圖上早已消失近一個世紀，然而它卻仍以北臺灣第一書院的姿態，存活在人們的歷史記憶中。

學海書院

　　學海書院，位在臺北市環河南路，即清代淡水廳的艋舺街南。學海書院原名文甲書院，爲官方辦理的書院。清道光十七年（1837），淡水同知婁雲議建於草店尾祖師廟北，但工程一再延誤，遲遲未能展開。同年，有林國珖捐獻現址地基，以周智仁等爲董事，興建書院，不幸卻因控案而延宕。至清道光二十三年（1843），同知曹謹〔註23〕任內才興建完成。清道光二十七年（1847），閩浙

〔註23〕　曹謹，河南河内縣人，嘉慶十二年（1807）解元。道光十七年（1837）奉派台灣擔任鳳山知縣。由於鳳山縣乾旱，收成欠佳，民不聊生。曹謹於是著手修築水圳，今曹公舊圳，灌溉農田，使鳳山平原成爲南臺灣的「米倉」。鳳山縣民位了感念曹謹，於清咸豐十年（1860）在鳳儀書院内建祠紀念他。日明治三十三年（1900），曹公祠遷至鳳山市曹公路旁，今曹公國小對面。民國八十一年間，改稱「曹公廟」，香火綿延至今。由於曹謹任内政績卓著，深受百姓愛戴。道光二十二年（1842）由鳳山知縣升遷淡水同知。當時沿街送行的百姓很多。曹謹到任淡水同知後，捐出薪俸，繼續完成前任同知婁雲興建文甲書院，即學海書院未竟之舉。二年後，臺灣各地發生漳州、泉州移民發生械鬥，曹謹親自坐鎮大甲，曉諭父老約束其子弟，而平息械鬥。道光二十五年（1849），因病辭官返鄉。道光二十九年（1853）病逝於河内故居，享年六十三歲。

總督劉韻珂巡視臺灣，曾抵文甲書院，而改名爲學海書院，並由同知曹士桂親爲院長，當時生徒高達數十人，一時之間，文風蔚起。清同治三年（1864）十月重修，至清同治四年（1865）閏五月告竣，共費一千八百一十四元，除由同知王鏞撥款三百五十六元外，不足部分全由當時在任的院長陳維英勸捐。書院重修後，由舉人陳維英擔任院長，其首重倫理及人格養成，作育英才無數，地位備受尊崇，帶動了整個北淡水地區的文風，呈爲當年臺灣學界重鎮。學海書院的創建以及學租的建置，固然全由淡水廳主導，但從現存的章程，則由當地的艋舺縣丞兼任監院。日本時代，由於學海書院屬於官屬公產，在功能喪失的考量之下，由日政府標售於高氏族人，改爲高氏宗祠，整個書院建築僥倖能保存至今。目前仍以學海書院名義，於民國七十四年八月指定爲三級古蹟。

學海書院——今高家祠堂，位於龍山國小旁，空間布置以講堂爲中心，採對稱方式向外伸展。其格局配置門廳、正廳、講堂、後廳與左右廂房。前有「雙龍搶珠」的石旗竿座，其上插有旗竿，在旗竿上方還附加一個斗，表示高氏家族有人高中舉人。門廳屋頂正脊採「燕尾」形式，其上裝飾精美的泥塑剪黏，有五彩繽紛的人物座騎、花鳥蟲魚等吉祥題材。屋頂以昂貴的筒瓦鋪就，顯得莊嚴肅穆。第一進門廳三開間，門板上彩畫門神，感覺威武又不失雅緻，值得仔細欣賞。立面大門兩側窗几，以石料雕刻成竹節紋，看去古樸典雅。窗下裙堵，飾有精緻花卉及麒麟石雕，作品栩栩如生，別具一番古味。跨過門廳，便到第二進正廳，爲昔日兼具教學、祭祀功能的書院講堂。而今，闢爲高氏祠堂，供祀高氏遠祖牌位。廳上懸有同治三年（1864）老師府舉人陳維英所題的楹聯：「學知不足，教知困；自反自強，古人云功可相長也。」「海祭於後，河祭先；或原或委，君子日本其當務之。」爲學海書院之珍貴歷史文物。正廳兩側設有廂房，爲從前二十間學舍之所在。後廳爲昔日朱子祠堂，也是高氏家族聚會商議之所。

理學堂大書院

理學堂大書院位在臺北縣淡水鎮眞理街三十二號。淡水位在臺北盆地西北方，人文薈萃，景色優美。清咸豐七年（1857）十一月英法聯軍攻陷廣州，次年中國與英、法簽訂天津條約，開放通商口岸貿易，淡水在其中。此後，因北臺灣對外貿易增加，淡水一躍而成爲國際商港。同治十一年（1872）三

月，加拿大基督長老教會傳教士馬偕〔註24〕博士登陸滬尾，今淡水傳教，並學習當地語言，成為北臺灣基督教傳教之始。馬偕除了傳教外，也精通醫術，常藉著職務之便，為病人看診拔牙，頗受當地人敬重。光緒四年（1878）取臺灣女子張聰明為妻，在臺灣北部建立二十餘所教會。光緒六年（1880），馬偕與夫人返回加拿大，在故鄉募款六千二百一十五元。次年十一月返回淡水，開始建造理學堂大書院，並以故鄉牛津命名，稱為牛津學堂。光緒八年（1882）九月竣工開學，學生十八名，由馬偕擔任教師及院長，其課程除傳授神學外，更著重於近代解剖、天文、地理和植物等應用科學的研究。牛津學堂的研究方向確立長老教會的醫療與教育體系，更使其成為北臺灣首座新式書院。

由馬偕親自繪圖設計、督工完成的書院，坐南朝北，東西長二十二．八公尺，南北寬三十四．八公尺，採中式「口」字形傳統四合院兩落式格局，其門窗外觀具歐式風格。正立面三開間，兩側各有一列廂房。堂前有一池水塘，小橋、流水、花團錦簇，煞是迷人。理學堂大書院所使用的建材，包括閩南瓦、福州杉等均由大陸廈門等地，走水路飄洋過海而來，到達淡水碼頭以後，再用牛車運抵施工現場。如今，具有百年以上歷史的理學堂大書院，整座建築除了中埕增建禮拜堂，今北部臺灣基督長老教會史蹟館外，其餘均保留著當初設計的原貌，建築物本身的造型與格局上變動不大，彌足珍貴。目前書院牆上由依稀可見昔日中法戰爭的砲彈痕跡，頗具歷史意義。

大正三年（1914）牛津學堂遷至臺北，淡水中學，也就是今天的淡江中學，借用牛津學堂原址創立，由馬偕博士長子偕叡廉擔任首任校長。昭和十三年（1938）二月，北臺灣基督長老教會將牛津學堂建築列為珍貴歷史建築，永遠保存。民國五十四年，「淡水工商管理專科學校」成立於牛津學堂，以兩旁廂房作為辦公室。民國七十一年冬天整修牛津學堂，民國七十四年八月，經內政部指定為二級古蹟。民國八十八年八月，淡水工商管理學院改名為真

〔註24〕馬偕：加拿大籍，生於（1844），同治十一年（1872）三月九日抵達淡水，在北臺灣從事傳教、醫療和教育工作，長達三十年之久。期間設立教會六十所，施洗信徒達三千餘人。除此以外，他帶來了新的世界觀，還在淡水設立滬尾偕醫館，臺灣北部最早的醫院。中法戰爭時，一度作為清兵的野戰醫院、牛津學堂和女學堂等新式教育機構，對台灣醫療體系及教育上的啟蒙，貢獻很大。因此，後人以淡水「馬偕街」、臺北「馬偕醫院」來紀念他。馬偕生前已把臺灣這塊土地視為落葉歸根的地方。馬偕逝於日明治三十四年（1901），享年五十八歲。家人遵其遺願，葬於淡江中學後面，為私人墓園是三級古蹟，為其傳奇一生畫下圓滿句點。

理大學。如今，牛津學堂當作馬偕博士資料館、眞理大學校史館，兼北部臺灣基督長老教會史蹟館。其中馬偕博士資料館裡面，陳列著馬偕博士當年遺物，包括書信和許多舊照片，藉此紀念馬偕博士承先啓後的偉大貢獻。

大觀義學

　　林氏祖先林應寅於乾隆四十三年（1778）由福建漳州遷居來臺，初居淡水廳新莊街，今新莊市。咸豐三年（1853），林國華舉族遷舉板橋，今板橋，建設街市，成爲當地漳州人的領袖。此時板橋一帶，漳、泉移民因爭奪地盤發生嫌隙，視如世仇，分類械鬥經常牽連數百個村落，橫屍遍野死傷慘重。爲了消弭泉漳間的紛爭衝突，讓漳、泉移民得以和睦相處，身爲漳州移民地方領袖的林維讓，將妹妹許配給泉州舉人莊正，並於同治二年（1863）共創文昌祠及大觀書社，廣收漳、泉弟子齊聚一堂讀書。同治十二年（1873）擴大興辦「大觀義學」〔註25〕，延請莊正爲主講，課以詩文，並供應學生食宿所需，希望藉由教育的力量，化解漳泉宿仇。從此以後，化干戈爲玉帛，漳、泉不再械鬥。而大觀義學成爲臺北縣的文教發源地，爲地方培育出許多人才。

　　大觀義學位於板橋林本源園邸東側，屬林家園邸建築的一部份。坐南朝北，爲漳州派二進式格局。整座建築由門廳、講堂及兩道廂房所組成。第一進門廳三開間，爲行禮出入之所。其建築採對稱結構，正門左右立有抱鼓石一對，鼓面雕刻螺旋形，沒有太多裝飾顯得簡潔有力。在書院的左右堵上，可見精美的龍虎泥塑雕作，仔細觀察會發現龍頭朝向廳內，而虎首則朝廳外。

〔註25〕　義學俗稱義塾，源於社學，原爲地方政府在各地方開設的學校，目的在教育孤寒生童或番社子弟，後來演變爲官辦或富紳所設立的學校均稱爲「義學」。這種義學規制完整，經費充足，兼施會課，屬地方性基礎教育。其教育對象不限於家境貧寒的學童而已，也包括年齡從六至十七歲之間的一般生童。課業包括「講明父子君臣長幼之道，身心性命之理，使知孝弟忠信，即可造於聖賢。爲文章必本經史古文先輩大家，無取平庸軟靡之習，每月有課，第其高下而獎賞之。」清代官辦的義學，如康熙四十五年（1706）知府衛臺揆設置的臺灣府義學、知縣王士俊所設置的臺灣縣義學。民辦的義學，如板橋的大觀義學、士林芝山的文昌祠等。因此義學與書院之間關係密切，而生童在義塾內「學行進益者」，即可「升之書院爲上舍生」。換句話說，書院爲義學的進階教育。一般生童在「義學基礎教育」結業以後，便可參加甄試，進入書院接受進階教育，而成爲「上舍生」或「生徒」。

由於龍象徵好運，虎代表兇禍，有「進祥龍、送虎神」的意涵。屋身正立面左右兩端樑頭上，各裝飾著一隻端坐的石獅，使原本色彩單調的紅磚柱面，增添了許多層次上的變化。過了內埕，便到第二進講堂。堂上漆金的龍飾供桌，相當顯眼。神龕內供奉至聖先師孔子及文昌帝君神位。兩旁站立的書僮和劍僮神像，古意盎然，相傳為當初闢建義塾時的古物，除此之外年代久遠的匾額也是值得一看的歷史文物。

日明治三十二年（1899）元月，日人成立板橋學校，今板橋國小於大觀義學。當時聘請教員二名，學生一八零八人。明治四十一年（1908）板橋公學校遷離。大正五年（1916）財團法人大觀書社成立。大正十六年（1927）林家在大觀義學成立「私立板橋幼稚園」，開臺灣幼稚園教育先河。民國五十二年，書社再度登記為財團法人，並由臺北市大龍峒孔廟分靈至此供祀，自此成為臺北縣每年國曆九月二十八日祭孔大典之所在。民國五十六年在大觀義學左右廂房成立「大觀幼稚園」至今。民國七十四年經內政部定為臺閩地區三級古蹟。民國八十一年開始古蹟修護工程，至民國八十四年完工。

白沙書院

白沙書院，故址在今彰化市孔子廟右側、大成幼稚園旁的民生路上，幼稚園處則為文昌祠故址，書院前身乃為彰化縣義學。白沙書院的創建者曾曰瑛，字芝田，中國江西省南昌人，例監生出身，《彰化縣志》卷三〈官秩志〉曾予立傳，記述其創建白沙書院的經過甚詳，有云：「……曰瑛以彰化設置二十餘年，尚無書院，慮無以為培養人才地，遂捐俸建書院於文廟之西偏。工既竣，曰瑛首定規條，撥田租為師生束脩膏火之費。名曰『白沙』，「以彰化山川之秀，惟白沙為冠，取其地以名之」「蓋取白沙山川之秀，為邑治搖拱，主人材蔚起之象」。落成時，為詩以示諸生，感德至今不忘。曰瑛尋陞臺灣府，大有政聲，所至皆孜孜以造士為懷，彰化文教之興，其權輿於此乎」。《彰化縣志》卷九〈風俗志〉士習有云：「彰化舊建白沙書院，按月課期，互相濯磨，以上副國家養士之隆，右文之化。或席豐好禮，或安貧守道，蒸蒸然不僅為科舉之學矣！」字裡行間，已予肯定白沙書院的教育功能，彰化文風鼎盛，人才輩出，無不仰賴白沙書院的薰陶培植〔註26〕，由以開臺翰林曾維楨〔註27〕

〔註26〕在清代臺灣籍翰林有三，彰化即得其二。進士三十一人，彰化即得九人，僅次於臺灣縣（安平縣）的十一人，據以謝浩先生據清代進士榜籍貫而編的「清

的成就，是彰化人的模範與驕傲，白沙書院的教育功能更是傲視全臺〔註28〕。

　　白沙書院創建於清乾隆十年（1745），毀於日本時代初期（十九世紀末期），歷經一百五十餘年，期間有過幾次大規模的修建。清乾隆二十四年（1759），知縣張世珍重修。清乾隆五十一年（1786），被毀於林爽文之役，知縣宋學灝改建於文祠之西，及今彰化孔子廟右側民生路上。嘉慶二十一年（1816），屬彰化知縣吳性誠予以擴建。光緒二十一年（1895），日本據臺，將彰化孔子廟暫充警察署，迨二十三年，復改為彰化公學校，今中山國民小學前身，並將白沙書院、文昌祠充為外地寄宿生宿舍。根據日人杉山靖憲所著《台灣名勝舊蹟志》的記載，白沙書院曾被當時充當為「彰化水道事務所」，似乎一直延續到被拆毀為止，視為白沙書院的最後一段歷史。日大正十二年（1923），日人為遂行其消滅遺民故國之思的目的，而假藉「市區改正」之名，大舉拆毀各地的建築物，尤以前清所遺衙署、書院等建築物為甚，白沙書院的教育功能既失，又成為此次「市區改正」之下的犧牲品。從此白沙書院片瓦無存。實為臺灣書院教育史上之莫大損失。

海東書院

　　清代的書院，一如現今的學校，有各種不同的層級，就臺灣而言，臺灣道建立的海東書院，要算是「最高學府」了。海東書院，在臺灣府城寧南坊臺灣府學，即臺南孔廟右畔，清康熙五十五年（1720），由當時的臺廈道梁文宣建立。由於是臺灣最高行政機關建立的書院，所以規模宏敝，他的學舍從

　　　代臺灣進士表」為準。又馬肇選先生《台灣書院小史》謂：「……如參與縣志總理志局勢的恩貢生曾拔萃，都出身白沙書院。而更有趣的，是曾任明志書院山長的鄭用錫、郭成金，他們幼年都曾在白沙書院受教過。」

〔註27〕　開臺翰林曾維楨：清道光六年（1826），彰化籍曾為真誠翰林院庶吉士，為臺灣破天荒，也是前清一代，全臺三位翰林中，全部的教育過程均在臺灣的一位，故又有「開臺翰林」的美譽。曾維楨，號雲崧，前彰化縣燕霧保白沙坑莊，今彰化縣花壇鄉文德村人，祖籍中國福建省晉江。父曰襄公，約清乾隆年間渡臺。清嘉慶二十三年（1818），由臺灣府學附生中式戊寅科葉大章榜第三名舉人。八年後，登清道光六年（1826）丙戌科王慶元榜進士，殿試中試二甲，經朝考後選為翰林庶吉士。

〔註28〕　考《彰化縣志》卷三官制列傳云：「吳性誠……（嘉慶）二十一年正月，署彰化縣事。……課士有之人之目，所首拔者，登科第、入詞垣。」而詞垣一詞原系翰林的別稱，因道光年間曾維楨為彰邑唯一入翰林院者，故可確知曾維楨曾肄業白沙書院，於知縣吳性誠課士時，經「首拔」者。

府學右側延伸，繞至府學之後，總共有四十八間之多。清康熙二十二年
（1683），臺灣歸屬清朝統治，初期爲了教育之需，曾先後設了一些義學性質
的書院，雖然有書院之名，卻非制度完備的書院，因此讀書儒士深造，必須
遠渡重洋到省城福州榕城的鰲峯書院攻讀，甚感不便，海東書院的建立，實
有部份取代鰲峯書院功能的意義，誠如巡臺御史楊二酉所撰碑記：「臺踢海
嶠，隸閩之東南郡，相去榕城約數千餘里。諸生一仰只鰲峯，且不免望洋而
嘆也」。便是最好的說明。海東書院成立之初，由於學舍寬敞，而臺灣每年所
辦的歲、科兩試，都藉用海東書院爲考棚，以致書院功能幾乎完全停頓。直
至清乾隆四年（1739），臺灣道單德謨才另建考棚，恢復書院制度。翌年
（1740），臺灣道劉良璧重修海東書院，並立海東書院學規六則，書院復振，
爲「全臺文教領袖」並由富紳施世榜之子貢生施士安捐置水田千畝，以充學
租。」海東書院是官設書院，經費來源除了工銀撥支外，尚有田租、園租、
利息、店稅、漁塭租及典契價等項。其中以田租與公銀撥充二項爲數最多，
且較固定。

　　乾隆十五年，臺灣縣知縣魯鼎梅新建縣署於紅毛樓右，改海東書院爲崇
文書院。而就舊縣署改建爲海東書院，此爲海東書院第一次遷徙。乾隆二十
七年，巡道覺羅四明以書舍狹小弗稱，故重修東安坊校士院爲海東書院，並
勘定海東書院學規八則。此爲海東書院之第二次遷徙。乾隆三十年，知府蔣
允君以海東書院有培育臺灣人才之功，乃捐廉俸別建。擇地於寧南坊學宮西
崎下，院廣三十丈，長八十丈，東向。凡講堂、齋舍、亭、榭、軒、檻悉具，
經四個月才興建完工。此爲海東書院的第三次遷徙。此後每個朝代，仍有不
同程度的興修，但位置不變，即今臺南市忠義國民小學。

　　海東書院爲當時全臺規模最大最好的書院〔註 29〕，充分發揮書院的多重
功能：

　　一、除藏經籍甚豐，供士子研讀，對教育之普及與文化之提升，有積極
　　　　的貢獻，同時亦是地方的學術中心。

　　二、造就不少治術人才，如魏宏、邱逢甲、汪春源、許南英、鄭鵬雲等。

　　三、重視人格教育之培養，如劉良璧首定海東書院學規六則「明大義、
　　　　端學則、務實學、崇經史、正文體、愼交友」；覺羅四明勘定海東書

〔註29〕　《臺灣文教史略》李汝和（臺北：臺灣省文獻委員會 1972 年）頁 16。

院學規八則「端士習、重師友、立課程、敦實行、看書理、正文體、崇詩學、習舉業」皆以人格教育之完成爲首要宗旨。

正心書院

臺灣自荷蘭時代，就開始展開了原住民平埔族的教化工作，但僅侷限於南部的幾個社。直至清雍正十二年（1734），才全面在南北各社設立所謂「土番社學」，「擇漢人之通文理者，給以館穀，教諸番童」。此後仍陸續有若干的興革措施，但成效一直不彰。清光緒初年，在欽差大臣沈葆楨的主導之下，進行後山的開發，其中原住民的教化工作也是重點之一。今日月潭光華島，舊稱珠仔山上，曾建有正心書院一所，以教化當地邵族。這所書院雖以書院爲名，其實只是設備簡陋的義塾而已，同時設立的共有二十四所之多，分布在五城、埔里一帶邵族聚居地區，即水沙連六社範圍。據文獻記載，這次各義塾的設置，是由中路統領吳光亮委六社總通事黃添惠及山長施葆修辦理，在五城堡設了七所，在埔里社設了十七所。

五城堡的七所義塾，目前所知除了正新書院外，頭社、貓嘲、木屐嘲、大林也各有一所，另二處不詳。日月潭正心書院的設立，據清光緒三年（1877）十一月初一日臺灣道夏獻綸抵此勘察後所作的報告：「水社有浮一珠嶼，四面皆水，孤峙湖心，風景饒勝，洋人先欲於該處起建教堂，吳鎮先建書院一所，將其地概行歸官，洋人氣沮，九月間，復來水社責該處「番民不應讓官起見，然已無如之何矣」。

所謂洋人，指的是長老教會傳教士甘爲霖，由此可知正心書院的設立，搶在甘爲霖洋人建教堂之先，實有阻其傳教的動機。

崇文書院

在清末光緒元年（1875）臺北府成立以前，有長達二百年的時間，臺灣只有一個臺灣府，這段時間內崇文書院是唯一的府級書院，僅次於道級的海東書院。崇文書院前身是清康熙四十三年（1704）知府衛臺揆建的府義學，設在安東坊，由臺灣府提供田租以供膏火，以府學訓導兼任掌教。清乾隆十年（1745），臺灣道兼攝知府莊年重修。清乾隆十五年（1750），臺灣縣知府魯鼎梅遷建海東書院至東安坊，而以寧南坊舊海東書院爲崇文書院。清乾隆二十四年（1759），臺灣知府覺羅四明再擇地於府署東偏，捐俸率僚屬及地方

紳士共同完成，使崇文書院的規模更爲齊備，講堂、齋舍俱全，並自內地延聘宿儒擔任掌教，清嘉慶二十二年（1818），再由署臺灣知府改建，以迄清末。

　　崇文書院雖是府級書院，但與道級的海東書院同城，且同城又有個縣級的引心書院，後改爲蓬壺書院，無形之中崇文書院的地位，便顯得不太重要，頗有高不及海東書院、低不及引心書院的尷尬，對整個清代臺灣的教育影響不大，反不如幾個廳、縣級的明志書院、仰山書院、白沙書院、鳳儀書院等書院。蔡廷蘭、邱逢甲等曾爲該書院院長。

　　今崇文書院已廢，遺址在前衛民街憲兵隊本部對面東鄰，崇文書院縣僅存「崇文書院」門額一方，爲臺南歷史文物館收藏。

仰山書院

　　清代的臺灣習慣將中央山脈以東稱爲後山，廣大的後山地區遲至清嘉慶十五年（1810）臺灣設省後，又在今花東地區設置臺東地區直隸州。噶瑪蘭廳有仰山書院，臺東州則迄未建立書院，因此仰山書院可以說是臺灣後山唯一的書院。仰山書院，在噶瑪蘭廳志，今宜蘭市西的文昌宮左，舊址學在今碧霞宮處，初建於清嘉慶十七年（1812），由委辦開蘭事宜的知府楊廷理創建，但因地多颱風，風雨侵蝕，書院維持不久變告傾圮。清道光五年（1825），通判呂志恒乃暫借文昌宮東廂房使用，並在臨街之處，搭建一簡單的門樓，題上『仰山書院』，因陋就簡地教育子弟。清道光十年（1830）夏，署通判薩廉才就舊址重建一廳二房，圍以短牆，至此而粗具書院規模。僻處後山的仰山書院，各種條件都不如前山的廳、縣，特別是藏書方面。清道光六年（1826）福建巡撫孫爾準巡台，曾入噶瑪蘭見諸生有向學之志，且蘭中無子、史書，乃特別就省城鰲峯書院的藏書中，撥了四十六種，共一百一十一本，（《噶瑪蘭廳志》卷 8 頁 436。）運存仰山書院，爲臺灣書院少見的例子，也可以看出後山書院經費的不足。

　　書院奉祀周濂溪、張橫渠、程明道、程伊川、朱考亭五夫子神位，因又稱五子祠。大龍峒舉人陳維瑛曾主講於此書院，當時文風頗盛。仰山書院在學規方面也別開生面，他是取覺羅四明的海東書院學規，「敦實行」、「看書理」、「正文體」、「崇詩學」等四條，在加上白沙書院學規「讀書以立品爲重」、「讀書已成務爲急」二條，合成了仰山書院之學規。宜蘭之地人才輩出、科甲聯登，自道光以至光緒，中舉人者不勝枚舉。除書院之外，並由蘭士一百

數十餘人自相定盟，捐有薄置，每年四月，在書院內聚會，飲酒為詩文，尤其中品擇其優定其名次，七名以內贈以筆墨等文句，名之為「仰山社」。數十年前，書院建築已廢，改其民居矣！書院之文物亦散失殆盡，未聞有人收藏。

仰山書院的命名，根據清咸豐二年（1852），陳淑均纂輯《噶瑪蘭廳志》說道：「已景仰楊龜山而得名」，楊龜山為宋代名儒，景仰楊龜山而將書院命名固無不可，然噶瑪蘭廳的書院之所以取名仰山，實因境內濱海，有個遠近知名的龜山島，由龜山地理形勢的誘導，加上宋儒洽有楊龜山其人，因而巧妙的使用雙關語。（《台灣的書院與科舉》p84）

第五節　臺灣各書院創建之順序 [註30]

唐代已有「書院」一詞的出現，當時書院為藏書兼校書之處。當時之書院非士子肄業之所，無學校之性質，而類似圖書館。嗣後世子購屋讀書之所亦以書院名稱之 [註31]。到了唐末五代戰亂迭起，社會混亂，唐以來所設置的學校廢弛，而宋之學校尚未建立，實人為應時之需，乃紛建書院講學，至宋初書院遂興盛起來，自是書院以形同學校，負有教育之責 [註32]。此後書院制度雖歷經宋、元、明、清達七百年之久，相沿存續不變。然期間興衰不一。滿清以異族入主中國，最忌民間之集會結社，尤其是知識份子之活動，無不加以禁限。故未阻止知識分子之結合，以防止漢人有反清復明運動，於清初不但不提倡書院，反加以抑制。然書院制度由來已久，可補學校教育的不足，非政治力量所能扼制，故順治十四年（1657）清廷乃從撫臣袁廓宇之請，修復衡陽石鼓書院。清朝文獻通考云：「修復衡陽石鼓書院，撫臣袁廓宇疏言，衡陽石鼓書院……聚生徒講學於其中。延及元明不廢，值明末兵火傾圮，祀典湮墜。今請倡率捐修，以表章前賢，興起後學。」清代臺灣各地的書院，即在此種背景下而陸續創設的。雍正十一年清廷對書院的態度有所改變，正式明令封疆大吏督撫們於各省會建書院，並各賜帑金一千兩，以為士子群聚讀書之膏火。清代臺灣陸續建數十所書院，早在臺灣納入清朝版圖之最初二十年，在府治及其近郊多設有書院。

〔註30〕 臺灣各書院創建之順序，共介紹了六十一個書院，臺灣各書院的簡介卻只介紹二十四個，差別在於在創建的順序中，只要有文獻記載的都有列出來。
〔註31〕 《中國書院制度》盛朗西（臺北市：華世出版社，1979 年臺 1 版）頁 8。
〔註32〕 《廣東書院制度》劉伯驥（臺北市：中華叢書委員會，1958 年）頁 17。

清康熙二十二年（1683），平定臺灣。當時清東征統帥、福建水師提督施琅首建西定坊書院，其後二十餘年，在臺灣府治及其近郊續有增建：康熙二十九年（1690），臺灣知府蔣毓英建鎮北坊書院；康熙三十一年（1692）臺灣知縣王兆陞建彌陀室書院；康熙三十二年（1693），臺灣知府吳國柱建竹溪書院；康熙三十四年（1695），分巡臺廈兵備道高拱乾建鎮北坊書院；康熙三十七年（1698），分巡臺廈兵備道常光裕建西定坊書院；康熙四十三年（1704），分巡臺廈兵備道王之麟建西定坊書院；康熙四十四年（1705），將軍吳英建東安坊書院；康熙四十八年（1709），分巡臺廈兵備道王敏政建西定坊書院〔註33〕，為上述各書院，其性質與義學相同，實為當時之義學，而具有書院之名稱而已〔註34〕。

臺灣之真正的書院，始自康熙四十三年（1704）臺灣知府衛臺揆創建的崇文書院。連橫《臺灣通史》云：

> 臺灣為海上新服，躬耕之士，多屬遺民，麥秀禾油，眷懷故國，故多不樂仕進。康熙四十三年，知府衛臺揆始建崇文書院。……各縣先後繼起，以為諸生肄業之地。〔註35〕

崇文書院建於臺灣府治，其後各書院則遍於臺灣各地。總計清領台灣二百十三年期間（康熙二十二年至光緒二十一年，1683～1895），臺灣各書院的設置，共有四十五所。清代臺灣興建書院最盛的時代為康熙；其次為道光；再來為嘉慶和乾隆；最後順序為光緒、雍正、咸豐等朝。然如近一步分析則發現興建書院最盛的時代應是道光；其次是嘉慶；再來是康熙；最後順序為光緒、雍正、咸豐、乾隆等朝，同治時代則未興建〔註36〕。至於從清代臺灣書院在地理上的分布看來，則以今之臺南為數最多，其次為彰化，再來為雲林，此正說明清代臺灣文教中心在臺灣南部、中部而非在北部。依據各書院創建先後順序作以下說明：

〔註33〕　《重修臺灣府志》周元文（臺北市：臺灣銀行經濟研究室編印1960年7月）頁36。

〔註34〕　《清代臺灣教育史料彙編》莊金德編（臺灣省文獻委員會發行，1973年4月）第4章第2節頁697。

〔註35〕　《臺灣通史》連橫（臺北：眾文出版社，1979年）卷11，頁274。

〔註36〕　前述各代書院數分別為康熙四十年間建十一所書院，雍正十三年間建三所書院，乾隆六十年間建七所書院，嘉慶二十五年間建七所書院，道光三十年間建十所書院，咸豐十一年間建兩所書院，同治年間未建書院，光緒二十一年間建五所書院。

（表一）義學過度到正式書院的雛形書院〔註37〕

	書院名稱	設置點	今之地名	年　代	沿　革	猶存古蹟
1	西定坊書院	臺灣府治	臺南	康熙二十二年（1683）	靖海侯施琅建	
2	鎮北坊書院	臺灣府治	臺南	康熙二十九年（1690）	郡守蔣毓英建	
3	彌陀室書院	臺灣府治	臺南	康熙三十一年（1692）	臺令王兆陞建	
4	竹溪書院	臺灣府治	臺南	康熙三十二年（1693）	郡守吳國柱建	
5	鎮北坊書院	臺灣府治	臺南	康熙三十四年（1695）	道憲高拱乾建	
6	西定坊書院	臺灣府治	臺南	康熙二十二年（1683）	道憲常光裕建	
7	西定坊書院	臺灣府治	臺南	康熙二十二年（1683）	道憲王之麟建	
8	安東坊書院	臺灣府治	臺南	康熙二十二年（1683）	將軍吳英建	
9	西定坊書院	臺灣府治	臺南	康熙二十二年（1683）	道憲王敏政建	

（表二）臺灣的正式書院

	書院名稱	設置點	地　名	年　代	沿　革	猶存古蹟
1	崇文書院	臺灣府治	臺南	康熙四十三年（1704）	原安東坊舊義學，知府衛臺揆建	
2	屏山書院	鳳山縣治	高雄	康熙四十九年（1710）	知縣宋永清建	
3	海東書院	臺灣府治	臺南	康熙五十九年（1720）	分巡道梁文瑄建	
4	中社書院	臺灣府治	臺南	雍正四年（1726）	分巡道吳昌祚建	尚存
5	正音書院	臺灣縣治	臺南	雍正七年（1729）	奉文設立	

〔註37〕引自
http://163.32.84.102/cyberfair/2003%E5%B9%B4/%E5%9C%8B%E4%B8%AD
%E7%B5%84/work/C0322500088/singseng/s101.htm

	書院名稱	設置點	地　名	年　代	沿　革	猶存古蹟
6	正音書院	諸羅縣治	嘉義	雍正七年（1729）	奉文設立	
7	正音書院	鳳山縣治	高雄	雍正七年（1729）	奉文設立	
8	正音書院	彰化縣治	彰化	雍正七年（1729）	奉文設立	
9	南社書院	臺灣縣治	臺南	雍正年間	奉文設立	
10	白沙書院	彰化縣治	彰化	乾隆十年（1745）	淡水同知攝縣事曾曰瑛建	
11	鳳閣書院	鳳山縣前營	高雄	乾隆十二年（1747）		
12	龍門書院	彰化縣斗六堡	雲林斗六	乾隆十八年（1753）	貢生鄭海生、廩生吳家會、富紳張良源、陳子芳等建	
13	玉峰書院	諸羅縣治	嘉義	乾隆二十四年（1759）	在文昌宮。知縣李炎就原縣學文廟址改建	
14	明志書院	淡水廳	臺北泰山	乾隆二十八年（1763）	原為永定貢生胡焯猷自宅改設義學，淡水同知胡邦漢改為書院	仍存
15	南湖書院	臺灣府治	臺南	乾隆二十九年（1764）	知府蔣允焄建	
16	文石書院	澎湖廳治	澎湖	乾隆三十一年（1766）	澎湖通判胡建偉應貢生許應元等之請，建於文澳西偏	仍存
17	奎壁書院	諸羅縣鹽水港堡	臺南鹽水	乾隆四十六年（1781）	趙家創建	
18	明志書院	淡水廳	新竹	乾隆四十六年（1781）	同知成履泰移建竹塹西門	
19	螺青書院	彰化縣東羅堡	彰化北斗	嘉慶八年（1781）		
20	引心書院	臺灣縣治	臺南	嘉慶十五年（1803）	拔貢張青峰監生黃拔萃建	

	書院名稱	設置點	地 名	年 代	沿 革	猶存古蹟
21	主靜書院	彰化縣治	彰化	嘉慶十六年（1811）	知縣楊桂森建	
22	仰山書院	噶瑪蘭廳治	宜蘭	嘉慶十七年（1812）	委辦知府楊廷理建	
23	萃文書院	鳳山縣羅漢內門觀音亭	高雄內門	嘉慶十七年（1812）		仍存
24	鳳儀書院	鳳山縣治	鳳山	嘉慶十九年（1814）	知縣吳性誠命候選訓導歲貢生張廷欽建	仍存
25	振文書院	彰化縣西螺堡	西螺	嘉慶十九年（1814）	董事生員廖澄河籌建	仍存
26	屏東書院	鳳山縣阿猴東街	屏東	嘉慶二十年（1815）	歲貢生郭萃、林夢陽建。光緒六年鄭贊祿重修	仍存
27	興賢書院	彰化縣員林街	員林	道光三、四年	貢生增拔萃建	仍存
28	文開書院	彰化縣鹿港新興街	鹿港	道光四年（1824）	同知鄧傳安建	仍存
29	鳳崗書院	鳳山縣長治一圖里	高雄	道光十六年（1830）	紳民劉維仲、賴為舟及林四海等建	
30	羅山書院	嘉義縣治	嘉義	道光九年（1829）	刑部郎中王朝清、知縣張紳雲籌建	
31	藍田書院	彰化縣南北投堡	南投	道光十一年（1831）	縣丞朱懋、生員曾作雲、管俊升等建	仍存
32	登雲書院	嘉義縣笨港	嘉義新港	道光十五年（1835）	邑人鳩資興建	
33	朝陽書院	鳳山縣	屏東	道光二十一年（1841）	始建人不詳。光緒六年訓導李政純等重建	
34	文英書院	彰化縣岸理社	臺中神岡	道光年間	邑人呂世芳、呂耀初父子所建	
35	學海書院	淡水廳下崁莊	臺北萬華	道光二十三年（1843）	道光十七年淡水同知婁雲議建，二十三年同知曹謹續成	仍存

	書院名稱	設置點	地　名	年　代	沿　革	猶存古蹟
36	修文書院	彰化縣西螺堡	西螺	道光二十三年（1843）	貢生詹錫齡等捐建	
37	鰲文書院	彰化縣治	彰化	道光二十五年（1845）		
38	奎文書院	彰化縣他里霧堡	雲林斗南	道光二十七年（1847）	職員黃一章捐建	
39	登瀛書院	彰化縣北投堡	南投草屯	道光二十七年（1847）		仍存
40	玉山書院	彰化縣茄東南堡	台南白河	咸豐元年（1851）	邑人創建	
41	道東書院	彰化縣和美線街	彰化和美	咸豐七年（1857）		仍存
42	樹人書院	淡水廳	臺北	咸豐年間	陳維英等建	
43	正心書院		日月潭	光緒二年（1876）		
44	雪峰書院	鳳山縣港西里阿里港街	屏東阿里港	光緒三年（1877）	職員藍燈輝、董事張簡榮、張簡德建	
45	明新書院	臺灣府治	集集	光緒八年（1882）	陳長江籌建	仍存
46	啓文書院	彰化縣治	埔里	光緒九年（1883）	同知傳金倡建	
47	蓬壺書院	臺灣府治	臺南	光緒十二年（1886）	原引心書院，知縣沈受謙改建	仍存
48	磺溪書院	彰化縣大肚下堡	臺中大肚	光緒十三年（1887）		仍存
49	英才書院	苗栗縣治	苗栗	光緒十五年（1889）	謝維岳籌建	仍存
50	宏文書院	臺灣府治	臺中	光緒十五年（1889）	仕紳林朝棟、吳鸞旂、吳海玉等建議知縣黃承乙建	
51	明道書院	臺北府治	臺北	光緒十九年（1893）	臺灣布政使沈應奎建	
52	崇基書院	基隆廳治	基隆	光緒十九年（1893）	江呈輝建	

清代臺灣書院分布圖──清領時期〔註38〕

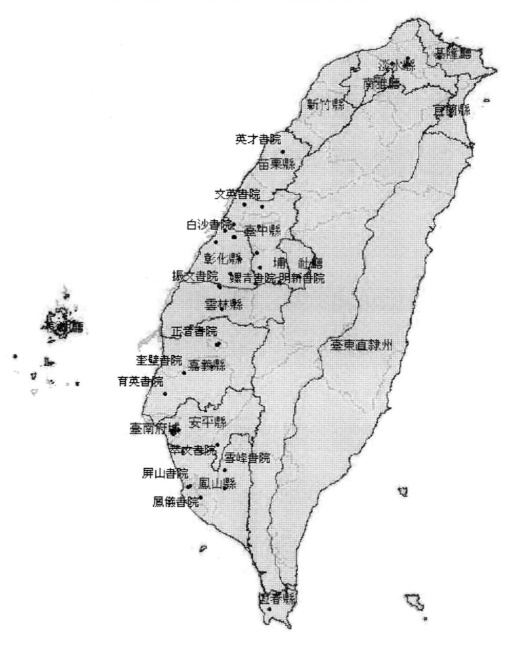

〔註38〕編繪中央研究院臺灣史研究所王祿驊整理
thcts.ascc.net/template/sample6.asp?id=rc17

第六節　臺灣的書院制度

　　一個制度的移植，除了承襲原有的傳統以外，尚須配合當地的環境與人文因素，植根於當地後，經過當地的風土人情之培育，逐漸發展出適合當地的有效制度。所以，制度是演化出來的，而不是表面移植得來的。臺灣的書院制度，承襲內地傳統而來，但因臺灣的特別環境，使得臺灣的書院顯出部分的差異性，主要是清代的社會正在儒化之中，因此臺灣的書院也顯出演化的過渡色彩，尚未能成為成熟的定制。以下從臺灣的書院組織、經費、教育宗旨、入學與修業、空間佈置、教學、教材、考課各項加以說明：(《臺灣的書院》p23)。

一、書院的組織

　　書院是官學以外之另一教育系統，是一種公益事業團體，其所有權既不在官府，也不在任何個人，而是屬於社會的，類似今日以公益為目的財團法人，需向政府註冊，受政府監督。清代書院的設置需官府的核准，且需接受官府的監督，創辦的紳耆們雖不似今日組有「董事會」，享有法律的地位，但紳耆們仍有極大的影響力；他們參予書院的管理，是書院得以生存的社會經濟力量，當時並沒有特別的名稱稱呼，以現在的稱謂「董事會」來代表稱呼。

　　地方官憲、書院院長、紳耆「董事會」三者構成書院的管理體系。地方官憲負責經濟之籌措、學生之招收、院長及職員之任免、教師薪俸和學生膏火及其他雜費的開銷；院長負責教務及訓導的成敗；「董事會」除與地方官憲一樣籌措經費外，負總務全責，包括庶務、會計、財產、徵租、祭祀、打雜等等事務性工作。除院長的職權不變以外，地方官憲與「董事會」的影響力大小，要看該書院創建的方式而定，清代臺灣書院的創建大致有三種，依出現的次序：一是官憲倡建，二是官民倡建，三是民間倡建。初期的臺灣書院，幾乎都屬官憲倡建，官府指導的意味很重，其後漸有官民合力倡建者，最後民間倡建者始盛。

　　官憲倡建者，是地方長官主催，發動官憲及官民合資創建，並非純粹官資。早期的臺灣書院多屬此類，例如西定坊等九個書院及崇文書院、海東書院，其發起者大多為高官，如將軍侯、郡守、道憲、知府等，他們有絕對的影響力，創建的官紳組成的「董事會」，他們當然是「董事長」，而且是獨斷的「董事長」，書院的人事、財務、教務都受他們的支配，因為這時期書院正在官憲指導期間之故。

　　官民倡建者，是地方官與紳民合力合資所創建，有地方官邀集紳民創建

者；有紳民呈請地方官領銜創建者。此類型書院為數不少，如明志書院、文石書院、藍田書院、引心書院……等。許多文獻上由地方官具名創建者，事實上都是由紳民發起，請地方官出面領導建置的，澎湖文石書院即為明顯例子。此類之「董事會」由創建之官民聯合組成，官方代表大都為地方親民官，如知縣、通判、同知等，不再是前類較高階官員，地方官仍為「董事長」，但不似前類之獨斷果行，「董事會」有較大的發言權。除負責書院總務全責外，對院長的任命也擁有「備聘」權，即推薦權。

民間倡建者由紳民自力創建、或紳民為主、官府聲援的情形下創建的，「董事會」純由紳民組成，偶而亦有官憲列名而實不管事，營辦之權操於紳民之手，如鳳儀書院、振文書院、屏東書院等。

第一種官憲創建的書院為最早期書院，官憲負責成敗全責，指導意味很濃，「董事會」幾乎無過問之餘地，由官憲指派院長、總務人員，直接向官憲負責。第二種官民倡建的書院，官憲與「董事會」分工合作的情形較理想。第三種民間倡建的書院，則「董事會」功能較為突出，除應負總務責任外，有時尚可自行聘請院長。

院長即宋以來的「山長」，乾隆三十年（1765）諭令改名為「院長」。清廷對院長資格的要求頗嚴，首重品格，次求學問，務必經明行修，足為多士模範者，只有學問，可是卻恃才放誕、輕佻、行為不羈之士，就不得濫入。「而且規定院長必須專任，不可由儒學的教官兼任，丁憂在籍官員不得出任，至於省籍、出仕或未出仕皆不限制，聘請時必須以禮相延〔註39〕」。臺灣書院的院長大都具備上述條件，唯「專任」一項，並未遵行，常有儒學教授、教諭、訓導或其他文行優長者兼任之，如登瀛書院，以臺北府儒學教授，學海書院以淡水縣儒學教諭，明志書院以新竹縣儒學訓導兼任等等〔註40〕。清廷對此予以寬容，大清會典事例卷三九五載曰：「議准：福建臺灣地方縣有海東書院，……令該府教授兼施訓課，……至於該府教授缺出，令該府於通省現任教授內，由進士、舉人出身，擇其文理優長者，具題調補，……」。院長通常由官憲負責延聘，亦有紳董推薦，官府下聘者，如白沙書院，唯有少數小規

〔註39〕 《清會典臺灣事例·各省書院》臺灣文獻叢刊第二二六種，臺灣銀行經濟研究室編印，頁99。

〔註40〕 《臨時臺灣舊慣調查會第一部調查第三回合報告書臺灣私法》（文獻委員會編，南投市：臺灣省文獻委員會1993年）頁297、298。

模民建書院，由紳董的「董事會」自行禮聘。也有小書院只聘講師，未聘院長者，如玉山書院。不管何方所聘，院長需接受地方官憲監督、考核，其教術可觀，三年有成，由地方官各加獎勵，六年有成，則「奏請酌量議敘」，相反的，如有虧於職責，「即行題參」。院長負責教務和訓導的成敗，教務工作包括教學和考課，教學即一般升堂講書、批答疑難、查閱「讀書分年日程〔註41〕」等。考課亦為院長重要職務，按月對書院生加以考試。書院的考課，通常每月兩次，一次是官課，由官府行之，一次是師課，由院長行之。其日期並不統一，或訂於每月初二、十六，如仰山書院；或訂於初二、二十，如崇文書院；或訂於初十、二十五，如文開書院；官課在先，師課在後。有些民設小型書院不行官課只行師課，其次數不定，且為臨時舉行，如振文書院、奎文書院者是，亦有固定每年四次者，如玉山書院。

　　官憲與院長所負責以外的事物，全由「董事會」負責。如前述「董事會」只是一個虛擬的名詞，沒有健全的組織和法律地位，但是卻有極大的社會、經濟力量，他們是書院產生與維持不可或缺的力量。書院的事務性工作即由他們選出專人來處理，有總董事、董事、監院、首事、管事、當事、禮書、禮房、爐主、會東、倡首者、租趲、租差、傳代、財帛、齋長、值董、院丁、院夫、書丁、拾字紙等各種名稱。視書院不同，稱呼亦不同，且同一名稱的職務不一定相同，不同名稱的職責不一定不同，頗為分歧，未成定制，現將其職責試列表如附表一：

　　臺灣的書院制度尚在演化之中，並未成為定制，但整個組織規模成型，只在細節上並未完善而已。現將臺灣的書院組織系統整理如下：(《臺灣的書院》p28)

（一）官憲倡建書院的行政系統

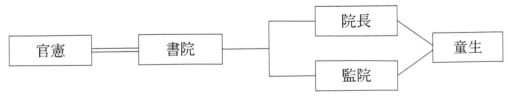

〔註41〕 「讀書分年日程」為元程端禮所創。清康熙時，陸隴其曾刊呈督學分給學生。清會典事例乾隆二年諭令書院傚其分年讀書法。

（二）官民倡建書院的行政系統

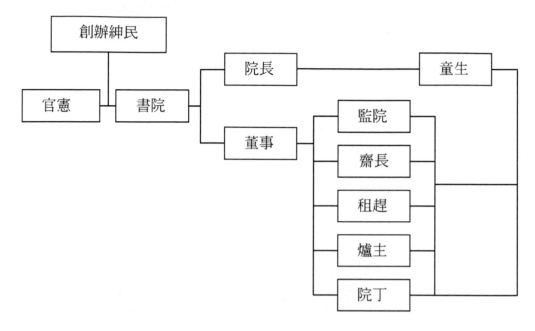

（三）紳民倡建書院的行政系統

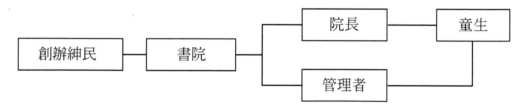

二、書院的經費

　　臺灣的書院經費收入主要有兩種，一是學租、一是捐款。這兩種收入乃是書院的基本財產。學租是從書院所持有的土地和建築物中獲取租稅，包括田地、園地、家屋、店鋪、漁塭、蔗廍、水圳等。其土地書院擁有大租權，人民擁有小租權；或人民擁有大租權，書院擁有小租權。土地和建築物的來源也有兩種，一是官莊、抄封田地和其他沒收的官有地；一是官員、紳民私人之捐地或捐款，再依捐款購得的土地〔註42〕。

〔註42〕《臺灣教育志稿》（南投市：臺灣省文獻委員會 1951 年）頁 90。（以下引用此書時只於引文之後僅註記書名、頁碼）。

　　一般而言，官設書院的經費大致來自官屬公銀、官莊、抄地、官有地和官員私捐，地方紳民也往往贊助，如崇文書院、海東書院等。官民合建的書院，則以紳民捐獻為主，官府補助為副，如蓬壺書院、白沙書院等。民間創建者，則以紳民捐獻為主力，官府偶而予以輔助，如英才書院、龍門書院等。經費的支出，主要有人事費、獎助金、祭祀、事務雜費四大類。人事費包括院長的薪俸、津貼及員工的薪津。院長的薪俸、津貼則有許多名目，除束脩或稱「束金」、「脩金」外，還有「贄儀」、「節儀」、「聘金」、「膳金」、「烟茶雜費」、「酒席費」、「來往盤費」等。其名目與金額，各院不一致，大約財務狀況較好的大型書院待遇較佳，小型書院則否，如白沙書院院長年薪六百兩，學海書院四百兩，英才書院三百四十兩，明志書院三百三十六兩，仰山書院只一百三十八兩。(《臺灣教育志稿》p41)。除院長的薪俸外，人事費上包括職員工役支薪津，此支出只佔書院支出的小部份，以前面所舉院長薪津的書院為例，與院長薪津比較如下：

職稱 薪津／書院	院長 A	職工 B				
		董事	監院	禮書	院丁	小計
白沙	六〇〇	一二〇		四〇	三〇	一二〇
學海	四〇〇					七〇
英才	三四〇	四八				四八
明志	三三六		一〇〇			一〇〇
仰山	一三八			二四		二四

　　可知人事費用中，職工薪資約略只佔百分之十五，較多者佔百分之二十三，低者則僅百分之十二，其餘盡屬院長薪津，院長之受重視，於此可見一斑。

　　獎助金是支給生童的費用，包括膏火、賓興、花紅、文具費。膏火是資助生童焚膏讀書的賞金，書院生童包括生員、監生、童生，然並非全員皆能分享膏火，必得在月課中成績優良者，始能獲賞。膏火之多寡亦視書院而有別，膏火的支出亦占書院常年經費的一大宗。與院長的薪津比較如下：(《臺灣教育志稿》p90)。

支出別 金額 　　　　書院	院長薪津	生童膏火
英才書院	三四〇	六七〇
明志書院	三三六	三八八
仰山書院	一三八	一五〇

　　從上表可以看出，膏火支出甚至超過院長的薪津，如果再加上賓興、花紅、文具費，則更可觀。賓興是資助生員應鄉試或舉人應會試的旅費，花紅是官課時名列前矛的獎金，如文石書院就有賓興費的支出。膏火、賓興、花紅全爲獎勵生童讀書的費用，顯然爲書院經費支出的一大宗。

　　祭祀費是指早晚香燈費、春秋祭祀費、迎聖祭祀費，如龍門書院「春秋祭祀費銀百兩、迎聖祭祀費銀四十兩」，(《臺灣教育志稿》p50)。亦是一筆重要開支。事務雜費，包括書院移建及修補費、院長家具及生童桌椅購置費、課卷費、公務所需知油燭紙筆雜費、開館閉館之開銷費、捐贈義學基金及其他雜費〔註43〕，除移建費以外，其他皆爲經常性支出。

　　以上爲經費的收支大略情形，臺灣書院的經費支配大致不出上述範圍。經費的經手、支配，通常由總務職員負責，官府不直接介入，以避免瓜田李下之嫌。

三、書院的教育宗旨

　　清廷所訂的教育宗旨是在「導進人才，廣學校所不及」。且鑒於府、州，縣學學級平行，無遞升之法，國子監則道理遼遠，四方之士難以群集，因而擬以書院做爲府、州、縣學之上級遞升學校，是故大清會典事例卷三九五即有「書院即古侯國之學也」之說，可見書院教育宗旨之崇高，更在一般學校之上。臺灣的書院亦秉斯旨而設，負起「興賢育才」之大任，臺廈分巡道劉良璧所訂「海東書院學規」中說：「書院之設，原以興賢育才……尚爲生童肄業，俾成人有德、小子有造〔註44〕。」爲達此目標，訂下如下學規：一、明大義指明「君臣之義」。二、端學則須遵白鹿洞學規「居處必恭、步立必正、視聽必端、言語必謹、容

〔註43〕 《臺灣史研究》張勝彥（臺北市：華世出版社，1981 年 4 月初版）頁 26～27。
〔註44〕 《重修福建臺灣府志》劉良璧（臺北市：臺灣銀行經濟研究室，1961 年 3 月）頁 560。

貌必莊、衣冠必整、飲食必節、出入必省、讀書必專一、寫字必楷敬、几案必整齊、堂室必潔淨、相乎必以齒、接見必有定、修業有餘功、游藝有適性、使人莊以恕、而必專所聽。」三、務實學，在求明禮達用，養成深厚凝重氣質。四、崇經史，強調六經為學問根源，事不通經，則不明理，「雖誦時文千百篇，不足濟事」。五、正文體，講文體應取程、朱之理，先王之法。六、慎交友，必「以文會友，以友輔仁」。明顯可以看出臺灣的書院，精神上直接繼承宋明的理學書院，著重品格的修養，並且擴大範圍，兼治經史詞章，這正是清朝書院的典型。同時，明清以來，科舉之風大盛，臺灣的書院也不能免於時俗，因而臺灣道兼提督學政覺羅四明重訂的海東書院學規，其大綱是「端士習」、「重師友」、「立課程」、「敦實行」、「看書理」、「正文體」、「崇詩學」、「習舉業」之項〔註45〕。顯然可見，培植能明君臣大義，品德高尚，學識淵博，敬業樂群，而透過科舉，出則可以為國家效力宣猷，入則不失為端方正直之士，乃為海東書院的教育目標。其它臺灣各書院的學規，大致與此類同。如楊桂森所訂「白沙書院學規〔註46〕」是「讀書以力行為先」、「讀書以立品為重」、「讀書以成物為急」、「讀八比文」、「讀賦」、「讀詩」；胡建偉所訂的「文石書院學約〔註47〕」是「重人倫」、「端志向」、「辨理欲」、「勵躬行」、「尊師友」、「訂課程」、「讀經史」、「正文體」、「惜光陰」、「戒好訟」；林豪續擬文石書院學約八條，「經義不可不明也」、「史學不可不通也」、「文選不可不讀也」、「性理不可不講也」、「制義不可無本也」、「試帖不可無法也」、「書法不可不習也」、「禮法不可不守也」諸項。由此不僅獲曉書院之理想在求「興賢育才」，且對其意義得到更具體的了解，並悉當時士子入院肄業，其目的不外應舉而已；教導生童如何應舉也已成為書院的主要工作之一；讀四書、讀經史子集、學習古文、詩賦遂成為生童的日常課業內容，而書院與科舉已結為共生共存的關係，是無庸置疑。因此清代興辦書院謀「興賢育才」的崇高理想，其具體意義在陶冶士子品德使達於聖賢境界，教育士子使能負國家重任，而具「治國平天下」之才。故論者謂：培植品德崇高的優秀官僚，乃當時書院的教育主要目標，而當時臺灣一般士子與大陸的讀書人如出一轍，

〔註45〕　《續修臺灣府志》余文儀（臺北市：臺灣銀行經濟研究室，1962 年 4 月）頁355。（以下引用此書時只於引文之後僅註記書名、頁碼）。

〔註46〕　《彰化縣志》周璽（臺北市：臺灣銀行經濟研究室，1962 年 11 月）頁143。（以下引用此書時只於引文之後僅註記書名、頁碼）。

〔註47〕　《澎湖廳志》林豪（臺北市：臺灣銀行經濟研究室，1963 年 6 月）頁112。（以下引用此書時只於引文之後僅註記書名、頁碼）。

概以應舉仕宦爲一生奮鬥的目標。臺灣書院的教育目標亦懸的極高，隱含「成聖教育」的理想〔註48〕，此可以從書院的祭祀空間進一步獲得證實。「成聖教育」爲中國傳統教育的特質之一，孔子首揭此種理想，宋儒以來，士人更以「學聖賢」爲讀書第一等事，朱子「白鹿洞書院規訓」曰：「爲學須思所以超凡入聖，如昨日爲鄉人，今日便爲聖人」。此即「成聖教育」的理想，爲使這種抽象的教育理想具像化，便有所謂廟學制的發明，即設孔廟於學校內，孔廟內並配享先聖先賢作爲從祀。（《唐代東亞教育圈的形成》p188）。這種學校內「祭祀空間」的設計，其目的在使士子於書本之外，透過釋奠之禮，去接近聖賢，於潛移默化之中變化氣質，收薰陶之效，因而刻意佈置這種學習環境〔註49〕。同時也暗示士子，一但學聖有成，亦可側身從祀行列，孔子夢周公，孟子學孔子，今則皆成聖，有爲者，亦當如此。書院的「祭祀空間」，一向都祭先師，而不敢祭先聖，此因官設的儒學既已崇祀孔聖，非正式學校的書院，自然不能冒瀆，故多奉一大賢爲主祀，餘賢從祀，以示本分。

臺灣的書院崇祀大約分爲兩系，閩人的書院大多祀朱子〔註50〕或宋儒五子；粵人的書院多祀韓愈。此外亦有祀文昌帝君或倉頡等者。另有名宦，鄉賢也往往列入從祀，如文開書院，中祀朱子，而兩旁以海外寓賢太僕寺卿沈光文〔註51〕，字文開，書院以其字命名，徐孚遠、盧若騰、王忠孝、沈佺期、辜朝荐、郭眞一，以上爲明朝遺臣、清知府藍鼎元等八人從祀。從祀的理由，除他們有功於臺灣的文教外，前七人「係戀故君故國，閱盡險阻艱難」，取其

〔註48〕 《唐代東亞教育圈的形成：東亞世界形成的一側面》高明士（臺北：國立編譯館，1984年）頁240。

〔註49〕 如同現在的「兒童讀經書院」教室懸掛至聖先師的聖像，上課前先向至聖先師行三鞠躬禮，並口誦「請老師指導辭」玉不琢不成器，人不學不知義；請老師務必愛之深責之切，一鞠躬。飲水思源師恩浩蕩，我們一定虛心學習，並且不忘老師的恩惠，再鞠躬。有幸讀經，我們一定效聖法賢；尊師重道，做個品學兼優的好孩子，三鞠躬。

〔註50〕 朱熹（1130～1200）是稱朱子或朱文公，一生的教育思想，首重誠摯的敬業精神，並認爲個人修養應從「格物、致知」、「三綱五常」做起，然後學習古聖先賢道理達到「意誠、心正」後，便可「治國、平天下」開創一番大事業。其學派又稱「閩學」，而《詩集傳》、《四書章句集注》等書，更是歷代最具權威性的書院教科書，對後世教育產生極其深遠影響。

〔註51〕 沈光文號「斯庵」，字「文開」，浙江鄞縣人，一面教授平埔族人漢文，一面行醫濟世，死後葬於善化，素有「開臺文教祖師」的美譽。今臺南縣善化鎮有「沈光文斯庵先生紀念碑」，用來紀念這位臺灣文學與教育的先行者。

孤忠耿耿；後一人協助平朱一貴之亂，有功於國家，並於其著作之中，發為仁義之言，取其仁義。仁義忠孝，朱子之垂訓，因而以諸賢配享。（《彰化縣志》p112）。此八人「皆人師非經師」，概書院教育本以人格教育為第一，知識教育為其次，此八人從祀，正可驗證前述書院教育的宗旨。

由此可知，臺灣的書院設立在「導進人才，廣學校所不及」。培養生童成為具有才學品貌之人，這是當時書院的教育宗旨。而入院就讀的學子，大多以求取功名利祿為人生奮鬥的主要目標。因此，設立書院的理想，恰好與一般社會大眾的心理不謀而合。書院儼然已變成學生換取功名的墊腳石。但書院是否真能謂國家導進人才，似乎就乏人過問了。

四、書院的入學與修業

臺灣的書院一般分為府立、縣立和民營等三種，分別招收本府、本縣或鄉里地方的生童入學修業。書院生童的來源不一，有書院自選的才俊之士，也有儒學或義學保送來的。當時書院既以「興賢育才」以「廣學校所不及」為宗旨，對入院肄業的學額，原則上應無所限制才對。儘管有關清代臺灣書院招生方面的記載資料不多，可是從有限的資料得知當時臺灣書院，就一般而言，均許其學區內的生童，參加所行的官課、師課，例如英才書院、宏文書院、文開書院、興賢書院、道東書院、龍門書院、修文書院、振文書院、奎文書院、羅山書院、玉山書院、奎璧書院、鳳崗書院、屏東書院及文石書院即是，所以當時臺灣書院，再學額上似無所限制，其中或僅於月課時，聘請當地知名學者，評定應試生童的成績，酌給膏火。由此可見臺灣一般書院頗具近代教育的「大眾化」精神，且為當時讀書人定期聚會的場所。其入學資格，有專收生員的，如臺南奎樓書院，有專收童生的，如彰化白沙書院。有生員、童生兼收的，如鹿港文開書院。也有專收幼年童生的，如板橋大觀義學。有的書院招生較嚴格，有的書院只要是學區內的生童，皆可參加其月課。書院通常正月甄試入學，二月「開館」並開始考課，十一月停止月課，十二月初旬放假，稱為「散館」，準備過年。（《臺灣教育志稿》p41）總計每年開課十個月，共二十期。

書院教學的兩大重點，考課、講書。

（一）書院考課

書院通常每年正月甄試入學，並且開始考課，相當於今日的入學考試，

以辨生徒優劣，決定去留。考課分官課、師課二種。規定每月三日、十八日各舉行一次「月課」。一次由地方官員親自主持校閱稱為「官課」，另一次「師課」則由院長命題主持。清代書院課試以「八股文」為主。因此，當時的臺灣書院多以八股文為主要講學內容。然而，也有部份書院著重「程朱理學、通經讀史」等學問傳授的，如萬華學海書院、泰山明志書院、鹿港文開書院、和美道東書院等。

（二）書院講學

一般書院在每年農曆二月「開館」，講學在講堂中進行，開講前有「開講儀式」，儀式莊嚴，然後由院長當主講人開始升堂講書、訓課，講後附以調息靜坐，使其潛思反省、反璞歸真。講書以外的時間，生童自行在齋舍排定「讀書日程」就是功課表，按表自習，每十日由院長批閱一次，以達到寓生活於教育之目的。院長則居於書院中之宿舍，與生童共同起居，遇有疑難，隨時為之批答。平時則校閱生童之「讀書日程」記錄，督導其功課，每月定期舉行官、師課，以評定其優劣。修業年限，似無硬性規定，以至於有「貪微末之膏火，甚至有頭垂垂白，不肯去者」之現象。（《中國書院制度》p217）。書院畢業並不能取得任何學位與資格，也並不具有科舉的充分必要條件，能否參加科舉應試，端看其有無生員、舉人身分，而不論其是否書院在學或出身。從此處看來，書院是真正讀書的地方，並非獲取虛銜的處所。

五、書院的空間布置

書院是古代學子讀書的地方，也是傳播文化的重要場所。其空間分為教學、祭祀、院長住所和學舍等。由於教學及祭祀是昔日書院的兩大功能。因此，位於書院中心建築的「講堂」，變成為教學與祭祀的空間所在。書院講堂並非宗教性殿宇，而是學子潛心修學的地方，其內部設置神龕供祀文昌帝君、宋儒朱熹等古聖先賢。此外，也放置成排的桌椅，以便院長授課講學。除講堂外，環繞其外圍的東西廂房，則是生徒宿舍。院長多居住於書院後堂的兩側耳房，以牆門分隔，方便隨時為生徒批答問題。如此師生共處一起，營造出一處優美靜謐的學習空間，發揮「寓生活於教育」的實質功能，成為當時讀書人生活教育不可或缺的部份。

六、書院的學程

書院教學以培養學生自學能力爲主，在教學方法上，多採用問難論辯方式，注意啓發學生的思維，培養自學能力；書院師生朝夕相處，師生共同討論，共同研究，感情深厚。既然以自學爲主，憲官山長講課往往是十天半月講一次，所有功課歸生徒自修，書院只加以監督。監督的辦法是所謂，每月有功課，每日有課程，學校的「課程」一詞就是這樣來的。多數書院的諸生都有功課日程簿一本，將按日所讀之書登在簿子上，每逢初一、十五清晨，山長會命令諸生將功課日程簿呈上，親加翻閱，隨抽默數行，與現代學校抽查學生的作業相仿。至於功課日程，到了元代以後，一般都按程端禮程氏家塾《讀書分年日程》法安排功課。其分段爲〔註52〕：

（一）八歲至十五歲爲第一階段

程端禮《讀書分年日程》，爲程氏家塾制定的，所以從八歲開始。但八歲前他已要求子弟讀《性理家訓》，每日讀字訓綱三、五段。程端禮認爲比讀《蒙求》和《千字文》好。八歲入學後至十五歲左右爲第一階段，是現在小學、中學階段。這一階段有七、八年時間，要求學生讀完十一種教材，即，《小學書》正文、《大學經傳》正文、《論語》正文、《孟子》正文、《書》正文、《周禮》正文、《春秋經》正文、《三傳》正文。這套教材實際爲鄉村書院及鄉塾所採用。

（二）十五歲至二十二歲爲第二階段

這一階段分爲兩個時間點，實際上包括了現今學制的高中和大學兩個階段。第一個時間點爲三至四年，爲專心讀經階段。教科書有：《大學章句或問》、《論語集注》、《孟子集注》、《中庸章句或問》及《五經》。學習中要求抄寫熟讀《論語或問》、《孟子或問》、《周易》、《尚書》、《詩經》、《禮記》、《春秋》等本經。這種抄寫熟讀，要求以精熟爲原則，讀經時要求晝夜用功，全神貫注，培養省察的基本能力。

第二個時間點爲二至三年。這一段主要是讀《資治通鑑》、《韓文》、《楚辭》，以及考證制度、參看諸經注疏、諸史志書、《通典》、《續通典》及《文

〔註52〕 《中國書院與傳統文化》楊布生、彭定國（湖南省：新華書店 1992 年 3 月）頁 21。（以下引用此書時只於引文之後僅註記書名、頁碼）。

獻通考》等。這段完成以後，與現今大學國文系畢業生能力相等，但沒有學位。

（三）二十二歲至二十五歲爲第三階段

這一階段主要是學作文，練習八股文用來應付科舉考試，州郡以上書院，大都是爲這一階段服務的。其具體辦法爲：

甲、讀經文九天，寫一篇文章；

乙、讀經義文字九天，寫一篇文章；

丙、讀古賦九天，寫一篇文章；

丁、讀制誥表章一天，寫一篇文章；

戊、讀策論九天，寫一篇文章。

也就是說，除讀看制誥表章是前天讀一整天的書，第二天寫一篇作文外，其它是讀九天書，寫一篇文章，以九天爲一個周期，九天讀同一本書。這一個階段就好像現代研究生階段。

七、書院的教材

宋代書院的課程主要課程以「五經」爲主。到了南宋朱熹集注「四書」之後，「四書」又逐漸取代了「五經」在教育中的重要地位。元皇慶二年（1313）議定科舉程式，規定以《四書集注》取士。從此，《四書集注》成爲書院和各級學校的必讀教材，科舉考試以《四書集注》爲標準答案。到了乾嘉時代，各書院的課業，除學習「五經」、「四書」外，還可選修《十三經注疏》、《史記》、《漢書》、《後漢書》、《三國志》、《文選》、《杜詩》、《昌黎先生集》、《朱子大全集》等。這些選修課，都是由學生自己選擇一本書深入研究，依照個人資質，選擇一本書專門學習，先讀句讀，再詳加校註，或抄錄其中精要部分，或著述發明，依照書院所發的「日程簿」，每天自己填寫（參見《中國書院與傳統文化》p13）。綜觀書院千餘年的教材，始終以經史爲中心內容而分成如下八個類目：

（一）經學

宋初的經學，包括九經，朝廷向書院頒書也都是九經。九經是指《毛詩》、《尙書》、《周禮》、《禮記》、《周易》、《春秋左氏傳》、《論語》、《孟子》、《孝

經》。南宋明州教授鄭耕老師在《讀書說》中說：「立身以立學為先，立學以讀書為本」。以字數來計算《毛詩》39224 字、《尚書》25700 字、《周禮》45806 字、《禮記》99020 字、《周易》24207 字、《春秋左氏傳》196845 字、《論語》12700 字、《孟子》34685 字、《孝經》1903 字。九經合計 480090 字。以中等資質為標準，若每天背誦三百個字，四年半的時間可以背誦完成；或以天資稍鈍，每天背誦一百五十個字，只要九年的時間就可以背完。如果能熟讀而且時時溫習，就能久而不忘，要達到久而不忘的工夫，就要花很多的時間學習。

宋儒讀經，注重微言大義，而形成了宋學，亦稱理學或稱道學。宋學在書院教學中始終居於正宗思想地位。後來漢學崛起，聲勢很大，宋學漢學兩派門戶對立。清朝政府採取調合兩派的政策，即所謂崇宋學知性道，而以漢儒經義實之。這實質上點明了宋學和漢學，都是以經學為中心而發展起來的。

（二）史學

清代王昶把史學分為四個方面，他說：史有四：有紀傳之學，自《史記》、《漢書》至《明史》，所謂二十二史是也；有編年之學《資治通鑑》、《綱目》是也；有紀事之學，袁樞《紀事本末》各書是也；有典章之學，《通典》、《通志》、《通考》、《續通考》是也。得其一而熟究之，於古今治亂之故，無不了然於胸。上之開物成務，足以成定大事，解決疑惑。下之擷華采英，足以宏觀著作。因此，有些書院非常重視學習歷史，注重歷史教學，歷史教學在有些書院佔有重要地位。

（三）文學

這主要是指古文之學。有類似於現代的散文教學。除學習傳統的韓愈、柳宗元、歐陽脩、蘇軾、曾鞏、王安石八大古文學家的作品之外，到了清代，還學兩晉文紀、唐文、宋文、南宋文選，元文、明文。學習時只要求瀏覽、博觀、約取，以一家為宗。乾隆嘉慶的時候，一些大書院提倡學習六朝駢麗有韻之文。清代還有個最大的散文流派，及桐城派古文。桐城派對書院的影響很大，他們以繼承《史》、《漢》以及唐宋八大家文統相標榜，主將有劉海峰、方苞、姚鼐，以傳授桐城古文有名，培養了不少寫作人才，影響清代文壇百餘年之久。

（四）詩學

書院也提倡學詩的，科舉考試中往往也要考詩，所以無論是書院的山長或學生，十有九都是詩人，詩都寫的比較好。書院提倡學《古詩紀》、《樂府解題》、《全唐詩》、《宋詩抄》、《宋詩存》、《元詩選》三集和《明詩綜》諸書。他們認爲杜甫、韓愈、蘇軾、陸游的詩最好，但也必須一家爲宗。

（五）小學

我們現代稱之爲文字學。書院的「小學」教學，以《爾雅》、《說文解字》爲本，旁通金石、碑版之學。上必本乎經，下必考於史，故亦爲學問中之最大者。至於等韻、字母，乃出自婆羅門書，漢魏以前無之，然包一切字句、一切音學者，不可不知。

（六）算學

書院稱《九章》之學爲算學，也是現今所說的數學。清末受西學的影響，算數更提升到了重要課程的位置上。

（七）制藝帖括

這是指考科舉時所做的八股文和試帖詩。書院自南宋末年和元代初年向官學化演變後，書院的教學重心就轉向考課。乾隆九年（1744），禮部議准書院考課以八股文爲主。八股文以朱熹的《四書集注》爲立言根據。乾隆嘉慶以後，大多數書院所考課者不外四書文、試帖詩，雖也沒有經文、律賦、策論等，都沒有八股文那麼被重視。

（八）自然科學

書院所指的自然科學，一般是指近代意義下的數、理化、天文、地理、生物、醫學等學科而言。這些科學，在古代都是通過儒家經典進行傳授的。《詩》能多識草木鳥獸之名；《書》中有天文學、地理學知識；《易》本是卜筮之書，《易傳》作了一些哲學解釋，於是後人對太極、八卦等有很多附會，其中不乏科技思想；《禮記》中的《冬宮考工記》，是我國古代屈指可數的專門科技文獻，是一篇多方面的技術規範，而且引出關於技術的一般自然觀，注意從實驗和儀器中抽取理論，有相當高的科學價值。而上述的經書，恰好又是在書院的必讀教材，自然也會給書院諸生以自然科學的薰陶。

八、書院的考課

　　考課是書院一種學業的考核制度，也是中國教育的一種傳統。它源於中國科舉的貢舉法。它的好處是可以促進生徒努力專研學業，提高教學質量。書院考課制度始於北宋後期的官學化書院，並大力推行而成為定制則在明清兩代，尤以清代為最盛，所有書院不分大小無一例外。盛朗西運用清代的《碑傳集》、《續碑傳集》和《先正事略》中的材料，論證考課是由山長課題，或課於官，故分師課官課二種。……凡合於應試資格之人，均可應試。生員與童生分試。其每月兩次考課，皆由山長校定，官不過問。考課日期大都訂在每月的三、六、九日，或朔、望兩日。書院考課內容，清代以四書文制藝為主。張之洞〈奏請廣雅書院立案摺〉云：每課四書文一篇，試帖詩一首，現在功令，五經並試，首場作論，改為試帖，科羅兩試，亦止策及經文。今課期制藝試帖之外，如遇日有餘閒，應作經文及策，或作律詩、經解，停止作論。雖然各書院略有出入，有的添增對策、疏、論、詞、賦等，終究不及四書文的重要。這是因為書院到了清代，以成為科舉考試的附庸。說穿了書院的考課是為科舉考試作準備的。凡參加考課者，必須在講堂考試，不准攜帶入齋舍內。如點名不到，或原取無名，概不收閱，以防止作弊。有的書院嚴格規定，不准冒名頂替，查出後即行扣除試卷。

　　書院用考課等辦法考察生徒學業，其利弊如何，古今學者對它進行不少評論，有褒有貶。考課好不好，當從考課作法上分析，不應把別的事牽連起來評論。如何看待書院的考課，還是應該把眼光放遠。考課本身是一種措施和方法，看什麼人和帶有什麼目的去運用它，就發生什麼樣的效果和作用。作為遴選人才的一種方法來說，自古至今，從中到外，還是不失為一種好的措施和方法；對於被考者來說，能激發被考者的競爭意識和奮鬥精神，這對於提高人們的科學文化素養還是很有益處的。

第七節　臺灣的書院建築

一、書院建築的基本特點

　　建築是一種物質文化和精神文化的綜合體，是歷史上各種不同文化表現在外的一種型態。因此，它是人類文化的一個重要組成部分，是人類賴以生

存中不可或缺的重要一環。書院的建築是建築中的一種型態。我們如果把它放在古代建築藝術中去考察，會發現它特殊的文化意義和它深厚的文化背景。它的重要價值在於它是中國古代文化教育的重要基地，是培養人才的搖籃，是中國傳統文化的一個重要的層面。它反映了我國唐宋元明清五代的文化教育事業以至社會、政治、經濟等很多方面的情況，是歷史的見證，它還能真實、生動的向後代人展示當時的文化教育環境，書院的建築風格，表達傳統文化的信息。書院從其文化性質來看，既不同於宮殿建築、衙署建築，又不同於宗教寺廟的建築或一般民眾居住的房子。作為一種文人士大夫自由活動的文化教育場所，它也不同於官方的學習和民間的私塾，它是中國古代一種較特殊的建築文化類型。書院是一種綜合性的多功能文化教育機構，它集藏書刻書、教學、科學研究和祭祀等文化活動於一身。正因為如此，決定了適應這種多功能書院的建築基本形勢及其文化特徵。

中國傳統建築不同於西方古代建築的重要特點之一，是特別注重建築群的組合關係。在這一點上，建築作為一種特殊的文化類型，形象地體現了中國傳統社會倫理關係。中國古代社會倫理關係的根本就是禮，上尊下卑、內外有別、主從分明。中國古代建築群組合關係，正體現了這一基本的倫理原則。不論是宮殿，還是寺廟、祠堂、書院、民居，都少不了這種「禮」的精神。而這種精神，在建築上主要是靠中軸對稱及多進院落式佈局方式來實現。在宮殿、寺廟、祠堂等建築中，最主要的建築都是高大宏偉處在軸線正中，兩旁排列著較矮小的次要建築，以突出主體建築的尊貴地位。層層遞進的院落縱深感，造成一種威嚴而又神祕的氣氛。書院建築的總體佈局，雖然不像宮廷建築和寺廟祠堂那樣表達著對權力地位的崇拜，但它仍體現了一種「禮」的精神。這種「禮」的精神，在書院建築的佈局上具體說來，就是體現一種禮化教化的秩序。除了體現禮的秩序外，還須滿足於講學、自修等功能上的方便，以及這些功能之間的一種合諧性，在中國古代的傳統文化中，和「禮」緊密相關、相互依存的還有「樂」。這裡所謂「樂」，並不單指音樂，而是古代所有藝術形式的統稱。所謂禮樂，即借玉帛鐘鼓、金石絲竹等藝術的手段，以表達某種「禮」的觀念。古代的聖君賢相們在制禮的同時還要作樂。「禮」與「樂」緊密相連，但各自所起的作用有所不同，「禮」維持的是上下貴賤的尊卑等級，「樂」則是使上下貴賤之間既有區別而又互相親和。如果只有「禮」沒有「樂」，就片面強調等級之間的區別和對立，而無和順的關係；只有「樂」

沒有「禮」，則雖然關係和順，但沒有君臣父子長幼上下的等級順序。這種禮與樂的相互關係表現在傳統文化各方面。作為一種蘊含著深刻文化意義的書院建築固定次序。如果用「禮」與「樂」的關係來概括書院建築的佈局特點的話，可以說他是一種禮的秩序、樂的合諧。

二、書院多功能的建築形式

臺灣的書院建築，大部分是二進和三進的格局，四進的只有崇文書院、文石書院等少數書院。通常書院的第一進為門廳；第二進為講堂；第三進為後堂，是崇祀先賢或文昌帝君的地方，院長的宿舍也在此進的側室，左右兩廂房是學生住宿的齋舍。其餘廚房、浴室、儲藏室、門房等位於角落房間。如果只有二進，則講堂主牆面兼祀先賢，如道東書院、鳳儀書院皆是。如是四進式，則供文昌帝君於第四進，文昌供於第三進，五子先賢牌位供在講堂，如此各進皆有祭祀空間，如文石書院就是〔註53〕。在書院中，一般最重要的是講堂，他佈置在軸線中央，而像齋舍等相對次要的建築則排列於兩旁。這一方面是突出講學在書院中的重要地位，另一方面也是使整個書院形成一個有中心的、相互聯繫的整體。齋舍、藏書樓、祭祀、專祠等都圍繞講堂這一中心來佈置，實際上體現的正是書院文化的基本精神，即自習、讀書、祭尊等都圍繞著教化為中心。講堂雖然是書院建築的中心，但它又沒有宮廷、寺廟、祠堂的主殿那種咄咄逼人的氣勢，因為它在建築形式上並不是特別的高大宏偉。它在書院的中心地位主要決定於它在功能上的重要性。講學是書院最重要的活動。書院的講學方式不同於一般學校那種老師講、學生聽的灌輸方式，主要是老師主講、學生提問，形式比較自由靈活，學生或坐或立，不拘一格。尤其遇到有名家來主講時，往往各方學子雲集，齊聚一堂坐不能容。根據這種教學或學術討論的特點，書院的講堂建築就必須反映出這種特定的文化氣氛。因此，書院的講堂，一般為一面全開敞式的堂屋，這就大不同於皇宮寺廟中的殿堂，家族祠堂及民居堂屋那種封閉式建築。它是開敞的，有的還把開敞的正面做成軒廊的形式。這種建築形式在使用功能上既便於講學，又便於在聽眾過多、堂內容不下的時候，自然的向外延伸，不至於使在外聽講者受牆壁門窗的阻隔。這種開敞的形式，一方面是符合使用功能上的要求，另一方面，它也在人們的心理感受上隱喻著書院

〔註53〕　建築部份參閱王鎮華《臺灣省書院建築》（建築師六、七、八月號，1978年）
　　　　　及《書院教育及建築》（故鄉出版社，1986年）。

辦學的宗旨，即教育是開放的有教無類，學術是自由的無門戶之見，各種學術觀點都可兼容並蓄。講堂內部氣氛莊重，匾額高懸，兩邊掛有楹聯，有的還在牆上嵌有各種碑刻。堂內既無繁瑣的雕飾，也沒有鮮豔的色彩，完全是一種莊嚴的學術氣氛。如果說講堂開敞的建築形式，表明了書院教育和學術的開放性，那麼講堂內部的佈置，則是告誡人們教育和學術的嚴肅性。講堂是正式講學的地方，開講前有莊嚴儀式。廣東書院的開講儀式是：官師既至，司儀唱排分班，就位畢，唱白鹿洞書院規條，朱熹手訂，配以鼓樂。然後登堂演講，正襟危坐，朗聲喧述所擬第一章講義，不疾不徐，雍容中節。講畢依禮復位，由童子上堂歌詩，經一次講貫三章之後，司贊唱質疑問難，欲有問者，即起出班，依禮坐於旁側，就所講書章，表達自己的意見，從容辯論，以闡明聖道為主。質疑完畢，命題課試，諸生次日構思，呈師長評定（參見《廣東書院制度》p338）。臺灣想必大同小異。講堂是一個嚴肅的地方，因而放在中心地帶。講堂與祠堂以外，主要為院長的「安硯之地」，院長寓所，與學生的「齋舍」，師生一同生活起居，寓教育於生活之中，以身教配合言教，此亦為書院建築之一大特色。

祭祀是中國古代禮樂文化的重要組成部分，也是書院中不可缺少的文化活動。書院的祭祀既不祭天地，也不祭祖宗，而是祭祀文化教育領域的先哲明儒，除大成至聖先師孔子外，書院奉祀的一般是該書院尊奉的學術流派的代表人物、書院創建者以及對該書院發展有過重要貢獻的人。因此，一般書院都建有專供祭祀用的建築，稱為專祠。祭祀空間是中國傳統學校教育極重要的安排，其目的在收「見賢思齊」之效，臺灣書院在建築對此亦極重視，除前述二、三、四進各種祭祀空間外，另有在左前方專置一樓以祀魁星者，如文石書院、崇文書院。亦有將鄉賢、如地方長官、教官、有功書院人事等及福德神置於兩廂或後堂側室者。這種重視教育環境設計的觀念，為歐美近代以來大學所強調，其精神在我國早就存在了。

書院的教學方式除一般講學外，大部分的時間是靠學生們自修。因此，自習的齋舍是書院中必不可少的建築。從早期那種文人讀書的少量精舍、書堂等，發展到後來書院大量的齋舍，這並不只是一種建築形式的演變，而是表明書院本身性質的演化和規模的擴大。齋舍是書院學生住宿自習的地方，首先強調環境幽靜，圍成院落，與外界形成一種隔絕型態，造成一種潛心讀書的環境氣氛。書院的齋舍不僅在建築形式及環境上很講究，而且還冠以各種名稱，以增加潛心學習、修養人格的文化色彩。齋舍的命名大多取自儒家

的勸學格言，生徒們在這種學習環境中，陶冶著儒家思想所提倡的理想人格。臺灣書院的學生人數，大致在二十到六十之間，其齋舍分列左右兩廂，臺灣稱之爲「護龍」，如外加一行，分別稱爲「內護」、「外護」。齋舍少者近十間，多者十餘間，如文石書院二十間，屏東書院二十二間，學海書院二十餘間，文開書院十四間，道東書院才十間，加上一進門廳一到五間、二近講堂三到五間、末進後堂三到五間，一般書院的屋舍大概在三、四十間以上，如海東書院一百餘間，鳳儀書院三十七間，玉峰書院三十六間，屏東書院三十六間，興賢書院二十九間，磺溪書院二十五間等。另外值得一提者爲「惜字亭」。惜字亭專爲焚毀字紙而設，取崇文敬字之意，不使與污棄之物混同處理。即此小處，可窺書院教育精神之一斑。

　　藏書是書院的重要功能之一，因此，藏書樓也是書院中必不可少的建築。書院的藏書樓是由文人學子的書樓書廂發展而來的，當它變成書院的公共性的藏書建築後，其規模和建築形式當然也就不大一樣了。藏書樓一般是帶有地方色彩的樓閣式建築，當然不一定全都是樓閣，較小的書院只有單層的書廂。書院的藏書樓是書卷氣習最爲深厚的地方。不論是藏有皇帝欽賜典籍的「御書樓」，還是一般的藏書樓，都以其安謐的環境和典雅的風格取勝，其樸素而又高雅的美學風格。

　　書院的建築形式完全自由的，他沒有必須恪守的典章制度，也沒有那些建築形式上的象徵意義。書院建築完全是根據實際使用的需要來進行建造和安排佈置。講堂是根據講學的需要，齋舍是根據生活和自修的需要，書樓是根據藏書的需要，專祠是根據祭祀、紀念的需要，園林是根據陶冶性情的需要而構建的。一切都是從功能出發而自然形成的，沒有什麼制度規定哪棟建築一定要是什麼樣子，要安排在什麼位置，這是民間書院建築與官方學宮建築最根本的區別。學宮建築因處處受到制度的約束而顯得呆版，毫無生氣。書院建築則因地制宜，根據使用功能出發，形式自由活潑，顯得生氣勃勃。總結而言，臺灣的書院建築設計，大約可分爲以下幾個空間：

（一）精神空間：除祭祀空間外，大門、字畫等都算是。

（二）教學空間：講堂、齋舍等。

（三）居住空間：院長寓所、學生齋舍等。

（四）藏書空間：書樓。

（五）服務空間：門房、廚房、倉庫、浴室、水井、廁所等。門房多設於門廳側室，廚房有設後進兩頭的位置，如學海書院；有設廂房後頭位置者，如文開書院、白沙書院；也有另起一外護者，如明志書院。倉庫，一般在角落，也有在後進之後另起一列者。井的位置與廚房有關連。廁所常設在後門外另加一排小「外護」，如學海書院、道東書院。

（六）交通空間：各進各屋都有走廊連成走道，進與進間的直接交通，通常一、二進之間多採繞行左右兩小廊的走法，不直接設置甬道，以免破壞正堂的完整性。二、三進間則設甬道，或稱「過廊」、「過廳」走捷徑。

（七）行政空間：書院總務職員工役的辦公與居住所在，目前尚無可考。

三、書院建築格局與空間布置

古人認為宇宙有一股至大至剛的正氣，在天地間運行，自古以來，人們也相信可以透過建築的空間，讓光、水、火、土與這股能量交互作用，而達到調和生命的目的。前人在建築書院時，講求建築的位置、色彩、形狀與大小，必須與週遭的自然環境相互搭配協調，減少人工建築在整體景觀上，所造成的視覺上或其他方面的負面影響，而達到風水學中，人與大自然之間的調和和流暢。因此，書院的位置必須在環境優美、得水聚氣的地方，方可透過美學化育更多人才。如草屯登瀛書院位於遼闊的稻田中，即是明顯實例。臺灣傳統書院建築以一條龍、殿堂和合院的形式居多。

（一）一條龍形式：正廳與左右偏房彼此互通，呈一條橫向排開，例如萃文書院。

（二）殿堂形式：平面格局成「口」字型，正殿講堂上建有拜亭，四周以門廳、廂廊或圍牆環繞，如振文書院、礦溪書院等。

（三）合院形式：平面格局成「ㄇ」字型的三合院建築，一般建有院門、講堂、左右廂房等建物，如明新書院、登瀛書院等。平面格局成「日」字型的三進式四合院建築，建有門廳、講堂、後堂和左右廂房等建物，一般常見於規模較大的書院，如文開書院。

1. 院門

院門又稱門樓，具有內外間隔的作用。一般風水觀念中，巽方就是東南方，象徵文明，是書院常用的出入口角度。臺灣現存書院當中，有門樓設計的，如文開書院、道東書院、藍田書院、登瀛書院、明新書院、鳳儀書院、屏東書院等。

2. 山牆屬性

臺灣清代的書院建築在山牆馬背造型上，大多依照金、木、水、火、土五行相生相剋的道理，來加以美化，並附予特殊含義。一般而言，山牆馬背成圓形屬金，呈直行屬木，呈曲形屬水，呈尖形屬火，呈方形屬土。

3. 建築門派

由於早期臺灣書院的工匠師，大部分聘自大陸的閩、粵兩地，例如板橋大觀義學全用「關刀栱」，紋飾不多，出自福建漳州匠師之手藝，屬典型漳州派建築。鹿港文開書院是福建泉州派建築。而苗栗雲梯書院則是屬於廣東潮州派建築。由於福建、廣東兩地相隔數百里，因此兩者之間，在建築風格上的表現和手法，自然略有不同。

4. 建築佈局

一般典型臺灣的書院建築設有敬字亭、前廳、講堂、院長居室、監院住房、行政、學舍和藏書室等等。其中講堂兼具有教學、祭祀空間。環繞講堂的，則是師生的起居空間。除此以外，為了方便生徒應考，昔日有些書院也附設考棚。另外，為了供祀文昌帝君、魁星等神明，部份書院建有文昌閣、魁星樓等雄偉建築物，如臺南蓬壺書院、臺南奎樓書院、澎湖文石書院等。就整體建築特色而言，臺灣傳統書院建物十分講究平衡，及上下對稱，左右對齊，前後相應和裡應外合。因此，除非受制於地形建物，否則羅經堪輿後最佳的那個原點永遠不變。如此以後這個基準點測量出「中軸線」，作為劃分上下、左右、前後、裡外的一個準則和依據。

5. 傳神的彩繪作品

在書院建築上，色彩具有重要的裝飾作用。而臺灣書院建築中最足以表現色彩之美的，則莫過於彩繪了。一般而言，臺灣書院建築上的彩繪圖案，大多採用藍、白、朱紅等色系。至於題材方面則以花草、鳥獸和歷史人物居多。且多以本土畫師為主，其中以萬華、鹿港或臺南出身的彩繪師最為有名。

其作品溫文儒雅,色彩生動活潑,值得細細觀賞。

就書院的建築而言,「建築是文化具體證物」〔註54〕,最能表現不同地區的文化特色。清代臺灣因是閩、粵人民的移懇區,因此臺灣的傳統建築遂表現出濃厚的移民建築色彩,中華文化的直接移植。書院的建築亦不例外。

四、書院建築與民間藝術

民間藝術有的是無形的,例如民謠、傳說等;有的是有形的,像是建築、裝飾、雕刻、鑲磁、器具、玩具等。無論是有形或無形,凡是被稱為民間藝術的,都必須具備三個條件:

(一)它必須具備傳統性和鄉土性。

(二)它必須是一個手工業的作品。

(三)它是無名人物的作品,不但沒有作者的個性而類型化,同時還強烈的反映出「羣」的共同心理。如果只具備上面三個條件中的一、二者,只能稱為具有民間藝術風格的作品,不得稱為民間藝術。滿清時期,臺灣海峽等於是我國南方的一個內河,雖然官方指定鹿耳門——今天的臺南市、鹿仔港——今天的彰化縣鹿港鎮、八里坌——今天的臺北縣八里鄉為正口,但事實上從福建、廣東的任何港口都可以航行到臺灣西岸任何港口,所以臺灣從開拓之初期,和閩、粵兩省之間的商業往來很盛,大陸的手工藝品源源供應,以至臺灣本地的手工業很難發展,也因此臺灣有形的民間藝術造形和技術沒有達到很高的水準,再加上日據時期日本帝國主義的破壞,使得今天我們只有在書院、寺廟、古民房、古墓的裝飾上還能看到民間藝術外,就很難找到完整的民間藝術作品。木雕、石雕、繪畫、鑲磁,在臺灣主要是用在書院、寺廟、古民房乃至墳墓的建築裝飾。

1. 木雕

臺灣木雕的工藝來自閩南,滿清時期,雕刻所需的木材大多來自福州,稱為福杉。日據時期以後,臺灣也盛產質細堅硬的木材,如松木、油松、茄苳、香桂、苦苓、龍眼樹等都是很適合的彫刻材料。臺灣的書院、寺廟、民房在建築規模上遠不如內地各省,但是有一各特色是多採精工主義,建築物

〔註54〕 〈臺灣傳統建築〉漢寶德,頁 1,1979 年冬令青年自強活動臺灣史蹟源流研究會講義,臺灣史蹟源流研究會編印。

不大，可是裝飾都有奇技精巧的表現，書院主要雕飾表現在殿堂的天花柱頭和神龕，其次是門窗裝飾，雕刻技術有浮雕、透雕、嵌沉等類型，花紋則採自然寫實主義和象徵主義，參照忠孝節義等故事的畫像，刻劃出人馬鳥獸山石林泉等，都是用透雕雕成，栩栩如生。門窗上窗格部份，雕刻的花鳥人物或是神話故事，每頁一幅，宛如畫屏，都具有吉祥的意義或是驅邪壓勝的作用。最用工力的部份是神龕帳架的雕刻，所鏤刻的龍翔鳳舞的花紋精緻極了。

2. 石雕

臺灣的書院、寺廟和古民房，都喜歡用石柱腳、石柱、石門墩等，這些都是加工雕飾的，庭柱和門柱雕以蟠龍，殿外欄杆的柱頭，雕以獅猴，門墩加雕石獅子，大殿內外楹柱則雕懸楹聯，走廊牆壁則嵌以石碣，或刻文、或雕花鳥、也有書院採用珍貴的石料作為門墩、柱腳，再施以雕飾的。臺灣不出產優良的石材，滿清時從閩南運來青石、泉州石用來雕刻。青石最受歡迎，泉州石次之，本地所產的觀音山石，是最不登大雅之堂的。大體上來說，臺灣的雕刻，年代早的材料和雕工都比較好，年代越晚雕工越差，尤其是鴉片戰爭以後，沒有傑出的作品。

3. 繪畫

中國建築在世界建築史上以色彩豐富見稱，而閩南建築又是中國各地建築中色彩最豐富的。滿清時代臺灣建築的技術是以閩南工匠為主流，所以無論是書院、寺廟或民房，都有色彩很豔麗的繪畫和圖案，在牆壁以及外面的牆頭上都有繪畫。書院門上的門神就是相當突出的作品，在棟樑和拱斗等處也可以看到很多圖案，這些繪畫的技術，完全取範於中國傳統的花鳥、人物、山水繪畫，內容大多和宗教、道德有關，手法也多接近自然寫實主義，最特殊的部份是內部牆壁上一幅一幅的山水畫、花鳥畫，故事人物畫。臺灣各書院的門神種類繁多，不同性質的書院，有不同性質的門神，按照祀神階級的高低，所畫的門神各有不同，從民俗學的觀點來看，很有研究的價值。一般而言，中國民間藝術的特色有兩點：

（1）雕刻、繪畫、鑲磁都喜歡是用左右對稱的雙數，不得已的時候才用單數，因為古代中國人的宗教心理和美學觀點認為雙數、左右對稱才吉祥，也最美觀。

（2）雕刻、繪畫、鑲瓷的造型都喜歡以吉祥的事物，或是有關道德的事

物爲圖案,而禁忌製作與性愛有關的作品。

　　臺灣盛行貝殼工藝、珊瑚工藝、角骨工藝、紋石工藝、蛇皮工藝,有人把這些列爲民間藝術這是大錯特錯的,因爲這些是日據時代由日本人創造推廣的,又多依靠機器製造,充其量也只能算是具有日本民間藝術風格的工藝品而已。還有金銀加工往往有被列爲臺灣民間藝術,這也值得檢討,因爲金銀加工首飾的佩帶,自古就全國風行的風尚,不是福建、臺灣固有的鄉土習俗,臺灣的金銀加工也沒有鄉土特色。不過臺灣的金舖、銀樓,常以白銀製船符、牧童、水牛、禽鳥,配上椰子樹、檳榔樹的風景,裝在玻璃框中,作爲家庭室內裝飾,因爲完全仿製臺灣的風景民物,勉強可以算是臺灣的民間藝術。

第三章　書院祭祀活動與社會功能

第一節　書院的祭器與祭品

　　書院內的祭器與祭品，與其它宗廟大同小異。古代祭祀用的器具，包括尊、簠、簋、籩、豆、俎、登、鉶、爵、籩等。所謂尊亦作樽、罇，古代酒器，用作禮器，青銅鑄製，盛行於商周；所謂簠，古代食器，用作禮器，長方形，器與蓋形狀相同，有四短足，青銅或竹木製作，用以盛黍稷稻梁等；所謂簋，亦古代食器，用作禮器，以陶或青銅製作，形方圓不一，以圓居多，祭祀時用已盛黍稷等食物，《周禮‧地官‧舍人》：凡祭祀，供簠簋，實之存之，鄭玄德：方曰簠，圓曰簋，盛黍稷豆梁器；所謂籩，亦食器也，古代用作禮器，竹製，形如豆，容量皆為四升，籩豆連用，指祭祀或禮儀活動，因為祭祀和宴會時用他們盛果脯，《論語‧泰伯》：籩豆之事，則有司存；所謂豆，亦古代食器，用作裡器，陶、木或青銅製作，多用於祭祀時盛齋醬，它不但與籩豆連用，還與俎豆連用，皆指祭祀活動，《論語‧衛靈公》：俎豆之事，則嘗聞之矣；所謂俎，古代禮器，青銅制，或木製漆飾，祭祀、設宴時陳牲用，亦為切肉的砧版名，常與俎豆連用；所謂登，亦作鐙，古代食器，用作禮器，本為盛肉食的陶制器具，形如豆而較淺，《詩經‧大雅‧生民》：卯盛于豆，于豆于登；所謂鉶，古代食器，用作禮器，以盛羹湯，《儀禮‧公食大夫禮》：宰夫設鉶，四于豆西東上；所謂爵，古代酒器，用作禮器，青銅鑄製，三足，盛行於商和西周，用以祭祀尊貴者，《禮‧禮器》：宗廟之祭，

貴者猷以爵；所謂篚，竹器，長方形，有蓋，精緻之篚，多有圖案，古代用以陳荐祭帛或作冠、婚、飲食貢獻饋贈禮物之用，祀孔釋奠時，用篚陳幣帛，設於神位之左。

祭祀時分爲正位與配位兩種分設祭器與祭品。文廟設置的祭器，自唐以來，歷代皆有定制，清順治十四年（1657）詳議文廟神位陳設、祭器名目及件數。康熙二十二年（1684）繪制文廟陳設圖。曲阜孔廟祭器凡三等。大成殿孔子像前列：登一、鉶一、簠一、簋二、十、豆十、尊一、磁爵三；兩旁祀配像前列：籩、豆各八；十二哲、兩廡先賢先儒木主前列邊、豆各四，簠、簋各一。祭器皆陳案，排列次序爲：登在中，鉶次之；簠在鉶左，簋在鉶右；籩在簠左，豆在簋右。書院專祠的正位祭器與祭品爲篚一，實以制帛；爵三；登一，實以太羹；鉶二，實以和羹；簋二，實以黍稷；簠二，實以稻、梁；籩八，實以形鹽、蒿魚、棗、栗、榛、菱、芡、柿；豆八，實以韭菹、菁菹、芹菹、魚醢、筝菹、糝食；俎二，實以羊、豕；酒尊一。配位祭器與祭品，少登一，無太羹；少簋簠各一，無稻梁；少籩二，無菱柿；少豆二無食糝食；少酒尊一，餘均與正位同。（參見《中國書院與傳統文化》p149）

第二節　書院的祭祀儀式

書院或學校一般在開學時都要舉行祭祀儀式，稱爲「釋菜」典禮，以蘋藻等祭奠先聖先師，較「釋奠」禮爲輕。《禮記・文王世子》：始立學者，既興器用匜，然後釋菜，不舞不授器。鄭玄注：釋菜，禮輕也。釋奠則舞，舞則授器。「釋奠」禮比「釋菜」禮隆重，一般在立學或春夏秋冬四時舉行，用牲牷、玉帛、酒食供祭。據史載，天子出征獲勝而歸，亦到學校行此禮。《禮記・文王世子》亦載：凡學，春，官釋奠於其先師，秋冬亦如之。凡始立學者，必釋奠於先聖先師，及行事必以匜。書院文廟的祭孔儀式與官學同。初期僅孔子誕辰日舉行，，後增爲春秋二祭，又增爲春夏秋冬四季，即每季第二月丁日舉行。舉祭時於大成殿孔子像前祭案上，設置各種祭器祭品及牛、羊、豬三牲等。主要程序有「迎神」、「三獻」、「送神」。

「迎神」是祭孔的第一個程序。嘉慶《衡陽縣志・學校篇》載，祭孔儀式開始，分獻官、承祭官、陪祭官皆換朝服，入兩旁門。贊引生引致盥洗室盥洗畢，再引至台階下立。舞樂生就位。分獻官、承祭官就位。陪祭官隨後

立。典儀唱：迎神！樂生奏成平曲——八佾舞樂之一，辭曰：大哉至聖！道德尊崇。維持王化，斯民是宗。曲祀有常，精純並隆。神其來格，于昭聖容。俱行三跪九叩首禮。

「三獻」是祭孔中的主要程序，也是一般祭祀典禮中的主要程序。三獻是指奠酒儀式中的初獻、亞獻和終獻而言，意思是行三次獻酒之禮。祭孔行三獻禮時，主祭人員按爵位或年望高低排列初、亞、終獻之行次。《唐書·禮樂志》規定春季時的二月，秋季時的八月釋奠於文宣王、武成王，國學以祭酒、司業、博士分別三獻。貞觀間皇太子於國學行奠禮於先聖先師，皇太子為初獻，國子祭酒為亞獻，國子司業為終獻。州學以刺史為初獻，上佐為亞獻，主簿為終獻。縣學以縣令、縣丞、縣尉分別為三獻。三獻儀式：獻官就位，奏祭歌。先再拜，由導禮官引向盥洗室洗手，由執匜者奉匜與獻者，先奠匜。又洗手，再獻酒爵。奠獻後，均再拜而起。亞獻、終獻同此。

祭孔的最後程序是「送神」。據嘉慶《衡陽縣志·學校篇》載，祭孔儀式，三獻後撤饌，典儀唱：送神！樂奏咸平——八佾舞樂之一，辭曰：有嚴學宮，四方來崇。格恭祀事，威儀雍雍。歆茲惟馨，神馭還復。明禋斯畢，咸膺百福！俱行三跪九叩首禮。祭孔典禮至此結束。

書院祭祀朱熹，每年均在春秋二季，即每年的三月十五和九月十五，即在朱子的忌日和生辰裡舉行。先一日，祭朱韋齋和祝永叔，正日祭朱熹，同時祭配享、從祀諸賢。其祭祀儀式為：陳設已定，主祭者、陪祭者、執事者，皆吉服以俟。通贊唱：序立。執事者各司其事。陪祭者各就位。主祭者就位。迎神。鞠躬。拜，興；拜，興；拜，興。平身。奠帛。行初獻禮。引贊唱：詣盥洗室，洗手，蛻手。詣酒尊所。司尊者舉冪酌酒，司爵者捧爵，司饌者捧饌，司帛者捧帛。詣先師徽國文公朱夫子神位前。跪，奠帛，進爵，進饌，俯伏，興，平身。通贊唱：讀祝。引贊唱：詣讀祝位，跪。通贊唱：詣左配神位前。跪，獻帛，獻爵。俯伏，興。平身。詣右配神位前。跪，獻帛，獻爵。俯伏，興。平身。復位。通贊唱：升歌。陪通唱：歌詩生復位。行並獻禮。引贊唱：詣酒尊所。司尊者舉冪酌酒，司爵者捧爵，司饌者捧饌。詣徽國文公朱夫子神位前。跪，進爵，進饌，俯伏，興，平身。詣左配神位前。跪，獻爵。俯伏，興。平身。詣右配神位前。跪，獻爵。俯伏，興。平身。復位。通贊唱：升歌。歌詩生就歌位，詩歌某章。歌詩生復位。行終獻禮。飲福受胙。引贊唱：詣飲福位。跪，飲福酒，受胙。俯伏，興。平身。復位。

通贊唱：鞠躬。拜，興；拜，興；拜，興。平身。撤饌，升歌。歌詩生就歌
位。詩歌某章。送神。鞠躬。拜，興；拜，興；拜，興。平身。讀祝者捧祝，
進帛者捧帛，執酌者捧酌，各詣燎所。望燎。引贊唱：望燎位。焚祝。禮畢。
（參見《中國書院與傳統文化》p151）

第三節　臺灣的書院祭典

　　中國古代學校祭祀先賢、先師的禮儀活動由來已久，西周學校已有祭祀
活動。《周禮‧春宮》載：「始入學，必釋菜禮先師也。」漢唐學校均有祭祀
先師孔子的定制。書院產生後，就逐步形成了祭祀制度，使之成為書院教育
不可分割的重要組成部分，它既是一種道德教育、禮儀教育的手段，又是書
院學術傳統學風的重要標誌。根據古籍的記載：「安上治民，莫善於禮。移風
易俗，莫善於樂。」換句話說，「禮樂制度」是中華文化的精髓所在，也是高
度文明發展的象徵。而臺灣的書院沿襲了數千年中華文化的祭典儀式活動，
正是上古禮樂社會的一種體現。為了表達對古聖先賢們的崇拜追思，臺灣的
書院每年都會舉辦春祭和秋祭的儀式活動。以三級古蹟登瀛書院為例，春祭
在每年農曆二月三日，文昌帝君生日的時候舉行。秋祭則在農曆八月十八日，
文昌帝君成仙之日舉行。

　　通常書院春祭並未對外盛大舉行，只是在文昌帝君生日當天，準備三牲
四果等供品祭拜文昌帝君，並於當日開始接受各地學子點「智慧燈」等祈福
活動。相較於春祭，秋祭儀式則似乎隆重許多，是書院每年重要的祭典活動。
通常縣府、地方首長以及當地學校校長、師生都會應邀蒞臨觀禮。

　　臺灣的書院為了宏揚古代文化的禮樂制度，以及表達對古聖先哲們的
緬懷追思，幾乎每年在至聖先師孔子、文昌帝君、文衡帝君、孚佑帝君、
魁斗星君、制字先師倉頡或韓文公等神明的聖誕紀念日或昇天之日，都會
開壇祭奠，舉辦各式的慶典活動。如每年農曆正月初九「天公生」，美濃地
區會舉行「送字紙、行聖蹟」儀式，農曆二月三日的「春祭大典」，農曆六
月二十四日「關聖會」，農曆七月七日「魁星會」，農曆八月十八日「秋祭
大典」，國曆九月二十八日「祭孔大典」，農曆九月九日「內埔昌黎韓愈祭」
等等。

一、美濃送字紙、行聖蹟儀式

　　高雄縣美濃鎮舊稱「瀰濃庄」，位在旗山東北方七公里處，三面環山，景色秀麗。自乾隆元年（1726）開庄迄今，已經有二百八十餘年的歷史，居民以務農為主，民風純樸，觀光資源豐富，是全臺客家文物保存相當完整的一個鄉鎮。瀰濃里福美路上的廣善堂，在每年的正月初九「天公生」這天，都會舉行全臺唯一的「送字紙、行聖蹟」傳統祭典儀式。當天，廟方準備三牲禮、果品舉行「祭倉頡聖人」儀式以後，接著將收集起來的字紙殘書，在敬字亭內焚燒，務使片片隻字「過化存神」，上達天聽。接著，清出灰燼倒入紙灰木桶內。然後開始遶境，沿路吹奏鼓樂遊行，最後隊伍浩浩蕩蕩的來到美濃河畔，眾人將灰燼倒入河中，讓筆墨走百丈銀瀾而去。而祭典儀式也在此劃下圓滿句點。

二、春祭大典

　　臺灣的書院春祭大典，通常在每年農曆二月三日文昌帝君聖誕這天舉行。以三級古蹟登瀛書院為例，春祭大典於每年農曆二月三日舉行，當天，書院依照古禮，準備麵線、壽龜和三牲四果等供品來祭拜文昌帝君。祭典以後，便開始接受各地家長、學子點「功名燈」、「學士燈」，同時由穿著古裝的神職人員拿著登名冊，一一向文昌帝君報告點燈者的姓名，祈求神明保佑學子，此後一整年身心健康、考運亨通。此時點燈者的燭火也一併點亮，將一整年不滅，配供奉於書院中。

　　而三級古蹟大肚磺溪書院，則是每年農曆二月三日，都會舉辦盛大的文化節活動，由當地國中、國小校長穿著古裝，遵照古禮準備豬、羊、魚等三牲禮，祭拜文昌帝君。祭典以後，由地方首長頒發獎學金，並讀文昌帝君陰騭文，以激勵學子。值得一提的是，在明清科舉時代，每年農曆二月三日這天，書院經常有所謂的「文昌會」活動，與會成員已具有功名祿位的文人雅士為主，還包括當地仕紳、舉人、院長、學監、秀才、童生等。但也有習武的武舉、都司、武生之類。不過，與會成員之間，不論其社會地位如何，均統稱為「會友」。文昌會每年除了固定在文昌帝君聖誕這天聚會、吟詩作詞外，平日也僱用一些貧困無依老人，挨家挨戶收集字紙，然後送到「敬字亭」焚化，藉此傳揚「敬惜字紙」提倡文風。

三、秋祭大典

臺灣的書院秋祭大典，通常在每年農曆八月十八日文昌帝君升天之日舉行。秋祭大典是臺灣許多書院每年重要的慶典活動項目之一，有不少民眾和學生蒞臨現場觀禮。以草屯登瀛書院為例，整個儀式祭典，遵照傳統古禮進行。祭典由燃放鞭炮揭開序幕，主祭官、陪祭官就位後，首先走到書院「中門口」焚香祭告蒼天，再向文昌帝君行三跪九叩大禮，接著演奏雅樂，進行獻花、獻酒、獻果、獻麥等供品，並恭送祝文，儀式莊嚴肅穆。祭拜現場並供祀整頭豬、羊、鵝等三牲禮獻祭，場面盛大隆重。

四、祭孔大典

《禮記・文王世子篇》說：「凡學，春夏釋奠於其先師，秋冬亦如之。始立學者，必釋奠於先聖先師。」因此自古以來的各地孔廟，在每年的春夏、秋冬之交，都會舉行祭孔大典。而祭孔大典的禮儀，則統稱為「釋奠」。根據《史記》記載：周敬王四十一年（479BC）孔子卒後，隔年，魯哀公將孔子鄒邑故居，今山東曲阜闕里改建為「壽堂」，闕屋三間，陳列孔子衣、冠、琴、車、書籍等日用品，每年定期供祀孔子。此後，隨著歷代帝王對孔子的賜封有加。到了明清時代祭孔大典，大致上有了定制：「每歲仲春二月及仲秋八月上旬之丁日，皆拂曉釋奠」。又規定：「祭孔，遣丞相初獻，翰林學士亞獻，國子祭酒終獻」。至此，州、縣、府普遍興建孔廟，祀典從此沿襲不衰，直到今日。如今每年國曆九月二十八日，全臺各縣市孔廟或崇祀孔子神位的書院，都會舉行一年一度的祭孔大典，包括禮儀、服飾、祭器、樂譜、佾舞等，均沿襲明清古制，場面盛大莊嚴，藉此發揚上古「禮樂社稷」文化，同時表達對孔子的尊崇與讚頌之意。一般祭孔大典在清晨五點便開始舉行。由擊鼓揭開序幕，然後樂佾生、禮生就位，執事者各司其事。各糾儀官、陪祭官、今獻官、正釋奠就位後，啟扉，瘞毛血，迎神，進饌，上香，行三鞠躬禮，行初獻禮、行初分獻禮，恭讀祝文，行三鞠躬禮，行亞獻禮、行亞分獻禮，行終獻禮，行終分獻禮，飲福受胙，行三鞠躬禮，撤饌，送神，捧祝帛詣燎所，望燎，復位，闔扉，撤班，禮成。其中，在典禮部份，共分成六段禮讚，包括：迎神禮、初獻禮、亞獻禮、終獻禮、撤饌禮即送神禮。至於「八佾舞」一佾八人，八佾則是六十四人，行成方陣，看去古樸素雅。而祭典的每個步驟都是一定的，必須小心進行，不能有任何出錯。禮成後，學子們爭拔「智慧毛」，祈求增福添智、學業猛進。

五、內埔昌黎祠韓愈祭

相傳清康熙年間，清將施琅平臺以後，部份嶺南，廣東省出身的士兵，就被清廷安置在濫濫庄，今屏東縣萬丹鄉四維村從事墾荒工作。其後，由於人口激增，原有土地不敷使用。於是這些客家先民沿下淡水、東港兩溪溯流而上，經二、三十年的努力，逐漸開發竹田、萬巒、內埔、麟洛、長治一帶，而形成十三大庄，六十四小庄，一百多個部落，「六堆」於是形成。

康熙六十年（1721），朱一貴起兵抗清，攻下臺南府城以後，部份客家軍逃回南臺灣求援，於是，六堆居民於同年五月中旬組成：先鋒堆：萬巒鄉；前堆：麟洛鄉、長治鄉；左堆：佳冬鄉、新埤鄉；右堆：美濃鎮、高樹鄉；中堆：竹田鄉；後堆：內埔鄉等六隊義勇軍，在下淡水一役擊潰朱一貴的軍隊，協助清將藍廷珍得以剿平亂事。戰後，清政府編為六營，改稱「六堆」，成為常備性的民間鄉衛組織。所以，「六堆」並不是一個行政區域，而是南臺灣高、屏兩縣客家族群的通稱。（參見《台灣的書院》p56）

位於屏東縣內埔鄉的昌黎祠，始建於清嘉慶八年（1803），迄今已超過二百餘年，是全臺唯一供祀韓愈的祠廟。韓愈代表一個政治家與讀書人的風範，他在政壇上經歷了大風大浪，二次被貶蠻荒之地。連他的愛女，也病逝在他就任的路途中。可是韓愈仍堅持他的理念，一路走來，始終如一。韓愈倡導古文，主張「文以載道」，排斥六朝以來，華麗無實的文章，因此，廣為古今讀書人所崇敬。每年農曆九月九日韓文公聖誕紀念日，內埔昌黎祠都會舉辦一年一度隆重的祭典盛會，以及韓愈祭的文化活動，藉此傳承發揚六堆客家族群的文化特色，同時激勵後代子孫效法韓愈「直言不諱、不屈不撓」的偉大精神。當天，在昌黎祠前廣場，有三牲禮祭祀大典、仿古大會考遊行、學子技藝表演與內埔老街導覽等活動。

第四節　臺灣的書院供祀之神明

書院「祭祀空間」的設計，其目的在使學子於讀書外，透過這種具象化的供祀儀式，達到「潛移默化、學聖成賢」的教育目標。根據古書記載：「學宮奉孔子為先聖，從祀者為先師，書院多祭先師，而不敢祭先聖。」本來只有國家設立的儒學才有資格供祀孔子。但在臺灣，由於環境位置的特殊性，以及因應地方上需求，各書院所供祀的神明，不盡相同。其中也有破例供祀

先聖孔子神位的，如大觀義學、英才書院、藍田書院和屏東書院，這些書院經常於每年的陽曆九月二十八日舉行盛大的祭孔大典。而「閩中大儒以朱子為首，所以書院都會崇奉。」因此，一般傳習「閩學」，著重人格教育素養的書院，除「學而優則仕」之外，均重視供祀南宋大儒朱熹，如學海書院、明志書院、文開書院、道東書院等均供奉祀朱子。

臺灣的書院除供祀孔子、朱熹外，尚有許多供祀文昌帝君、魁斗星君的。由於文昌與魁星是主宰功名、利祿的星宿。自從清嘉慶六年（1801）文昌帝君開始被朝廷列入祀典，全國各縣皆立文昌祠。在科舉考試盛行的年代裏，文昌信仰亦風靡全臺，成為許多書院供祀的主要對象，此一信仰習俗一直延續到二十一世紀的今天。臺灣供祀文昌帝君的廟宇和書院很多，除了各地文昌祠外，鳳儀書院、英才書院、礦溪書院、興賢書院、奎樓書院和文石書院等也有供祀。此外，臺灣有些書院除供祀文昌帝君或五文昌「文昌帝君、文衡帝君、孚佑帝君、魁斗星君、朱衣帝君」外，右配祀朱夫子或倉頡聖人神位的，如登瀛書院、明新書院等。

一、至聖先師孔子

《史記》記載：「孔子，名丘，字仲尼，生於魯襄公二十二年，卒於魯哀公十六年，年七十三歲」是儒家的創始人。孔子三歲時喪父，早年在貧困環境中長大。十七歲那一年，母親過世。年紀輕輕的他，為了養活自己，曾做過管理倉庫、牛羊的工作。《論語》中提到自己少年時生活貧窮，少有依靠。因此學會許多謀生小技能。孔子三十歲時開始講學，廣收各地門生。隨著時間流逝，而逐漸成為名師。相傳他有弟子三千人，得意門生七十二人。他提出「因材施教」、「有教無類」的教學方式，提高了當時私人講學的地位。孔子五十五歲那年，帶著弟子，開始周遊列國，先後到了衛、陳、蔡、楚、宋等國，直到六十八歲（魯哀公十一年‧848BC）才返回魯國家鄉。自此以後，他潛心著書講學，編訂《詩》、《書》、《禮》、《易》、《樂》、《春秋》等六經傳世，孔子終其一生「學而不厭，誨人不倦，不知老之將至。」成為流傳千古的偉大教育家。

二、文昌帝君

文昌又稱「文曲星」或「文星」，指天上六顆排列有如「牛月形」的斗魁星座，其六星各有星名，稱上將、次將、貴相、司命、司中、司祿等。到了

元仁宗時，四川梓潼神被皇帝封爲「輔元開化文昌司祿宏仁帝君」。自此，梓潼神與文昌星合而爲一。根據文昌帝君陰騭文提及，文昌帝君曾十七次化生人間，「爲士大夫身，未嘗虐民酷吏，救人之難，濟人之急，憫人之孤，容人之過，廣行陰騭，上格蒼穹」，如同秋霜白日一般不可侵犯。因此，玉帝任命他掌理文昌之事，凡所有世間功名利祿、科甲祿籍，皆歸文昌帝君管轄。因此，文昌帝君又稱「梓潼帝君」，成爲結合神明、星宿和人格化爲一體的神祇。主司文運，也是讀書人的守護神。根據《明史‧禮志篇》說：「梓潼帝君，姓張名亞子，居蜀七曲山，仕晉戰歿，人爲立廟祀之。」由此可知，張亞子即張亞，蜀‧越雋縣，今天四川省越西縣人，生於西晉末年丁未二月三日。及長，移居四川梓潼縣城北九公里處的七曲山。東晉孝武帝寧康二年（374），起義抵抗前秦符堅，不幸戰死。當地百姓爲了紀念張亞，便在七曲山上建祠供祀。這座著名的古刹始建於晉代，距今已一千六百餘年歷史，規模宏偉，香火鼎盛，靈驗無比，人稱「七曲山大廟」。到了元初，張亞子被封爲文昌帝君，始稱「文昌宮」。元明以降，文昌崇拜在歷代朝廷的倡導下，日趨興盛。而天下學校及各地書院也多建祠供祀。由於「文昌司命，貴賤所繫」，所以廣爲士人學子所崇拜，歷經千年而不衰。每年農曆八月十八日文昌帝君成仙之日，藉時官府和當地文人雅士都會到書院舉行「三獻禮」等祭拜儀式，或吟詩作賦，舉行一年一度隆重的「秋季大典」。（參見《台灣的書院》p44）

三、文衡帝君

俗稱關公、關帝爺、武聖或關聖帝君。文衡帝君姓關名羽，字雲長，三國蜀漢河東解梁人，今山西省晉縣西南，生於東漢桓帝延熹三年（160）六月二十四日，自幼喜好讀書，陶冶武學。及長，氣宇非凡，英姿煥發，曾在家鄉以賣布爲業。靈帝中平元年（185），時逢天下大亂，於是投身軍旅，與劉備、張飛「義結金蘭」，誓言報效國家、下安百姓。獻帝建安五年（200），關羽四十一歲，與曹操戰於下邳，爲保護劉備的妻子，被逼降曹操。曹操待之甚厚，拜爲偏將軍，經常贈予貴重物品，關羽均記載在帳冊上。其後，關羽打聽到劉備消息以後，馬上將曹操所贈的金銀珠寶，如數交還給曹操，再回到劉備身邊。後人以關羽忠直之心、守信用和義薄雲天，而敬佩不已。關羽歷經種種試煉與誘惑，八德兼備，深受世人們敬仰。如今，歷經一千七百餘年的演變，已成爲儒釋道三教共尊的多元化神祇。在道教關公被尊爲「協天

大帝」，佛教名「蓋天古佛」，在臺灣民間，商者尊他爲「武財神」、「恩主公」，而書院則奉爲五文昌之一，即「文衡聖帝」加以供祀。

四、魁斗星君

五文昌之一。又稱大魁星君、魁星爺、綠衣星君或大魁夫子，根據《春秋運斗樞》記載：「北斗七星，第一天樞、第二璇、第三璣、第四權、第五衡、第六開陽、第七瑤光，第一至第四爲魁，第五至第七爲杓、合而爲斗。」因此「魁」乃北斗的第一至第四顆星座，又名奎星、璇璣或斗柄，爲二十八星宿之一。魁斗除星宿名稱外，也有人神之說。相傳魁星爺生前滿腹經文，每文試必中，但由於麻臉、跛足，長相奇醜，主考官面試時，維恐遭人議論，皆不予錄用。經多次會考失敗打擊後，悲憤之餘，於是投水自盡。死後，鰲魚將他載往天庭接受玉帝敕封爲「文魁星」，主科甲文運、登第之事，成爲讀書人的守護神。魁星爺神像造型爲金身鬼面，右足立於鰲頭上，左腳向後翹起，左手捧金斗，右手執筆，具有「魁星點斗，獨占鰲頭」之意，是書院及士家子弟崇拜的神明。每年農曆七月七日爲魁星爺聖誕，讀書人會準備龍眼「狀元」、榛子「榜眼」、花生「探花」等供品，表示「三元及第」，就是殿試的第一名、第二名和第三名，同時在老師帶領下，奉祀魁星，祈求考運亨通。而《臺灣通史》也記載：「士人供祀魁星，祭以羊首，上加紅蟳，謂之解元。值東者持歸告兆，以羊有角爲解，而蟳形若元字也。」解元是科舉時代鄉試會考的第一名。此外，學子並於七夕當夜相邀置酒歡飲，稱爲「魁星會」。

五、孚佑帝君

俗稱呂洞賓、呂純陽、呂祖或純陽祖師等，是民間傳說八仙之一。在臺灣書院當中，常與關公、朱衣夫子、魁星及文昌帝君合祀，被尊爲「五文昌」之一。在臺灣民間信仰中，呂祖被佛家奉爲「文尼眞佛」，在道家名爲「妙道天尊」，於儒家則稱之爲「孚佑帝君」，爲儒、釋、道三教所共尊。與觀世音菩薩、關聖帝君同爲全臺倍受尊崇的神祇。在全臺有許多以呂祖爲主神的廟宇，如臺北景美仙跡巖、木柵指南宮等寺廟。「孚佑帝君」本性李，名巖，字洞賓，自號「純陽子」。山西省蒲州永樂縣人，生於唐德宗貞元十四年（798）四月十四日。自幼聰穎過人，能文善武，十五歲就精通百家經典。唐文宗太和二年（828）進士，出任江州德化縣令。其後，因天下大亂，呂祖不願同流

合污，於是棄官隱居於陝西永樂縣深山野洞中潛心修煉，因該洞有兩出「口」，於是便改姓「呂」，並自喻為洞中賓客，取名「洞賓」。六十四歲那年，遊歷長安時巧遇鍾離權（正陽祖師），經先師點化「黃梁一夢」大澈大悟後，二人共同修道，終成大羅神仙。呂祖修練成仙後，行於天地間，濟世渡人，人莫能識，自稱「回道人」。每年農曆五月十八日，為孚佑帝君升天之日，屆時各地的純陽祖師廟都會舉辦盛大的祭典儀式活動。

六、朱衣帝君〔註1〕

又稱朱衣神君、朱衣聖君。根據古書中說：「紫微宮朱衣神，兼管文昌武曲，權衡丈運，正天上文衡之尊」，取義以「朱衣神佐文運」也。因此被奉為五文昌之一。朱衣神君又稱「朱衣聖君」、「朱衣星君」，關於「朱衣神君」其人，有說並非專指一人，亦即指朱衣神君是一種具有相同的特徵的含概統稱，而臺灣地區所指即為朱熹，一般皆稱之為「紫陽夫子」或「朱夫子」。據臺灣廟神傳聖哲烈章載：「朱衣，非指一人，係指著朱色衣服之人及某一職務之人。」臺灣地區以朱衣神君即朱子，這和臺灣地區漢人之入墾時期有關，明鄭時代臺灣才正式和漢人接觸，並建廟祠奉祀神明，而此時朱衣神君可能部分地方已指為朱子，且亦有朱子祠，故而臺灣地區之朱衣神君所指即朱熹，況且朱衣和朱熹音近，亦可能因音誤而以為朱衣神君即朱熹，而後亦以朱熹在學術上的地位故以訛傳訛，而成為朱衣即朱熹了。

七、制字先師倉頡

倉頡是皇帝的史官，也是創造中文字的始祖，又稱倉頡先師、倉頡聖人、倉頡至聖，也稱左使倉聖人。他的名字出現在許多戰國時代的古籍中。遠古時代，文字尚未出現以前，先民以「結繩記事」、「契木為文」來記錄天地萬象萬物。到了黃帝時代（2698 BC），史官倉頡仰觀天象，俯觀地形，「觀鳥獸之紋，與地之宜，進取諸身，遠取諸物」，最後結合五行八卦，創造象形文字。根據古書記載，倉頡四目，目光如炬，是從天而降的神人。加上心思細密，品德高尚，足以「通神明之德，以類萬物之情」，完成造字的艱鉅任務。中國有句古語：「倉頡造字，夜有鬼哭」。文字代表文明，創造文字終結了史前的

〔註1〕　文昌祠建成沿革網站資料提供，
　　　　網址 http://www.tachia.gov.tw/chinese/develop/develop_5_3.htm

黑暗時代，是人類文明史上的一個重要里程碑。因此，自古以來，不論童生、秀才或舉人等讀書人，都會在每年農曆三月二十八日倉頡誕辰當天，舉行隆重的祭典活動。而客家先民的敬字亭或書院內，則經常供奉制字先師倉頡神位。（參見《台灣的書院》p49）

第四章 臺灣書院與科舉承繼的關聯性

第一節 科舉制度之特質

　　科舉制度是我國自隋唐以迄晚清選拔官吏的一種考試制度,它有下列六個特質:

一、周遍全國各地之考試

　　設科試士肇端於隋,至唐始定制。唐制先在各縣考試,定其可舉者升于州,經州試定其可舉者貢于天子試于禮部。宋沿唐制,惟縣級不考試祇負責審核保送。元承宋制先由本籍司官推舉保薦,於路府舉行考試稱為鄉試。明清二代特重基層,各省派有學政,先由縣試而府試,然後參加學政主持之院試,進學後又有歲試科試。故凡設有府、州、縣治之行政區域皆有考試。

二、定期之考試

　　唐代科舉考試每年舉行一次,考試之月日史料不詳,但知秋貢春試,正月初禮部試,二月放榜。宋初仍沿唐制為每年舉行考試一次,自宋英宗治平三年始令禮部改為三年一貢,亦為秋貢春試而無規定不變之月日。元代沿宋制三年一考,鄉試在八月二十、二十三、二十六日考三場,會試在二月初一、初三、初五日考三場,殿試三月初七日考一場。明清二代亦每三年一試並訂每逢子、午、卯、酉年鄉試,辰、戌、丑、未年會試。鄉試以八月,會試以二月,皆以初九、十二、十五日考三場,唯明代廷試在三月十五日,清代則因乾隆間會試改在三月舉行,殿試則改在四月舉行。

三、公開競爭之考試

由考生自由報名，除優娼隸卒及當時所謂賤業之民而外，不必先經任何人的選薦。所謂「公開」，是由政府公開告示，使人人知曉，遵照規定的時間地點遵守同一規程而舉行考試。考生不得有何弊竇，試官不得有任何偏私，完全憑考生的眞才實學互相競爭，不像兩漢的鄉舉里選，權衡薦舉之權操在少數官吏手裡，也不像魏晉六朝的九品中正制，憑中正官一人定人才之等第高下。故公開競爭之考試，「使人人有置身仕途之機會，從此，人民始獲得自動而普遍之參政權，爲中國民權發達史上之重大進步〔註1〕」。

四、全憑考試成績定去取

設科取士始於漢，如賢良方正，孝悌力田、童科、明經、明法、孝廉、異科等。當時爲先選後考。唐代文闈科目繁多，有秀才、明經、俊士、進士、明法、明字、明算、一史、二史、開元禮、道舉、童子等科；而明經之別，有五經、有三經、有二經、有學究一經，有三禮、有三傳、有史科。當時常貢之科有秀才、明經、進士、明法、明字、明算、而最著者有秀才、明經、進士三科。秀才係最高科目，需高才博學傑出者始可應試，貞觀中有舉而不第者坐其州長，故于唐高宗永徽二年後停止。明經試帖經墨義，進士則帖通而後試文，文通而後試策，其後漸重詩賦。宋初亦重詩賦，至宋神宗時從王安石議罷明經及諸科，進士罷詩賦，故獨留進士一科試以經義。南宋復以詩賦與經義併試。至元代又罷詩賦而定四書五經爲命題範圍，明清二代且重八股文。綜觀歷代所試，雖科目屢有更動，然皆考試嚴格，試卷彌封謄錄，經房考初閱，還需主考復閱，全憑筆試定去取，無任何人事介入其間，可謂客觀公平，此乃「中國文官制度史之嶄新改革也」。（參見《中國吏治制度史概要》p67）

科舉爲國家取士選官之考試，爲政之道，首在得人，自古得失之源，治亂之故皆由于得人之臧否。昔魯哀公問政，子曰：「爲政在人〔註2〕」。孟子論政則曰：「賢者在位，能者在職〔註3〕」。國父孫中山先生也說：「管理政府的

〔註1〕 《中國吏治制度史概要》張金鑑（臺北市：三民書局 1981 年 4 月）頁 67。（以下引用此書時只於引文之後僅註記書名、頁碼）。

〔註2〕 《四書讀本・中庸》蔣伯潛廣解（臺北市：啓明書局）頁 23。

〔註3〕 《孟子正義・公孫丑上》中華書局據學海堂精解本校刊卷 7 頁 11。（以下引用此書時只於引文之後僅註記書名、卷數及頁碼）。

人，便要付之于有能的專家……國家才能有辦法，才能夠進步〔註4〕」。故當國者無不廣開仕途以佇賢俊之士，惟得人之道歷代各有不同。堯舜官人先咨訪群臣，而後「明試以功」，及如今之「實習」、「試用」，然猶「三載考績，三考，黜陟幽明〔註5〕」。三代重教化，「立庠塾于鄉閭，建黌舍於都邑，自幼入學制四十方仕」，認爲一個人經過長期的教育便可成「行備業全，事理績茂〔註6〕」的人才。自春秋戰國而至秦，國君亟於稱霸爭雄而以言取士，然爾詐我虞，卒導長期之紛亂。漢興，鑑前代之速亡，欲藉「鄉舉里選之法，長吏辟舉之制〔註7〕」，收公聽並觀之效，行之四百餘年而人才輩出。魏晉行九品中正制，中正官之「所知者以愛憎奪其平，所不知者以人事亂其度〔註8〕」，故啓攀緣奔競之風。隋廢九品官人法復行察舉制，並開憑文取士之端倪。自唐至清皆行科舉取士，士皆懷牒自列州縣，考官則秉公衡文定去取，嚴禁令懲賄索，行之千餘年，目的在爲國家掄拔眞才。雖然考試內容日趨空虛徒重形式，勦襲庸濫，流弊日深，但考試制度之客觀公平爲國家掄拔眞才無可厚非也。

　　科舉也是一種獨立的考試制度，所謂獨立是全憑客觀的同一標準來衡量考生的優劣，不受任何人爲的影響。科舉考試由縣市至殿試都是非常嚴格認眞，力求公平，縱是君主也不能任意的改變其成績。或有人引殿試點「狀元」的許多故事爲例予以懷疑，的確欽點「狀元」是有很多以儀表年齡或其他原因而上選的故事。但「狀元」乃恩賜之最高榮譽銜，而且殿試僅試時務策，且多以楷法優劣定高下，並非代表學識之淺深，在君主時代殿試之前十名由君主定名次，乃示其崇高之權力而已。未可以此否定科舉考試之獨立性。綜合言之，科舉制度是我國自隋唐以迄晚清周徧全國，明定年月日期，以公開競爭爲方式全憑考試成績去取，爲國家選拔官吏的一種獨立的考試制度。

〔註4〕　《孫中山選集》下卷（北京：人民出版社1981年10月）頁740。
〔註5〕　《新譯尚書讀本》吳璵（臺北市：三民書局2001年8月）頁8。
〔註6〕　《景印文淵閣四庫全書・通典》唐・杜佑（臺灣：臺灣商務館）卷13頁142。
〔註7〕　《景印文淵閣四庫全書・欽定續通典》清・嵇璜（臺灣：臺灣商務館）卷20頁284。（以下引用此書時只於引文之後僅註記書名、卷數及頁碼）。
〔註8〕　民國二十九年三月四日蔣總統講「當前建國要務與五權制度之要領」。（帕米爾書店印行五權憲法文獻集要）頁107。

第二節　科舉制度的歷史背景

一、隋唐之科舉制度

（一）隋代

　　科舉制度是我國政治制度中最重要的一部份，也是我國歷史上以定科命題公開競爭憑考試成績爲國家取士官人的一種制度。此一空前創新的制度是肇端於隋，定制於唐，充實於宋、元、明而集大成於清；終因時代浪潮的衝激而於清光緒三十二年（1906）廢止，共歷一千二百餘年，其影響我國政治、文化及社會風氣至深且鉅。凡論科舉者皆曰科舉始於隋唐，但考諸史籍，則知隋代有關科舉制度之記載並不多見。隋文帝開皇間特重秀才科，試以方略，有杜正玄者兄弟三人皆文才傑出而舉秀才。但馬端臨謂：「秀才者文才傑出對策高第之人也，隋有秀才之科而上本無求才之意，下亦無能應詔之人，間有一二則反訝之且嫉之矣〔註 9〕」。依馬端臨之言，則知隋之秀才科非爲選士而設，欲以對策試高才而已。文帝開皇二年正月，詔舉賢良；十一月，賜國子生明經者束帛。開皇三年遺使巡省，遇有文武才用，以禮發遣。開皇七年制，諸州歲貢三人，工商不得入仕。

　　隋罷九品制後其舉士之法，皆仿漢察舉、徵召二途。再查列傳，則多舉爲秀才者，亦未見有立進士科之記載。惟唐以後之著述中有之：杜佑撰通典言煬帝始建進士科（《通典》p160），隋煬帝始制進士之科，可是當時指示試策而已，進士科開始於隋大業中，盛行于貞觀永徽之際。舊唐書卷七七載：「楊纂，華州華陰人也，大業中進士，舉授朔方郡司法書佐……」。唐書選學志則曰：「唐制取士之科多因隋舊」。古今圖書集成亦云：「隋始置進士科，蓋始專以文辭試士也〔註 10〕」。隋代享國日淺，唐繼隋而定天下。太宗貞觀三年詔魏徵等修隋史，以時計迄相距甚近，猶缺「立進士科」之記載，而爲百餘年以後之人所稱道。我們猜測隋煬帝之時，或係取「大樂正論造士之秀者升諸司馬曰進士〔註 11〕」之意，而定「進士科」名，冀其五品以上之文武有職事者

〔註 9〕　《景印文淵閣四庫全書・文獻通考》第六一〇冊元，馬端臨（臺灣：臺灣商務館）卷 28 頁 620。（以下引用此書時只於引文之後僅註記書名、卷數及頁碼）。

〔註 10〕　《古今圖書集成》陳夢雷（臺灣：鼎文書局 1977 年 4 月）卷 72 頁 707。（以下引用此書時只於引文之後僅註記書名、卷數及頁碼）。

〔註 11〕　《禮記集解》孫希旦（臺北市：文史哲出版社 1990 年 8 月）頁 367。

能依令十科經常舉人「進士」亦未可知。本論文非欲標異，乃引史實以說明人類歷史之發展，有隋代開啟前端，而後代就跟著進行，故謂科舉之制肇端於隋。

（二）唐代

1. 前言

科學制度是以定科命題公開競爭憑考試成績為國家取士官人的一種制度，創立這個制度的是唐代。若僅以命題作答的方式來考察一個人的才能而論，則可追溯至漢武帝時的射策與對策，但射策與對策是察舉制度之下的產物，不能與科舉考試相提並論。為瞭解二者的不同，爰將漢代之射策與對策稍加分析說明。

射策是把「難問疑義」寫在竹簡上密封起來，由貢人以投的方式進行，再把投中的竹簡內容對之。對策是天子把要問的題目寫在竹簡讓參加策問的人發表自己意見；其與射策不同者，射策是考察博士弟子平日習經的成績，分甲乙兩科命題，題目是經義疑難，而且題數很多，憑各人機運射中不同的題目而作答，讀師古注「有欲射者隨其所取而釋之已知優劣」，忖其文義，應該是口頭作答。

對策是考察賢良文學之士的才具。同一命題，題目是關於國家治亂安危的意見，即以政事經義為範圍，憑各人才智學養表示卓見。至東漢順帝時尚書左雄的限年試才，其用意是要察舉的孝廉參加筆試，所謂「諸生試家法，文吏課牋奏，副之端門，練其虛實〔註12〕」。所謂家法是師弟相與授受，自成一派。是說學校出身的考專門科目，從做官出身的要考公文程式，筆試及格然後在宮殿正門參加口試。漢代的這三種考試，前者為口試之最早應用，後二者為筆試的最早應用。惟因察舉制，主動之權操在地方官吏，士人是居於被動地位，先選中而後始能與試，故難免有畏權勢或賄賂之流弊。

魏晉的九品中正制，九品中正之官設在州縣，就是鄉舉里選的意思。所以九品中正制不過是察舉制之換一方式，改由專職司其事而已，隋有進士之舉，惟現有史料難明其詳。

〔註12〕《景印文淵閣四庫全書・通志》第三七四冊，宋・鄭樵（臺灣：臺灣商務館）卷 58 頁 184。（以下引用此書時只於引文之後僅註記書名、卷數及頁碼）。

　　唐代的科舉是由有志之士自由報名，在同時同地同一命題，憑個人的才智學識，公平競爭。故科舉考試是以考試代替選舉，完全以筆試為準，不假任何人事因素，可謂極公正平等矣。故唐代之科舉制度是中國政治制度史上取士官人之一大進步，具有劃時代的意義。不僅影響中國政治社會之興衰，而且，東傳朝鮮日本及其他東南亞國家，至十九世紀中葉又西傳歐美對世界發生了澄清政風的作用。中國自唐代以後都是靠科舉制度來開放政權，打破了門第階級，擴大了人民參與治權活動的機能，使知識分子有一條合理的出路。

2. 科舉程序及主持機構

（1）程序

　　唐代科舉開始於高祖武德四年，其程序是先由地方政府考試，而後貢入中央政府。唐代的地方行政為州、縣二級制，有時州亦稱郡，「所謂府，所謂都督府，都是州之別稱〔註13〕」。所以由各縣初試而後各州覆試取其合格者，每年十月隨物入貢於天子。

　　唐代科舉有三個現象：一為唐代科舉的程序是先縣試而州試而禮部試。二為唐代的考試科目集中在明經進士二科，所謂「明二經舉于禮部者歲至三千人」可想見其情況之盛。三為唐代考試合格之難，有不少為追求科舉功名而老死終身。

（2）主持機構

　　唐代中央政府主持考試的機構，起初由吏部掌管，至開元年間始劃歸禮部，高祖時是以考功郎中監試貢舉，至太宗貞觀以後由考功員外郎專掌，（《通典》p161）嗣因考功員外李昂詆訶進士李權文章，大為李權所凌訐，朝廷決議以考功郎官地位輕，故於開元二十四年制令禮部侍郎專掌貢舉，遂為永制。（《冊府元龜》p7661）

3.科舉種類及應試人資格

（1）種類

　　唐代取士之途，大要有三：由學館者曰生徒，由州縣者曰鄉貢，由天子自詔曰制舉。制舉是待非常之才，由天子親策之，無常選。學館生徒多是文武官員子孫；雖然庶人之俊異者也可入四門學，律學、書學、算學也准庶人之通其學者為之，但它須具一定條件。其真能具有自由平等精神的考試是鄉貢。

〔註13〕《中國社會政治史》第三冊薩孟武（臺北市：三民書局 1980 年 1 月再版）頁307。

（2）應考資格

鄉貢由縣試而州試，既是外於有司而進退之，又是懷牒自列於州縣。當然是自由報名，在唐代由縣試取其合格的人貢於州，州試取其合格的人貢於禮部，貢士有時亦稱舉人，舉人者舉適當之人，非如後世含有「學位」尊稱之義。州試畢，長吏以鄉飲酒禮，會屬僚、設賓主、陳俎豆、備管絃、牲用少牢、歌鹿鳴之詩，因與耆艾敘少長焉。（《文獻通考》卷 29 頁 621）經地力政府餞行後，即解送赴省，既至省皆疏名列到，參加禮部考試的除經全國州試合格者外，還有由學館出身的生徒。經禮部考試合格者列名呈天子核准送入吏部。「舉以禮部謂之貢舉，選以吏部謂之銓選」（《古今圖書集成》p24），即禮部是選士，吏部是選官。

4. 考試科目及合格標準

秀才科：秀才試方略策五道，以文理通粗為上上、上中、上下、中上四
　　　　等為及第。

明經科：試一大經及孝經、論語、爾雅帖各有差；帖既通而口問之一經，
　　　　問十義得六者為通；問通而後試策，凡三條，三試皆通者為第，
　　　　亦分為四等。（《通典》p163）

進士科：試時務策五道，帖一大經，經策全通為甲等；策通四帖過四以
　　　　上為乙等。唐太宗即位，進士加讀經史一部。永隆二年因考功
　　　　員外郎劉思立建言，進士試雜文二篇，通文律者然後試策，開
　　　　元七年減尚書論語策加試老子，建中二年中書舍人趙贊權知貢
　　　　舉，乃以箴論表贊代詩賦而皆試策五道。太和八年禮部復罷進
　　　　士議論而試詩賦。

明法科：明法試律七條，令三條，全通為甲，通八以上為乙。

明字科：先口試通乃墨試說文字林二十條，通十八為第。

明算科：錄大義本條為問答，明數造術，詳明數理然後為通。試九章三條，
　　　　海島、孫子、五曹、張邱建、夏侯陽、周髀、五經算七部各一條。
　　　　十通六。記遺三等數帖讀十得九為第，落經者雖通六不第。

一史科：專試一部史書。

三史科：試史記、漢書、後漢書。每史問文義百條，策三道，義通七策
　　　　通二以上為第。能通一史者，自身視五經三傳，有出身及前資
　　　　官視學究一經，三史皆通者獎擢之。

開元禮科：開元中張說奏請取貞觀、顯慶禮書折衷一同以爲禮。是書分
　　　　　吉、賓、軍、嘉、兇五禮，凡一百五十卷。唐設是科在獎勵
　　　　　研習貞觀顯慶舊制。通大義百條，策三道者超資與官，義通
　　　　　七十條，策通兩道以上者及第，散試官能通者依正員。

道舉科：唐代尊老子爲玄元皇帝，於開元二十九年在京師置宗玄館，諸
　　　　州縣道學生有差，習老、莊、文、列，試道德、南華、通玄、
　　　　虛四經亦曰道舉。肅宗寶應二年三月二十六日停道舉。

童子科：十歲以下，能通一經及孝經論語。每卷誦文十通者予官，通七
　　　　者予出身。

明經科又分爲五經、三經、二經、學究一經、三禮、三傳、史科等。

五經三經二經：禮記、春秋左氏傳爲大經，周禮、儀禮爲中經，易、尙
　　　　　　　書、春秋公羊傳、穀梁傳爲小經。通二經者大經、小經
　　　　　　　各一，若中經二。通三經者大經、中經、小經各一。通
　　　　　　　五經者大經皆通，餘經各一。孝學究一經經論語皆兼通
　　　　　　　之。

三禮科：試周禮、儀禮、禮記。

三傳科：左氏傳問大義五十條，公羊穀梁傳各問三十條，試策三道。義
　　　　通七以上，策通二道以上爲及第。自身視五經有出身，及前資
　　　　官視學究一經。

5. 試期

唐代科舉是每年舉行一次，但也有因兵亂天災，年荒米貴或其它重要原因而停一年二年的。每年十月隨物入貢，正月就禮部考試，考三場，二月放榜，四月送吏部，科試日，給燭三條，燭盡交卷。全唐文記事卷十四載：「唐以詩賦取士，科試日，給燭三條，作賦八韻，時謠云：三條燭盡，燒殘舉子之心，八韻賦成，驚破試官之膽。

6. 進士試詩賦問題

唐代科目繁多，其最著者，有秀才、明經、進士三科。秀才科係最高科目，須高才博學傑出者始可應試，貞觀中有舉而不第者坐其州長，故於唐高宗永徽二年後停止；明經科重帖經、墨義，「帖經者以所習之經，掩其兩端，中間開惟一行，裁紙爲帖」；

7. 唐代科舉特色

唐代科舉之特色大要有四：

（1）及第難

唐代科舉雖定有考試科目與合格標準，但未有錄取額數之規定。根據史料，祇知進士明經二科此率甚低錄取不易，文獻通考載：「華良入爲京兆解，不第，以書讓考官曰：聖唐有天下，垂二百年，登進士科者三千餘人，以此證之，則每歲所考，不及二十人也」。通典選舉三亦載：「進士大抵千人得第者百人，明經倍之，得第者十，可想見唐代科舉及第之難。

（2）入官難

科舉制度是爲國家選拔官吏的一種方法，但唐代的科舉考試祇是一種入仕的資格考試，禮部于舉辦會試之後，要把合格的名單呈天子核准送入吏部，舉以禮部謂之貢舉，選以吏部謂之銓選。換言之，即禮部是選士，吏部是選官，吏部「擇人有四事，一曰身「體貌豐偉」、二曰言「言詞辨正」、三曰書「楷法遒美」、四曰判「文理優長」。……凡選始集而試觀其書判，已試而銓察其身言，已銓而注詢其便利而擬其官」這種考試又名爲釋褐試，是新進士及第授官所必須經過的，而且授官也不過丞尉。

由上述二點，可知唐代對於科舉不若後代之重視，似乎對新興的一種制度，試行時總是特別的慎重。

（3）置道舉

唐代科舉所定科目中有道舉一科，於開元二十九年在京師置宗玄館（又名崇元館），諸州縣置道學、生徒有差，道學生謂之道舉。道學生研習的是老、莊、文、列，道舉試的是道德、南華、通玄、沖虛四經，而且唐玄宗于天寶元年四月詔曰：「化之原者曰道，道之用者爲德，其義至大，非聖人孰能章之，昔有周季年，化與道喪，我列祖玄元皇帝乃發明妙道，汲引生靈，遂著玄經五千言，用救時弊，義高象繫，理貫希夷，非百世之能儔，豈六經之所擬……」，用以說明崇老子之理由。唐代爲李姓天下，因與老子同姓而特倡道舉，故此科之設亦爲唐代科舉中之一特色。

（4）自由報名

唐代爲科舉制度奠定規模，其主要精神是「懷牒自列於州縣」。故自由報名，分科考試、憑筆試公平競爭乃唐代科舉之最大特色也。

二、宋代之科舉制度

（一）前言

宋代是於五代分裂局面之後重新建立，統一政府的一個朝代，也是中國歷史上國力最弱的一個朝代。立國三百多年，北宋有 168 年，南宋有 152 年，始終是外患不已，大敵壓境，就當時的形勢言，應該是軍事第一，重用有勇有謀的軍事人才，但事實恰好相反，原因是宋太祖趙匡胤乃陳橋兵變被擁立爲帝的；故即位之後，深恐國擅于將，將擅于兵的故事重演，於酒宴間解除將帥的兵權，所有內外官職，概用文臣。爲要建立一個清一色的文人政府，對於科舉考試非常重視，只要禮部考試及第，便可得官，而且待遇也遠比唐代優厚；因其「既以高官厚祿奪武臣之權，亦自不得不以高官厚祿慰文吏之心」也。

（二）科舉程序

宋代科舉制度，多承唐舊，只有縣不舉行考試不同，縣只負審核與保舉之責，其程序爲先由鄉里推薦應試人，經縣署審核應試人之籍貫德行才藝，然後保送到州；經州複核後舉行考試，中式者發解至禮部參加會試。鄉試又稱解試，因禮部隸屬尚書省，故會試又稱省試。應試人到京後若被發現操行有劣跡，則知州知縣要坐罪。省試不第來科仍須參加解試；省試落第的人若認爲有失公平，可訴請覆試。凡省試中式之人，由天子親策於廷，稱殿試，殿試於唐代已行之。

宋代行殿試之原因，是因宋太祖有意防止門第勢力的抬頭與禮部取士之不公。二十四史九通政典類要合編卷一八七有云：「宋太祖乾德六年命中書覆試，則以帝疑陶穀之子不能文而擢上第，故覆之亦未嘗別爲之升黜也，並詔食祿之家有登第者，禮部具拆以聞，當令覆試。至開寶六年李昉知舉放進士後，下第人徐士廉等擊登聞鼓，訴昉用情取舍，太祖乃於講武殿命題重試，命殿中侍御史李瑩等爲考官，于昉所取十一人內，祇其鄉人武濟川被黜，餘十人則高下一一原次，且續取二十六人附名於此十人之後，共爲一牓。是年雖別試而共爲一賤，亦未嘗有省試殿試之分。

宋代有省試殿試之分是始於開寶八年，是年太祖覆試禮部貢院合格舉人王式等於講武殿，定王嗣宗爲首，禮部所定第一之王式爲第四名，宋史選舉一載：「帝嘗語近臣曰：昔者科名多爲勢家所取，朕親臨試盡革其弊矣。八年親試進士王式等，乃定王嗣宗第一，王式第四，自是御試與省試名次始有升

降之別」。故就史實而論，殿試係由覆試演變而來，真正由御試定名次應該是開始於宋太祖開寶八年才是。

（三）考試科目及應試資格

1. 考試科目

宋代入仕之途也很廣，有由學校選補、天子制舉、鄉里貢舉及其他選試。就貢舉而言，據宋史卷一五五選舉記載：「宋初禮部貢士，設進士、九經、五經、開元禮、三史、三禮、三傳、學究、明經、明法等十科，科目雖廣，而莫重於進士制科……三百餘年元臣碩輔，鴻博之儒，清疆之吏皆自此出，得人為最盛焉，神宗始罷諸科，而分經義詩賦以取士，其後遵行末之有改」。

故知宋代科舉有進士、九經、五經、開元禮、三史、三禮、三傳、學究、明經、明法等十科，至宋神宗用王安石變法，始罷明經及諸科，創科舉史上獨科取士之先例。

2. 應試資格

宋代非常重視考生身家清白、個人品德，所以行鄉里推薦，須經縣級稽查認可，並辦理被舉人互保妥當，而後保送到州，經州長官審查無訛才有資格參加鄉試。

鄉試中式的人，由州解送至京，鄉試的試卷也隨解文送部，既集貢院，十人或五人同保，不許有大逆，凡於犯君主及謀毀陵廟、宮闕者為大逆，人緦麻以上親及諸不孝不悌，隱匿工商、異類、僧道歸俗之徒家狀，若有踰違，州長、知縣皆坐罪，故參加省試的人是經鄉試中式解送至京而無違規的人。參加殿試者為省試及第之人。

（四）考試課目及合格標準

1. 課目

進士：試詩賦論各一首，策五道，帖論語十帖，對春秋或禮記墨義十條。

九經：帖書一百二十帖，對墨義五十條。

五經：帖書八十帖，對墨義五十條。

開元禮：對三百條，於太祖開寶六年新修「開寶通禮」成，詔鄉貢開元禮宜改稱「鄉貢通禮」，自後本科以新書試問。

三史：史記、前漢書、後漢書各對三百條。

三禮：周禮、儀禮、禮記對墨義九十條。

三傳：左氏、公羊、穀梁三傳對一百一十條。

學究：毛詩對墨義五十條、論語十條、爾雅、孝經共十條，周易尙書各
二十五條。

明經：宋神宗改以經義論策試進士，明經始廢。

明法：始置於太宗雍熙二年四月，對律令四十條，兼經對墨義五十條。

2. 合格標準

文能通曉大義，帖對以通六爲合格，惟明法一科，於仁宗天聖八年六月
詔以七同以上爲合格，九年試律義三同爲合格，十年試律斷案須三考以上，
神宗熙寧三年許二考以上。

（五）科舉年期

就科舉年期而論，唐代是每歲一舉，宋初也是秋貢春試，每年一舉，惟
月日無定期。至太宗太平興國三年冬，諸州舉人並集，會將親征北漢罷之，
自是每間一年或二年乃貢舉。英宗治平三年始令禮部三歲一貢。

英宗治平三年詔曰：「先帝以士久不貢怠于學，而豪傑者不時舉，故下間
歲之令，而自更法以來，其弊寖長，里選之牒仍故而郡國之取減半；計偕之
籍屢上而道途之勞良苦，朕甚憫焉，其令禮部三歲一貢舉，天下解額于未行
間歲之法以前四分取三爲率，明經諸科不得過進士之數；恩典不增而貢舉期
緩，士得休息，官以不煩矣。」自此三年一舉之制爲歷代所仿行。

（六）防弊規定

甲、試卷方面

A. 試卷由主試官印署，當面發給應試人。

B. 試卷之首，書明姓名、年齡、鄉貫、舉數、場第，不得增損移易。

C. 殿試糊名自太宗淳化三年始，（《文獻通考》卷 30 頁 658）禮部貢院糊
名自眞宗景德四年始，玉海謂「糊名之制，始于淳化，而諸州糊名自
仁宗明道二年始〔註14〕」。

〔註14〕 《景印文淵閣四庫全書・玉海》宋・王應麟（臺灣：臺灣商務館）卷 116 頁
139。（以下引用此書時只於引文之後僅註記書名、卷數及頁碼）。

D. 謄錄易書，真宗祥府八年「始置謄錄院，令封印官封試卷，付之集書吏錄」，使門生故舊難以辦認。

乙、考生方面

A. 凡試日懷挾所業經義及遙口相授者即時遣出，進士試詞賦，唯切韻玉篇不禁。

B. 進士文理紕繆者循舊制殿五舉，即罰停五科，諸科初場十否，就是錯十題。殿五舉，第二、第三場十否殿三舉；第一至三場九否，並殿一舉。殿舉之數，朱書于試卷送中書門下。

C. 令舉人親自投納公卷于試紙前，親書家狀。如將來程式與公卷全異及所試文字與家狀書體不同，或假用他人文字辦認彰露，即依例扶出，永不得赴舉。

D. 應考人不得窃戶他州。

丙、考官方面

舉人程文雷同，或一字不差，其弊有二：一則考官受略或授暗記，或與全篇一家分傳謄寫。一則老儒賣文，場屋一人傳十人，十人傳百，考官不瑕參稽，將令取卷參驗互考，稍涉雷同，即與黜落，考官監試一併議處。

（七）新創規制

宋代科舉新創有關考試的規制，列舉數條如下：

1. 許再試：太祖乾德元年詔曰：「一經皓首，十上干名前史之明文，昔賢之苦節，懸科取士，固當優容。按舊制九經一舉下第而止，非所以啟迪仕進之路也，自今一依諸科舉人，許令再試」。

2. 放榜制：太祖開寶五年，初歲取進士不十餘人，知貢舉奏合格人名姓而已，至是禮部試到進士安守亮等十一人及諸科十七人，上召對講武殿，始下制放榜新制。

3. 進士分三甲：太宗太平興國八年試進士始分三甲。

4. 坐位榜：山堂肆考載：「宋真宗祥符中四年五月，試前一日，貢院始出榜曉示逐人排坐位處所，謂之坐位榜亦稱混榜，此後世席舍之也。

（八）進士試詩賦之爭議

宋開獨科取士先例，影響後代至大，亦爲我國科舉史上之一大變革，惟罷詩賦問題，因一般人習詩賦之風甚盛，至哲宗元祐年間便採詩賦經義並行。續通典選舉典載：「哲宗元祐八年，中書言御試請復用祖宗法，試詩賦論策三題，且言士子多已改習詩賦，太學生員總二千一百餘人，而不兼詩賦者纔八十二人，可見習詩賦者多，於是詔來年御試，習詩賦人復試三題，專經人且令試策，自後概試三題」。

（九）宋代科舉特色

宋代科舉有一特色，即君主喜藉科舉考試施恩，寬賜出身。

1. 特奏賜第以弭盜

太祖鑑於唐代禮部試士，每年錄取名額只有一二十人，非才學超群無法得功名，故有科場不得志者亡命作亂，爲害社會。乃廣開科舉之門，並規定凡考十五次以上每次都能終場的，特奏賜本科出身，報考五次以上的經特奏可授官。

2. 對於落第之人常賜同出身如

太宗「太平興國二年正月，上御講武殿覆試禮部合格八科舉人，……其九經、五經七人不合格，上憐其老，亦賜同三傳出身」。（《玉海》卷 116p133）

3. 每于進士放榜後，只要有人謗議，即召下第進士覆試並賜及第如

太宗「端拱元年，禮部放進士程宿以下二十八人，諸科一百一十人，榜既出而謗議蜂起，上意其遺材，遽召下第人覆試於崇政殿，得進士馬國祥以下及諸科凡七百人。

4. 其出於憐憫之心者如

仁宗景祐初詔曰：「鄉學之士益蕃而取人路狹，使孤寒棲遲遊息或老而不進，朕甚憫之。其令南省就試進士，諸科十取其二。進士五舉年五十，諸科六舉年六十，嘗經殿試進士三舉，讀科五舉及嘗預先朝御試，雖試文不合格，毋輒黜，皆以名聞，自此率以爲常。

5. 殿試不黜落

宋初殿試皆有黜落，臨時降旨，或三個人取一個人，或二個人取一個人，或三個人取二個人；所以有累經省試取中而卻在殿試遭淘汰者，自張元以積忿降元

昊為中國患，朝廷就囚其家屬，未幾復縱之，於是群臣建議，原因歸咎於殿試。故自仁宗「嘉祐二年親試舉人，凡進士及殿試者始皆免黜落」。(《玉海》卷 116p140)

6. 不由科舉賜出身

「凡士不由科舉，若三舍而賜進士及第或出身者，其所從得不一路：遺逸文學吏能言事，或奏對稱旨或試法而經律入優，或材武或童幼而能文，或邊臣之子以功來奏，其得之雖有當否，總其大較要有可考……自此達官貴族既多得賜又上書獻頌得之者多至百數，不勝紀矣，靖康新政懲姦臣蔽塞，凡行義有聞，議論忠謹悉加賜以示好惡。(《玉海》卷 116p145)

由上述事例可以說明宋代科舉取錄之寬，尤以殿試不黜落影響最大，為後代仿行，使殿試只是定名次賜出身感皇恩而已。

三、元代之科舉制度

(一) 前言

元代是蒙古族入主中國所建立的一個朝代，蒙古族是游牧民族，憑他們快速的兵力南侵；自太宗滅金後，輒用耶律楚材言以科舉選士。世祖既定天下，即命丞相史天澤條具當行大事，嘗及科舉而未果行。至元四年九月翰林學士承旨王鶚等請行選舉法，繼而許衡亦議學校選舉之法，亦未及行。仁宗皇慶二年下詔以經義取士，並命中書參酌古今，定其條例，至皇慶三年始開科〔註15〕。其所以猶豫遲延三十餘年，乃因元代用人偏于國族勳舊貴族子弟也。順帝至元元年詔罷科舉，越六年復行，至順帝至正二十六年為元代最後一次科舉。總計開科取士共約五十年，其主要特色有三：(1) 分蒙古人、色目人與漢人、南人為兩榜，試題不同，錄取標準亦不同。(2) 獨科取士，認為「經明行修庶得真儒之用，移風易俗，益臻至治之隆」，自仁宗依中書省臣奏議，專立「德行明經」科，終元之世皆未增科 (3) 未設武科取士。

(二) 科舉程序及主持單位

1. 程序

元代科舉程序仍沿宋制，先由本籍官司推舉保薦，由全國各郡縣，興其

〔註15〕《景印文淵閣四庫全書·元史》明·宋濂等撰（臺灣：臺灣商務館）第二九三冊，頁 552。（以下引用此書時只於引文之後僅註記書名、頁碼）。

賢者能者充賦有司，路府舉行考試稱鄉試，按規定名額錄取，解送禮部，依元史選舉志中書省所定條目：「鄉試中選者，各給解據錄，連取中科文行省移咨都省，送禮部腹裡宜慰司及各路關申禮部，拘該監察御史廉訪司依上錄連科文申臺，轉呈都省以憑照勘。(《元史》p554)則知元代對於鄉試中選者審查之嚴。省試合格後，則參加殿試，由天子親自策問，殿試中式者通稱爲進士。

2. 主持單位

鄉試由中書省派員主持，會試由中書省主持，並選委知貢舉同知貢舉官各一員，考試官四員，監察御史二員，彌封、謄錄、對讀、監門等官各一員。御試由中書省奏准定委監試官及諸執事。

(三) 應考資格

1. 消極條件：即不應具有之條件

（1）倡優之家及患廢疾者不許應試。

（2）犯十惡〔註16〕奸盜之人不許應試。

2. 積極條件：即應具備的條件

鄉試——（1）年及二十五歲。

（2）鄉黨稱其孝悌，朋友服其信義，經明行修之士。

（3）蒙古色目人願試漢人南人科目者。

（4）流官子孫願試者。

（5）在官未入流品願試者。

（6）國子監學歲貢生員及伴讀出身並依舊制願試者。

（7）別路附藉蒙古、色目、漢人，大都上都有恆產、住經年深者從兩都官司，依上例推舉就試。

會試——由十一行省、二宣慰司、四直隸省部路於鄉試後，按蒙古人取合格者七十五人，色目人取合格者七十五人，漢人取合格者七十五人，南入取合格者七十五人，共計天下選合格者三百人參加會試。

〔註16〕所謂十惡，即謀反、謀大逆、謀叛、惡逆、不道，大不敬、不孝、不睦、不義、內亂。

御試──三百人會試後，於內取中選者一百人，蒙古人、色目人、漢人、南人分卷考試後各取二十五人參加御試。

（四）考試年期及場期

1. **年期／每三年一舉。**

2. **場期**

（1）鄉試

蒙古人色目人：

第一場／八月二十日試經問五條。

第二楊／八月二十三日試策一道。

漢人南人：

第一場／八月二十日試明經：經疑二問、經義一道。

第二場／八月二十三日試古賦詔誥章表、內科一道。

第三場／八月二十六日試策一道。

（2）會試：鄉試之次年舉行

蒙古人色目人：

第一場／二月初一日試經問五條。

第二場／二月初三日試策一道。

漢人南人：

第一場／二月初一日試明經：經疑二問、經義一道

第二場／二月初三日試古賦詔誥章表、內科一道。

第三場／二月初五日試策一道。

（3）御試：會試之年於翰林國史院舉行。

日期／三月初七日。

蒙古人色目人：試時策一道，限五百字以上。

漢人南人：試策一道，限一千字以上。

註：元順帝至元元年詔罷科舉，六年後復行，於鄉試會試稍變程式，減蒙古人色目人明經二條，增本經義；易漢人南人第一場四書疑一道為本經疑。

（五）考試課目及合格標準

1. 課目

蒙古人色目人：

（1）經問：大學、論語、孟子、中庸內設問，用朱氏章句集註。

（2）策一道：以時務出題，限五百字以上。

漢人南人：

（3）明經

經疑——大學、論語、孟子、中庸內出題，並用朱氏章句集註，復以己
意結之，限三百字以上。

經義——各治一經，詩以朱氏爲主，尙書以蔡氏爲主，周易以程氏、朱
氏爲主，以上三經兼用古註疏，春秋許用三傳及胡氏傳，禮記
用古註疏，限五百字以上，不拘格律。

古賦、詔、誥、章、表——古賦詔誥用古體，章、表四六參用古體。

策——經史時務內出題，限一千字以上。

2. 合格標準：文以義理精明，文辭典雅者爲中選，策以不矜浮藻，惟務直述爲宜。

（六）試場人員之選派

1. 鄉試

（1）考試官同試官各一員：每處由行省與宣慰司及腹裡各路有行臺及廉
訪司去處與臺憲官一同商議選差，上都大都則從省部選差，在內監
察御史在外廉訪司官一員監試。

（2）彌封官一員：於現任並在賢有德望文職常選官內選差。

（3）謄錄官一員：選廉幹文資正官充之。

2. 會試

由都省選委知貢舉，同知貢舉官各一員，考試官四員，監察御史二員，
彌封、謄錄、對讀官、監門等官各一員。

3. 御試

中書省奏委考試官二員，監察御史二員，讀卷官二員。每舉子一名並派
怯薛歹〔註17〕一人看守。

〔註17〕蒙古語：禁衛軍曰怯薛，禁衛軍之兵曰怯薛歹。

（七）試場規則

甲、貢院戒備

　　元代試場規定很嚴，諸色人無故不得入試廳。有監門官對於出入考場之人要查問清楚，凡攜帶物件要拆對照檢。並規定諸巡捕官及兵役不得喧擾及觀看試文，不得縱容舉人無故往來；非因公事，不得與舉人私語，各種試卷彌封用印訖，分別編定字號，把蒙古人、色目人、漢人、南人四種試卷分開置放，並於塗註處用印。每舉人一名派巡軍一人看守，知貢舉及其他執事官都住貢院，院門由監門官負責啓鑰功鎖。

乙、鳴鐘作息

　　試場以鐘聲爲信號，早上第一次鐘聲起床，第二次鐘聲，監門官開貢院大門鎖鑰，舉人入院須經監門官搜檢，並將解據呈納禮生，由禮生喊禮再拜，知貢舉官，也就是主考官隔簾受一拜，跪答一拜，其他各官則受一拜答一拜。第三次鐘聲則考生就座，頒發試題。中午飯由公家供給。交卷則至受卷所禮貌奉上，不得交語，隨即取回解據出場。受卷官收卷後隨即登記舉人姓名，點驗無誤，向主考官拱手爲禮而退，巡軍亦出場。第四次鐘聲則鎖院門。第二場舉人入院依前搜檢，每十人一甲，序立至公堂下，作揖、頒題、就座。第三場如前儀。

丙、考生須知

1. 舉人試卷各人自備，三場文卷並草卷各一十二幅，於卷首書明三代、籍貫、年齡，於考前半個月送印卷所裝訂登記，加蓋騎縫印信後，發還舉人。

2. 就試之日，日未出入場，黃昏納卷。

3. 鄉試會試許帶禮部韻略，不許懷挾文字。

4. 試場內毋得喧嘩，違者治罪，殿二舉。

5. 舉人與考試官有五服內親者，自須迴避；仍令同考官考卷，若應避而不自陳者殿一舉。

6. 鄉試會試若有懷挾及令人代作者，漢人南人有居父母喪服面應舉者並殿二舉。

7. 舉人謗毀主司，率眾喧競，不服制約者治罪。

8. 舉人就試無故不冠及擅移坐次者，或偶與親姻鄰坐而不自陳者，懷挾代筆傳義者並扶出。

9. 拆毀試卷首家狀者推治。

10.舉人於試卷書他語者駁放，涉謗訕者推治。

11.舉人於別紙上起草者出榜退落。

12.文內不得自敘苦辛門第，委謄錄所點檢，如有違犯，便不謄錄，移文考試院出榜退落。

13.冒名就試，別立姓名及受財，為人懷挾代筆傳義者並許人告發。

14.試日為舉人傳送文書及因而受財者，並許人告。

15.被黜而妄作者治罪。

丁、試務官須知

1. 提點辦掠試院差廉幹官一員度地安置席舍，務令隔遠，仍自試官入院後，常川妨職監押外門。

2. 鄉試會試彌封、謄錄、對讀官下吏人，於各衙門從便差役。

3. 于彌封所取問舉人試卷、封號、姓名及漏泄者治罪

4. 試題未出而漏泄者許人告首。

5. 對讀試卷官不躬親而輒令人吏對讀，其對讀訖而差誤有礙考校者有罰。

6. 官司故縱舉人，私將試卷出院而為傳送者許人告首。

7. 監試官掌試院事，不得干預考校。

8. 謄錄人書寫不慎及錯誤有礙考校者重事責罰。

9. 試院官在簾內者不許與簾外官交語。

戊、試卷處理

1. 收卷：收卷工作由受卷官負責，考生將試卷交受卷所，受卷官把舉人的姓名登記，收齊後按序整理，點交封官。

2. 彌封：彌封官收到試卷後，將家狀、草卷、腰封用印，然後按蒙古人、色目人、漢人、南人分卷，每名考生試卷同用一號書寫卷上，並將卷號登錄，將所附草卷練狀留下後，造冊送謄錄官。

3. 謄錄：謄錄官收到試卷後，備好登記簿分發謄錄員。謄錄員簽領試卷後用硃謄寫正文，並把原卷塗注字數及謄錄時塗注字數詳記。每卷註明謄錄人姓名以示負責。經謄錄官具銜書押用印鈐縫之後，造冊送對讀所。翰林掾史把完成謄錄之試卷總數呈報監察御史。

4. 對讀：對讀官以原卷與朱卷躬親對讀無差，具銜書押呈解貢院，原卷發還彌封官，各所行移並用砵書試卷，照依原號附簿。

5. 閱卷：評閱試卷時，主考官中座，試官相對向坐，共同考校，分作三等，每等又分上、中、下，以墨筆批點。考校既定，收掌試卷官於號簿內標寫等分。

6. 拆彌封：知貢舉、同試官、監察御史、彌封官共同取原卷對號開拆，知貢舉於試卷家狀上端親書省試第幾名。拆號畢，所有試卷都送禮部架閣保存貢舉諸官出院。

7. 榜示：錄取名單由中書省按蒙古色目人「右榜」及漢人南人「左榜」分為二榜，揭于省門之左右。

（八）御試程序

三月初四日由中書省奏准，以初七日御試舉人於翰林國史院，定委監試官及諸執事。初五日各官入院。初六日撰集問進呈，俟上采取。初七日執事者望闕設案于堂前，置策題于上。

舉人入院搜檢訖，蒙古人作一甲序立，禮生導引至堂前，望闕兩拜，賜策題又兩拜，各就次，色目人作一甲，漢人南人作一甲如前儀，每進士一人差蒙古宿衛士一人監視，日午賜膳，進士納卷畢出院。

監試官同讀卷官以所對策，第其高下分為三甲進奏，作一榜用敕黃紙書，揭于內前紅門之左右。

（九）御試後活動

御試之前一日，禮部即告諭中選進士，須于御試後詣闕前，由所司具香案，司儀舍人唱名謝恩放榜。擇日賜恩宴于翰林國史院，押宴以中書省官，凡預試官並與宴，預宴官及進士並簪華至所居，擇日恭詣殿廷上謝恩。第二天赴中書省拜會。進士們並約定日期赴孔廟敬孔子，行舍菜禮〔註18〕的時後，推定一人讀祝文。每位進士的簡介都刻石題名存國子監。

（十）錄取名額

元代試士，鄉試、會試是御試的淘汰考試，鄉試中選者三百人，蒙古人、色目人、漢人、南人各七十五名。會試中選者百人，蒙古人、色目人、漢人、

〔註18〕舍，釋也，采讀菜，古時始入學必釋菜禮先師也。

南人各二十五名。御試評定名次，第一名賜進士及第，第二名以下賜進士出身。蒙古色目人一榜，漢人、南人一榜，揭於內前紅門之左右。

四、明代之科舉制度

（一）前言

明代開國君主朱元璋，濠州人，十七歲時父母相繼歿，孤貧無所依，乃入皇覺寺為僧，元末，天下大亂，還俗從戎，投郭子興部下，後別圖發展，戰勝群雄，當其即帝位於應天時，已年屆四十歲，他雖是起自草澤，但頗具政治思想。

明初官人取士之法，完全是隨太祖之意而變更，他認為學校是作育真才之所，所以「建學於先，開科於後」（《古今圖書集成》p39）學校儲才以應科舉，科舉為濟薦舉之不足；其選舉之法大略有四：

1. 學校以教育之。
2. 科目以登進之。
3. 薦舉以旁招之。
4. 銓選以布列之。如此才能得到天下人才。

明代科舉是始於洪武三年，天下初平定，所以官員多有缺少，舉人俱免會試赴京應選，而所取者多為後生少年，能以所學措諸行事者寡，乃令有司察舉賢才而罷科舉不用；至十五年復設，十七年始定科舉之式，命禮部頒行各省後，遂以為永制，而薦舉漸輕，久了就廢而不用了。

明代科舉之特色有二：一為獨進士一科取士，二為八股文取士，因是獨科取士，故有科而無目，到後來薦舉亦廢，入仕惟進士之一途而已。唐宋進士試詩賦，元代試經義論策，明初沿前代，「先之經義以觀窮理之學，次論表以觀其博古之學，終策以觀共時務之學」。（《欽定續通典》p324）至憲宗成化之後則重八股取士，規定文章格式，代古人語氣而為之，不能自由發揮，局限士人思想，遺害非淺。

（二）科舉程序

明代科舉程序也是由鄉試而會試而殿試層累而上。鄉試中式者為舉人，鄉試是「省彙所屬郡邑而試之」（《欽定續通典》p325）省以下與府、

州、縣學配合，是由學校考試。凡鄉試中式者，「則當會試之期，往偕計吏不復取解」(《欽定續通典》p325)，凡會試中式者始得參加殿試，殿試定名次分一、二、三甲，一甲只三人，曰狀元、榜眼、探花賜進士及第，二甲若干人賜進士出身，三甲若干人賜同進士出身。狀元、榜眼、探花之名，制所定也。

（三）應考資格及取錄名額

1. 鄉試

甲、消極條件—不應具有之條件。

（1）倡優之家與居父母喪者俱不許入試。

（2）學校訓導專教生徒及罷閑官吏不許入試。

乙、積極條件—應該具備的條件：

（1）府、州、縣學生員之學成者。

（2）儒士之未仕者。

（3）官之未入流者，由有司申舉性資敦厚，文行可稱者應之。

（四）鄉試錄取舉人之額，常有變動，茲條舉於后

（1）太祖洪武三年：定直隸府州貢額百人，河南、山東、山西、陝西、北平、福建、浙江、江西、湖廣各四十名，廣西、廣東、各二十五人。若才多或不及者，不拘數額。

（2）洪武十七年：詔不拘額數，從寬充貢。至仁宗洪熙元年始有定額。

（3）英宗正統五年：復定鄉試額，順天府仍八十名，應天府百名，浙江、福建皆六十名，江西六十五名，河南、廣東皆五十名，湖廣五十五名，山東、四川皆四十五名，陝西、山西皆四十名，廣西三十名，雲南二十名。(《古今圖書集成》p785)

（4）英宗正統六年：令順天鄉試增二十名。

（5）景宗景泰元年：令開科不拘額數。

（6）景宗景泰四年：增定各省鄉試取士額數。順天應天先一百名，今各增三十五名；浙江、福建、江西、河南、廣東、湖廣、山東、四川、陝西、山西、廣西今各增二十五名；雲南先二十名，今增十名。(《古今圖書集成》p785)

2. 會試

（1）國子生

（2）南北直隸及各省錄取之舉人。

（3）高麗、安南、占城等國，如有經明行修之士，各就本國鄉試，貢赴京師會試，不拘額數選取會試錄取之貢士，洪、永間多至四百七十餘人，少則三十餘人，宣宗定直省試百，南十六，北十四。正統七年加爲一百五十人。景泰五年三百五十人，弘治十五年加至四百人，萬曆二年張居正題定三百人，至後，如萬曆癸丑，崇禎辛未皆肆百人。

3. 殿試

會試中式者參加殿試，由天子臨軒策問。殿試不過名次升降，無有黜落。

（五）考試年期與場期

甲、年期

鄉試會試考三場，殿試考一場，據明史太祖記：「太祖洪武四年因官多缺員，詔設科取士連舉三年，嗣後三年一舉；每逢子、午、卯、酉年鄉試，辰、戌、丑、未年會試」。

乙、場期

鄉試爲八月，會試以二月，皆以初九日爲第一場，又三日爲第二場，又三日爲第三場。（《欽定續通典》p259）廷試以三月朔，後律以三月十五日，間以他事更日。（《古今圖書集成》p912）

（六）考試課目及字數規定

1. 鄉試（《欽定續通典》p260）

甲、洪武三年初設科舉時：

第一場：試經義二道，限五百字以上；四書義一道，限三百字以上。

第二場：試論一道，限三百字以上。

第三場：試策一道，限一千字以上。

乙、洪武十七年禮部頒科舉定式：

第一場：試四書義三道，每道二百字以上；經義四道、每道三百字以上。

註：未能者許各減一道，四書主朱子集註，易主程傳朱子本義，書
　　主蔡氏傳及古注疏，詩主朱子集傳，春秋主左氏、公羊、穀梁
　　及胡安國、張洽傳，禮記主古注疏，永樂間頒四書五經大全，
　　廢注疏。春秋亦不用張洽傳，禮記專用陳澔集說。

第二場：試論一道，三百字以上，判五道，詔誥表內科一道。

第三場：試經史時務策五道。俱三百字以上，未能者許減二道。

2. 會試

會試舉行於鄉試之次年二月初九日、十二日、十五日三天，每天一場，
其所試課目及字數規定與鄉試同。

3. 殿試

殿試只一場，於會試之年三月十五日舉行，試時務策一道，惟務直述，
限一千字以上。

（七）試場人員之選派

1. 鄉試

鄉試：直隸於京府，各省于布政司。主考官二人，同考官四人，提調官
　　　一人，供給官、收掌試卷官、彌封官、謄錄官、對讀官，受卷官
　　　及巡綽、監門、搜檢官俱有定員。

主考官：明代直省主考通稱總裁，以不用本省有司主考為原則。初制兩
　　　　京鄉試主考皆用翰林，各省考官先期於儒官儒士內聘明經公正
　　　　者為之，故有不在朝列，累秉文衡者。至景宗景泰三年，令布
　　　　按二司同巡按御史推舉見任教官，年五十以下三十以上文學廉
　　　　謹者聘充考官，於是教官主試遂為定例。其後有司徇私聘取或
　　　　非其人，成化十五年御史許進請各省俱視兩京例，特命翰林主
　　　　考而未從其請。嘉靖七年用兵部侍郎張璁言，各省主試皆遣京
　　　　官或進士，每省二人馳往。嘉靖十二年罷京官主試令，仍用教
　　　　職。萬曆十三年復遣京官於各省主試。（《古今圖書集成》p39）

同考官：又稱房官，應試之卷，由房官分閱擇字尤薦與主考官，由主考
　　　　官再定去留。鄉試同考官四人，在京官與在各省布政司官中物
　　　　色。嘉靖二十五年從給事中萬虞愷言，各省鄉試精聘教官不足，

則聘外省推官掌理刑獄，知縣以益之。

監試官：二人，在內御史，在外按察司官中派任。

提調與供給官：在京府官各省布政司官中派任。

收掌試卷官、彌封官、謄錄官：於府州縣生員人吏內選用。

對讀官、受卷官：選居官清慎者充之。

巡綽、監門、披檢懷挾官：在內從都督府委官，在外從守禦官委官。

2. 會試

主考官：主考二人由京官中選任。

同考官：初制、會試同考官八人，三人用翰林，五人用教職。景泰五年從
　　　　禮部尚書胡淡請俱用翰林部曹齊後房考漸增，至正德六年命用十
　　　　七人，翰林十一人，科部各三人，詩經房五，易經書經各四，春
　　　　秋禮記各二。萬曆十一年以易卷多，減書之一以增易。十四年書
　　　　卷復多，乃增翰林一人以補書之缺，四十四年詩易各增一房，共
　　　　為二十房；翰林十二人，科部各四人，至明朝末年未曾改變。

提調官：內外簾各一人，由禮部官中選用。

監試官：御史中簡用。

掌卷官：工部員外郎擔任。

受卷官：工部主事擔任。

對讀官：翰林院編修。

披檢、監門、巡綽：用武職。

3. 殿試

鴻臚寺官：負責設置題案，引導貢士。

禮部官：散題收卷。

執事官：舉策題案送題，捧黃榜。

讀卷官：用翰林及朝臣文學之優者擔任。

（八）試場規則（《欽定續通典》p326）

明代「科場之弊與宋略同，有傳義、有換卷、有易號、有卷子出外、有
謄錄滅裂；而取解之鄉試，有一人而趁數州者，有一人而納二三卷者……其

率天下而歸大弊者、在主司去留，止以初場，餘束不觀……」。

茲將明代試院分考生須知與試卷處理兩項條舉於後：

甲、考生須知

1. 考生於考前自備試卷，在內赴應天府、在外赴各布政司置簿登記；卷縫皆用印，卷尾皆署印卷官姓名及長條印記。

2. 試官入院輒封鑰內外門戶。

3. 試日入場，每人以軍一人守之，禁講問代冒。

4. 考生用墨筆書寫。

5. 至昏納卷：未畢者給燭三條，燭盡不成者扶出。

6. 試卷之首，書三代姓名及其籍貫年甲、所習本經、所司印記。

7. 文字中迴避御名廟號及不許自序門第。試卷處理。

8. 受卷所收到試卷後，受卷官分類送彌封官。

9. 彌封官以字號編記，送謄錄所。

10. 謄錄官用硃筆謄錄後，送對讀所。

11. 對讀官對讀畢，送內簾主考官。

12. 主考官同考官用墨筆閱卷。

13. 同考官校閱，監試官不得干預。

14. 試卷由同考官評閱，擇優送主考官覆閱以定去取。

（九）殿試程序：

1. 殿試儀

先期一日，鴻臚寺官設題案於殿之東光祿寺，備試桌於兩廡，至日早禮部引貢士入，至皇極殿丹墀內，東西北向序立，文武百官各具公服侍立如常儀。鴻臚寺官請陞殿，上常服御皇極殿，鳴鞭 [註19]，文武百官行叩頭禮。

侍班執事官舉策題案於殿中，內侍官以策題付禮部官置於案上，鴻臚寺官引貢士就拜位，執事官舉策題案由左階降至御道中，贊貢士行五拜三叩頭禮，各分東西侍立，執事官隨舉策題案於丹墀 [註20] 東，鴻臚寺官奏禮畢，

〔註19〕 明鞭為儀仗之一種，振之發聲，以使人肅靜者，亦稱靜鞭。
〔註20〕 丹墀以丹漆階上地曰丹墀。

鳴鞭，駕興，文武百官退。軍校舉試桌例於丹墀東、西、北向置定，禮部官散題，貢士仍列班跪受，叩頭就試。是日如遇天雨或大風，試桌即移於兩廡。

2. 讀卷儀

殿試後二日早常朝畢，駕詣文華殿。免日講不用侍班等項，讀卷官各執卷隨至文華門外。候上陞座，傳讀卷官進，各官趨至丹陛行叩首禮，入殿內東西序立，傳讀卷，讀卷官居首者至御前，跪，展卷朗讀畢，司禮監官接卷置御案，本官叩頭興復班，其各讀卷官以次進，讀如儀。讀三卷後，臨時候旨再讀幾卷，如奉旨免讀，各官即執卷同至御前跪，司禮監官以次接卷俱置御案，各官叩頭興復班。傳各官退，各讀卷官出至丹陛行叩頭禮畢，即出至文華門外，候上將試卷裁定。

御批第一甲第一名、第一甲第二名，第一甲第三名，其餘各卷發出，內閣官領受，上回宮，是日各讀卷官先將第二甲第一名以下拆卷填寫黃榜。

3. 傳臚儀

先期一日設黃榜案於中極殿內稍東，至期，文武百官各具朝服伺候行禮。是日早鼓未鳴，先開左掖門放讀卷及提調並執事官進入中極殿門外，候上其皮弁服陞座。各官入，行叩頭禮畢，進入殿內供事，讀卷官拆第一卷奏第一甲第一名某人，拆第二卷奏第一甲第二名某人，拆第三卷奏第一甲第三名某人。填寫黃榜訖，尚寶司官用寶完備、起鼓，執事官整束黃榜，翰林院官捧黃榜出殿伺候，其餘讀卷提調等官俱先退出。

鴻臚寺官贊執事官行五拜三叩首禮畢，奏請陞殿，導駕官前導，上陞座，作堂下樂、鳴鞭，執事官舉案至簾前置定、翰林院官捧榜授禮部官，接置於案，執事官引貢士入拜位，贊四拜，傳制官跪奏傳制，俯伏興由殿左門出至丹陛東立西向，執事官舉榜案至丹墀御道中置定。傳制官稱有制鳴贊，贊跪，制曰：

> 某年三月十五日策試天下貢士，第一甲賜進士及第，第二甲賜進士
> 出身，第三甲賜同進士出身，第一甲第一名某人，第一甲第二名某
> 人，第一甲第三名某人，第二甲某人等若干名，第三甲某人等若干
> 名。

傳訖贊俯伏，興，贊四拜畢，進士分東西侍立，執事官舉案於皇極門左門出，進士隨出觀榜。鳴贊，贊排班，文武百官入班，致詞官於丹陛中跪致詞曰：

> 「天開文運，賢俊登庸，禮當慶賀。行五拜三叩頭禮畢、鳴鞭、駕
> 興」。

4. 狀元率諸進士上表謝恩儀

先朝一日鴻臚寺官設表案於皇極門之東，至日早錦衣衛設鹵簿駕。鴻臚寺官引狀元捧表置於案，退立丹墀御道稍東，其諸進士以次序立，上具皮弁服御中極殿，執事官行叩頭禮畢，鴻臚寺官奏請陞殿。導駕官前導，上陞座，作堂下樂，鳴鞭，文武百官各具朝服行禮侍班如常儀。鴻臚寺官引狀元及進士入班贊四拜，贊進表，鴻臚寺官舉表案置于殿中，贊宣表目，禮部官跪宣表目訖，俯伏，興，徹案，狀元及進士又四拜禮畢，鳴鞭、駕興。

五、清代科舉之程序

（一）鄉試前考試程序

清代科舉於鄉試之前還有一連串的淘汰考試，總稱為鄉試前之考試。若依性質來分，大至可分為三類：

1. 為進學考試，又稱童試，包括府、州、縣試與院試。
2. 為學校考課。
3. 為學政主持的歲試、科試。

甲、進學考試

清代沿明學制。京師曰國學，直省曰府、州、縣學。縣之下每鄉有社學、義學；此外還有導進人才廣學校所不及的書院，最基層者為家塾。使人自幼入塾以學，秀者以漸而升。而成為國家有用之人才。

國學由戶部歲發帑銀，給膏火〔註 21〕，予以獎勵；府、州縣學的學生通稱生員，設有廩生〔註 22〕名額，由公家補助生員膳食，縣以下之社學義學則由政府補助輔導；書院為私人興學，禮聘經明行修為多士模範者主持，擇鄉里秀異，沉潛研習其中；惟家塾為普遍之民間教育，自訓課童蒙至四書五經之研讀皆有之。生童啓蒙的讀物是千字文、三字經，繼而論語、孟子、大學、中庸、四書讀過之後則讀五經。五經之中詩經書經是必讀的，易經較難讀故多擱置，再而春秋、左傳、禮記。無論私塾、社學、義學或府州縣學或國學皆以四書五經為朝夕研習的主要書籍。惟書院則各有其獨具之風格，非僅為應付科場考試，乃真正在做學問，故人才出身於書院為最多。

〔註21〕士子勤讀須有膏火，所給費用，以供膏火之費用也。
〔註22〕廩生，廩為藏米之所，學校生員享有膳食補助者為廩膳生，簡稱廩生。

　　童試中之進學係指進入府、州、縣學，進學須經三次考試，先參加州縣試，錄取後再參加府試，府試被錄取後再參加學政主持之院試，茲分別說明於後：

1. 州、縣試

　　州屬於府，與縣無異。直隸州與府無異，州試後直接參加院試。縣試由知縣主持，如州縣掌印官非科舉出身，申府另委，三年二試，考試之年，督學文到，先期曉諭報名；參加縣試生童，不限年齡，最小有十一、二歲者。於報名之前，要先找定三種保證書；

　　一為鄰居甘結，保考生之身家清白，無刑喪替冒等情。所謂身家清白，即非倡優隸卒之子孫；此外尚有因習教犯案或職業不合規定者，如下列各點均不得報名應試〔註23〕：

　　（1）如係承緝案件，總催錢糧，其子孫不准考試。

　　（2）習教犯案，罪在徒流以上者，查明其子孫實未入教，以本犯之子為始，三輩後所生子孫始准考試。

　　（3）役卒之子，雖經出繼，仍不准考試。

　　（4）番役子孫，准應試武場出任武職，不准由文途考試出任。

　　（5）拖欠糧租，在官告追未結者，本人及子孫不准應試。

　　（6）廚行一項，除本身不准捐考外，酌照捆工及在官轎夫之例，於報官止業後，扣滿十年子孫方准捐考，退業後復蒙混承充，即將捐考之人，一併斥革。

　　（7）船夫、鑼夫、吹手之子孫，不准考試。

　　（8）屠夫執業殘忍，未便遽列士林，俟報官改業後，准其捐考。

　　二為鄉約里正保結，保考生無冒報籍貫，品行端正。

　　三為本籍稟生保結，稱為稟保；具結之稟生須陪考，入場點名時指認考生無冒名頂替等弊。自乾隆十年以後，規定「府考院考各令原保廩生識認，則冒籍頂名之弊可除，是州、縣、府及院考，原只許一人認保，並無節次換保之例〔註24〕。

〔註23〕《續修四庫全書・欽定大清會典事例》清昆岡等修，第八〇四冊卷 386，頁 178。（以下引用此書時只於引文之後僅註記書名、卷數及頁碼）。

〔註24〕《欽定學政全書》素爾納纂（臺北市：文海出版社）卷 22 頁 382。（以下引用

三種保結齊全後，赴縣衙門自書親供，填寫祖宗三代姓名。每縣設有考棚，專爲考試場所。州縣考試，試無定期，每府各州縣，關會一日同考以防重冒。考試之日，子時點名入場，點名時考生應到，須將自己姓名及稟保姓名說出，具保該生之稟生隨即高聲應「稟生○○○保」。天亮即封考場，至申時交卷；一日一場，至少考五場，每場考八股文二篇，其中四書五經各一篇，詩一首，以五言六韻爲主；文章字數最多八百字，最少三百字。每場放榜一次，五十人爲一圖，每圖分內外兩圈。外圈三十人、內圈二十人，中間一小圓圈，以硃筆書「中」字，至第五場的榜是直書成排列式，能考完五場者，知縣款以晚餐。故考生能支持至第五場，考到有飯吃是不容易的。

縣試錄取名額是照順治九年，所定入學名數，縣考取二倍，府考取一倍；嗣因「限定送額，恐有浮多於額外而擯棄不取者，或有不足於額中而強取充數者」，故於康熙三十九年議准州、縣、府考取童生，不必限數照常考送。（《欽定學政全書》卷 22p374）擇優考試，自後除犯規交白卷或試卷未作完者外，很少落榜的。縣試的主要目的是在考榜首和前十名之優等生。榜首俗稱「準秀才」。若院試未取，名曰「漏榜」。縣試榜首若是漏榜，該縣知縣要受處分並須查明有無賄賂情事，但此種情形是很少有的。

2. 府試

府試在府城考棚舉行由知府主持，各州縣考試後十日內，將所取童生等履歷、烟戶住址及保結稟生一併造冊，出具並無重考印結，申送該府。一省之內各府亦彙齊一日同考，以防重冒，由原保稟生陪來府試。所試課目原定能作一書一經，不拘詩之有無，皆聽就文酌取；至乾隆二十八年以後，則定一書一經一詩，永爲成例，如三者不能兼作，照寧缺勿濫之例辦理。（《欽定學政全書》卷 14p283）考期無定制，也是考五場，惟錄取名額，初定入學額之一倍，至康熙卅九年議准不必限數；但於乾隆八年又有文童入額一名，府試取五十名之規定。

府考錄取已定，榜示童生照所取次序。五人爲一結，原保稟生親筆畫押保結，查明各種表格冊式，當堂令各童生親填年貌、籍貫、三代、經書；各童生所填年貌要一一肖眞，以便查對，並造點名冊，冊中仍書年貌，務須與童生親填者相符，每名仍開保結稟生姓名於下；然後造冊呈報名數，並將各

此書時只於引文之後僅註記書名、卷數及頁碼）。

生親供彙成一冊，與各結狀黏送學政。府試落榜者亦少，也是著重在考選榜首和前十名優等生，某情形與縣試相同。

3. 院試

院試原稱道考，清代於一省之內分數道，由學政按臨主持，因道為虛位實即以府州為單位舉行，但一般習慣仍稱道考。院試由欽命之學政主持，學政又稱提學，全銜為提督學政，為士子宗師，通稱「學臺」：童生考試由州縣送府，由府送學政，經院試合格並加證明，方准進學。院試是以府為單位，與歲科考同時舉行，「各府考試事畢，揭案之後，提調官即於一二日內將錄取童生姓名人數，造冊封固，鈐用提調印信，一併申送學政衙門存貯，學政不得預先拆看，至試日點名時，將封固之姓名冊取出，公同驗封拆開，同臨期所送點名清冊一併稽查核對」。（《欽定大清會典事例》卷386p173）

府州縣原取之卷，都要解送學政，在院試之前先行覆試，覆試原定考四書文一篇，小學論一篇；雍正十二年議准將論題小學改作孝經；乾隆元年又議准孝經小學兼出，然後將府縣試卷與覆試卷，三連對驗筆蹟，筆蹟雖同而文理不通者亦不准入學。

院試日期由學政排定，考試規則比府、州、縣試更嚴格。點名時稟生與同結五人互相察覺，如有倩代等弊，即時舉出，容隱者五人連坐，稟生處革。在院試正試以前有一場特考，名為「經古」，不考八股文，所考者為經學、史學、詞章、時務等：童生能考取這一場，到正試時，特別「提堂」考試，所謂提堂，乃於考場之講臺上設位考試，與其他考生分開。為提升至堂上之意。參加提堂考試者除考取經古者外還有府州縣試之前十名。提堂考生有八九成可考取進學。院試共考兩場，首場考一書一經一詩，二場祇考二百字短文一篇。榜示祇公佈坐號，不書寫真名。院試放榜之第二天是覆試。因人數少，一律提堂。祇作論文一篇，限半小時交卷。題目分單雙，下午即放榜，這次放榜始正式書寫考生姓名，榜上有名者各發空白卷一本謄清自己所取錄之文章。最後是頒獎，個個雀頂金花，藍袍玉帶，加上披紅，於是春風得意，騎馬榮歸。錄取名額依各縣繳納錢糧之多寡及文風之高下而不同，經府州縣試與院試三次通過始獲得進學資格，故有鬚髮皆白仍為老童生者，可知得之非易。

乙、學校考課

童生經過府、州、縣試及院試後，分別到本籍州縣學註冊，認為特優的

可以分發府學，凡童生進學後，稱爲生員，俗稱秀才，取其才識異眾之意。因府州縣學多設於孔子廟，進學者必釋奠於至聖先師，有遊泮禮，泮宮講學，潛移默化，故童子入學爲生員曰入泮。又因古有「庠序之教，申之以孝悌之義」（《孟子正義・梁惠王章句上》卷 3 頁 16。）後人通稱學校曰庠序，故府州縣學之生員又稱「庠生」。

　　府、州、縣學之名額有一定，順治四年定各省儒學，視人文多寡，分大中小學取進童生，大學四十名，中學卅名、小學二十名，順治十五年題准直省取進童生，大府二十名，大州縣十五名，小學或四名或五名，康熙九年題准各直省取進童生，大府州縣仍舊，中學十二名，小學或八名或七名，（《欽定大清會典事例》卷 370p745）總之，各省學額有因府縣新設而定者，有因改隸而分撥增減者，有因文風日盛而特加者，均臨時議酌，恩詔廣額而有成例，祇增本年一次。至咸同時軍興，紳民捐輸加額乃係永廣，均以十名爲限，惟原額不及十名者，各學所加永遠定額，概不得浮於原額之數。此外，向有獨捐專加原籍學額者，名數多寡不一，難以備錄。致於直省各學廩膳生員，則於順治四年定府學四十名，州學三十名，縣學三十名，衛學十名，增廣生員名數同。所謂增廣生，是於廩生定額之外增廣之生員，簡稱增生。更於廩生增生之定額外增取，附於諸生之末，謂之附學生員，簡稱附生。新進學之生員爲附生，俟下案新生至學爲滿，以三年爲期。或有親老家貧勢不能在學肄業者，亦必分題考校，每月定期考查使不致荒廢課業；教官〔註25〕按月月課，按季考生員。府學生員，百里以內者，其月課仍在府學，百里以外者，在州從州，在縣從縣，令州縣教官代理月課。

　　府州縣學生員平日以讀四書五經爲主，兼習史、策、表、判、詩、賦皆以應付鄉會試所考課目爲重點。季考月課，初試文藝，不及策論，至雍正六年議准於季考月課時，除書文一篇外，或試以策，或試以論，務期切近時務，通達政治；雍正七年又議准每當月課季考之次日，將大清律與之講解，但律文繁多，勢難遍讀，於是將律內開載刑名錢穀，關係緊要者詳爲講解。（《欽定學政全書》卷 28p529）規定月課三次不到者，該學教官嚴傳戒飭，若無故終年不到者，報請褫革。平日各學教官訓迪士子，每月照例面課四書文外，一體限韻課詩，（《欽定學政全書》卷 28p534）並按各生專經令其分冊誦習綱目必分年詳解，間月或每季試以本經疑義及史策表判，並將課期及取列優等

〔註25〕府學置教授，州學置學正，縣學置教諭，皆以訓導副之，統稱曰教官。

試卷報解學政查覆。

各學教官，倘有董率不嚴，怠於考課者，學臣於歲科考時，即以文章之優劣定教職之賢否，換言之，即以考生於歲科兩考的成績為考覆教職的標準。

丙、歲試與科試

歲試與科試有總稱院試者，童生進學的院試即於歲科試時分場舉行，故進學的院試也是三年兩考。凡是由學政主持的考試都稱院試。學政三年一任，三年內歲科兩考，除邊遠之地或因軍務或其他事故，得准歲科連考，或歲科併考外，正常狀態都是俟歲考周遍始行科考。茲分別說明之。

1. 歲試

歲試以府州為單位，三年考一次，生員童生同時舉行；以先考生員，次考文童為序，歲考之目的，在考選童生進學與考校生員肄業。關於考選童生進學前已敘述，茲就督責生員藝業方面述之。

凡是府、州、縣學生員必須參加歲試，因恐學業荒疏也。原定出四書題二道，經題一道，嗣因有不給燭之規定，或遇冬月日短，士子多不能完卷，遂不出經題，專考四書文二篇。旋因士子視經學為緩務不專心研究，乃規定歲考令作兩書一經，遇冬日作一書一經，並將士子所習本經摘取四五行，令其默書於四書經藝之後。未取之卷學政務必批出不取原由，交與教官聽各該童自行領閱。至乾隆二十三年議准歲試減去書藝一篇，用一書一經，不論春夏秋冬增試律詩一首，酌定五言六韻，由學臣命題，如詩不佳者。歲試不准拔取優等。因歲試在督責生員勤課，故有臨場不到者，即行黜革，若因事故或患病請假，亦不得欠至三次以外。成績的評定全以文理為憑分為六等，並依成績等級用作生員黜陟標準（《欽定大清會典事例》卷382p109）

2. 科試

科試是歲考的第二年，鄉試的前一年舉行。科試的目的在選拔生員參加鄉試。所以凡生員願應鄉試者必參加科試。此外尚有教官及在籍恩歲貢監蔭生，孝廉方正等願就本省鄉試者，均許與生員一同考送，卷面書官字貢字監字等別案發落，而生員必三場悉通者方准應試。由學政主持。考試課目，原定四書題二道，經題一道，如遇冬月日短，則用書文一篇，經文一篇，雍正六年又議准科考令作一書、一經、一策，遇冬日則一書一策，雍正十五年又規定應將士子所習本經摘取四五行令其默書於四書經藝之後，按成績分等，凡廩增附生之前一二等及三等前五名或十名准送鄉試。

（二）學政出身及出巡

1. 出身

我國古代無專司教育文化的高級地方行政官，至宋徽宗時始置提舉學事司，但不管考試，明代差御史爲兩京之提學御史，以按察使、副使、僉事爲各省提督學道。至清始於各省置提督學政簡稱學政，又稱提學，提督原爲武官名，非軍職而冠以提督之名，可能因清代科舉包括文武兩科，「武生無武學處，照例屬文學教官管理，除騎射外，教以武經七書、百將傳及孝經、四書、俾知大義，(《欽定學政全書》卷 28p524) 故稱提督學政。清代學政每省派一名，只有陝甘及奉天府各一人，掌全省學校士習文風之政令，凡學校生徒考課黜陟之事都由學政督掌。三年一任，以侍郎京堂翰詹科道部屬等官由進士出身者充之。每於鄉試年之秋，列名恭侯欽點。凡奉差提督學政者，加以翰林院編修檢討等職銜，其本任職掌原缺即另行銓補，以免辦事乏人，三年任滿，考察稱職，仍俟共本部員缺補用。新補學政，一經領敕，次日郎行赴任；舊任學臣三年之內歲科兩考必須完竣，俱於十一月內報滿到部，如有遲延不能於限內完結者降一級調用。(《欽定學政全書》卷 8p174)

2. 出巡

各省學政宜守一定之儀制，勵師表之風裁，正己潔操，矢公矢勤；巡試各府州，務親臨遍涖，不許移文代委，考畢即於本地方發落，明示賞罰，不得自捐名節取悅督撫，亦不得因督撫所取之生童、府州縣錄送之首名，不問優劣瞻徇情面概行拔取。(《欽定學政全書》卷 10p203)

提學出巡各府州於半月前傳送巡規學校牌，三日前傳送起馬牌，各提調教官，遇巡視牌到，將應考生童冊籍及應行事宜逐一備完。府提調官遇起馬牌到，將應考生童數目，開揭送核，即就近調取生童，可足兩場者候考，其餘俟下馬日品搭定期，出示調取，免致官生久侯。所經過的地方巡捕官酌量情形率領兵快于交界處防護，敕印其餘夫馬於學政按臨之日伺候，不得另批迎接；官吏師生不許出郭迎送；程途非六十里，不得備辦中伙，若是途程上六十里需招待午餐，每飯葷素不得過五菜；學政停駐的官署須寬大，可以考試千人以上，官署要牆高壁厚，圈圍放置荊棘，不許故留水道穴隙及假牆虛壁以防一切弊竇，吏書房不得近廚廁巷市，各有一門，門各異鑰，鑰各異牌，總貯一匣，以時啓閉。(《欽定學政全書》卷 11p219)

（三）試題與試卷

1. 試題

出題要明白正大，不要割裂文義以傷雅道，使老生能發明義理，展拓才思。不許拘於冠冕吉祥標題，以杜生員勦襲雷同之弊，命題範圍依所試課目而定，經縣試府試及歲科試具以一書一經一詩命題爲原則，院試學政出題分作三次，於封圍場門後出首題，已正出次題，未正方出詩題；咸豐元年議准：學政案臨各屬正場之前，先考經古一場，增添性理論。生童中有能讀濂洛關閩之書者，由學報明送考，試以性理論〔註 26〕一篇，果能有所發明，正場文字通順，生員列諸優等，文童令其取進。咸豐六年又議准：嗣後考試生童經古場，將孝經與性理一併出題，府縣考覆試亦以性理孝經命題。（《欽定大清會典事例》卷 388p194）

2. 試卷

生童試卷有一定格式，不許長短不齊，卷面三圈。上圈書府州縣；中圈生員書廩、增、附、青社及武生、童生填文、武童；下圈書習某經。接縫處，上用提調，下用儒學，各印鈐蓋。提調官置印信方簿，一樣二扇，面開某府州縣生童號簿，內開送考各些童姓名，生員注廩增附青社等字。人各一行，各名上端留空白二寸許，以備填號。仍照千字文，將「天、地、玄、皇」及形音相似如氷水、王玉、宇雨、辰臣等之類除去不用。考前一日，提調官信手抽籤填簿，照號填於卷背後，用教官印鈐蓋，摺疊彌封，再用提調官印鈐蓋；卷面加浮籤書姓名黏第三圈下，旁留少許，以備填座號，填號處仍鈐提調印，半在卷、半在浮籤。用印畢，號簿固封提調處；其生員點進手冊，照廩、增附、青社次序開造，臨期提調官於大門外，以二十名爲一牌，唱名序進，二門外搜檢、散卷，每二十卷爲一封，上書某學第幾牌試卷，鈐印總置卷箱，散訖將空箱連鎖鑰送進；生員各式俱同，惟須將廩生結狀彙造，以便序進時查照識認。（《欽定學政全書》卷 13p259）

教官試卷，提調官準備，卷面明書職名，凡願科舉者，與生員一體編號。

試卷要向考生收費，承辦人員往往招立卷戶，明索高價，加重生童負擔，

〔註 26〕 性理論，爲性理論大全之精華部分。性理大全爲明胡廣等奉敕所撰，採宋儒之說凡一百二十家，分門編纂爲理氣、鬼神、性理、道統、聖賢、儒學、諸子、歷代、君道、治道、詩、文、十三類。清聖祖擷其精華爲性理精華十二卷。

故自雍正十一年議准由提調官自行辦置，不許再招卷戶，其紙價工費之外，盈餘充作辦事書吏人等飯食之費。（《欽定學政全書》卷 13p260）

（四）考試場規

1. 試場佈置

試場須高敞，四周關防甚密，不許留有空隙；廳堂上設公座，稍前置小公座，以便接見，試場分東西兩區，中間留有通道，以千字文中天、元、玄、皇及形音相似之字除去橫列編號，每排懸粉牌一面，大書某字號，懸鐙於上。考桌前後左右相去各二尺，桌上置界尺一，桌下置淨器一，桌足用長竹編結，以防移動，桌角貼某字第幾號，依考生人數排座位，照坐位製作號籤，東西分為兩筒，截竹為筒，每一號為一籤；備造一冊，務令冊對籤號，籤對桌上座號，於學政到日呈送。

試場堂左設桌二，放出題等書及照出手牌三十面，旁大雲版〔註27〕一架；堂東西壁各備出題長柄牌六面，提牌八面；小公座前置長桌一，北端放「移席」、「換卷」、「丟紙」、「說話」、「顯盼」、「攙越」、「抗拒」、「犯規」、「吟哦」、「不完」小印十個，印色備；桌中央放東西文揚座號籤筒，桌之南端留與教官用印；兩旁設受卷長桌各一，分置各府州縣學座牌在上，每桌放界尺四，呈文紙五十張，筆墨硯各一，照進長柄粉牌二。

試場四隅各置桌一，銅鑼四面，以備巡綽人役站立瞭望。二門內，大門外各設大鼓一面。考試前一日，提調官齊備生童試卷，並將五經、四子書、性理、通鑑綱目、孝經、小學呈送，以備出題。（《欽定學政全書》卷 11p223）

2. 試務人員

考試之日，用印卷，受卷、散籤、給牌官東西各一人，以各學教官擔任；供給巡綽官各一人，司儀門〔註28〕啓閉官一人，以州縣佐貳〔註29〕或府衛首領官擔任；書吏四名管寫題畢，以二名司茶，二名司恭，司茶者兼管受卷，司恭者兼管封卷。司照進照出牌官二人，以巡檢大使充任。廚役二名，巡綽、瞭望快手八名，分為二班。外用巡捕官二人，以佐貳首領官充任。報名門吏二名。

〔註27〕 樂器之一種。
〔註28〕 官署大門之內有儀門。取有儀可象也。
〔註29〕 清代專稱地方佐治之官為佐貳官，如州同，州判、縣丞等皆是。

（五）閱卷與解卷

1. 閱卷

府、州、縣試的試卷由知府、知州、知縣負責延請有學識之士閱卷，但不得請本籍教官及本地書院院長，通稱山長，因他們平日與童些往來熟識，若委以閱卷，任其朝來暮去，難保辨請託情弊，誠非遠嫌之道，故應禁止。

歲科試係由學政主持，試卷繁多，自非學政一己之精神所能通覽，勢不得不延請宿學之士寄以鑒衡；但有一限制，即須慎擇他省之人，與涖任之地相去遼遠者，方可遠避嫌疑。可見防範周密規定嚴格。

試卷是按文章優劣分別評定等第，不得徇私，若州縣人文果盛確無荒謬不通之卷，不能苛刻推求，故列後等；卷中對於孔子及當代帝王之名與其他規定須迴避者均應恭避，以昭誠敬尊崇。等第評定後由督學或學政批語、批語宜簡明、或平正、或明暢、或典實，或爾雅，各視其文，毋些枝葉，對於未取之卷應批出不取之原由，交與教官聽各該童自行領閱。

2. 解卷

府、州、縣原取正卷要解送學敢衙門與覆試卷逐一磨對文理字跡，目的是在防杜閱卷粗疏及其他弊竇。歲科試卷是解部磨勘，若磨勘出有詭怪舛謬者按卷數多寡，提學要受很重的處分。

（六）鄉試沿革

鄉試是地方行政區域的最高考試。科舉制度定於唐，唐代的地方政制採州郡、縣二級，所謂府、所謂都督府，都是州之別稱，所以唐代科舉考試先自縣考試，定其可舉者，然後升於州若府，其不能中科者，不與是數焉。州若府總某屬之所升，又考試之如縣，加察詳焉。舉其可舉者，然後貢于天子，而升之有司，其不能中科者，不與是數焉，謂之鄉貢，（《文獻通考》卷 37 頁814）但當時州的考試尚無鄉試的名稱。

宋代的地方制度沿襲唐制，仍採州、縣二級制，州縣之上雖設路，但路之設偏重在兵事邊防，故州、縣仍為宋代地方制度之骨幹。惟宋代之縣不舉行考試，先由鄉里推薦應試人，縣只負審核和保舉的責任，保送到州之後，經州複核認可始舉行考試，中式者由州解送禮部，稱為發解，故州試亦稱解試，仍無鄉試之稱。

元代法制凌亂，政治組織非常繁雜，就地方制度言，全國分置十一行中

書省，省之下為路、府、州、縣四級，若依元史地理志，則縣多屬於州，而屬於府者亦有之。又有直達於路者。州多屬於路，而屬於府者亦有之，尚有直達於省者。府多屬於路，而直達於省者亦有之（《中國社會政治史》p301）。其中路、府似較重要，故元代行科舉，沿宋制先由本籍官司於諸色戶內推舉。年及二十五以上。鄉黨稱其孝悌，朋友服其信義，經明行修之士，具結保舉，以禮敦遣資諸路府。路府舉行考試，稱為鄉試，按規定名額錄取，解送到禮部，元史選舉志載中書省所定條目：「鄉試中選者各給解據連取中科文行省，移咨都省送禮部腹裡宣慰司及各路關申禮部拘該監察御史廉訪司，依上錄連科文申臺轉呈都省，以憑照勘。（《元史》卷 81p554）可知元代開始有鄉試之稱謂，而且鄉試中選者還要經過很多次的審查才能參加會試。

　　明代廢元之行中書省，改稱承宣布政使司，在布政司之下置府州及縣。明以科目取士，蓋沿唐宋之舊，而規制亦略與元同，獨試士之法，則視歷代而稍變焉。三年大比，以諸生試之直省曰鄉試，中式者為舉人，次年以舉人試之京師曰會試，中式者天子親策于廷，曰廷試亦曰殿試，清仍循其制，清史選舉志載：「有清科目取士承明制，……三年大比，試諸生於直省曰鄉試」，中式者為舉人，故鄉試為地方政府考試中的最高一次考試。在唐曰州試，在宋曰解試，至元始稱鄉試，明清兩代沿用之，此鄉試沿革之大略也。

1. 年期及場期

　　清代鄉試始於順治二年，是三年一舉，三年大比之期乃承宋、元、明積六百餘年之成規。並於順治元年十月定鄉試俱于子、午、卯、酉年舉行，會試俱于辰、戌、丑、未年舉行〔註30〕關於考試月日之規定，乃沿明制。

　　順治二年六月定鄉試日期於秋八月舉行：初九日第一場，十二日第二場、十五日第三場，先一日點名放進，次一日交卷放出，（《欽定皇朝通典》p239）直至光緒二十九年最後一次鄉試之年期與日期均未更改。

2. 應試資格

　　凡參加鄉試者，必須具備一定條件，在消極條件方面，規定倡優隸卒之家不得應試。居父母喪期年內不許應試及因習教犯案或職業不合規定者不准應試。在積極條件方面，可分四點說明如下：

〔註30〕清《欽定皇朝通典》（臺灣商務館）卷 18 頁 239。（以下引用此書時只於引文之後僅註記書名、頁碼）。

（1）凡是在學生員必須參加學政主持之科試，科試是按成績分等，一二
等生員准其科舉，三等生員或准前五名或准前十名。學政並得視該
省文風之高下酌量名額之多寡錄送科舉。（《欽定學政全書》卷
36p656）

（2）凡貢、監、蔭生孝廉方正以及繙譯、筆貼式等欲應鄉試者於科試後
由學政舉行錄科考試。其錄取人數，初定每中式舉人一名，取應試
生儒三十名，嗣後依省之大小定爲大省舉人一名，錄送科舉八十
名，中省爲六十名、小省爲五十名。學政全書卷三十六載：

順治二年定直省鄉試，每中式舉人一名，取應試生儒三十名；提學考試
精通三場者方准應試，嗣後加至百名，乾隆九年。依省之大小定爲大省每舉
人一名，錄送科舉八十名；中省每舉人一名，錄送科舉六十名；小省每舉
人一名，錄送科舉五十名，直隸江南浙江江西湖廣福建爲大省，山東河南山西
廣東陝西四川爲中省，廣西雲南貴州爲小省。

直隸貝字號額中一百零二名，應錄送科舉八千一百六十名。

江南省上江中四十五名，應錄送科舉三千六百名。

下江中六十九名，應錄送科舉伍千伍百二十名。

浙江中九十四名，應錄送科舉七千五百二十名。

江西中九十四名，應錄送科舉七千五百二十名。

湖廣省湖南中四十五名，應錄送科舉三千六百名。

湖北中四十八名，應錄送科舉三千八百四十名。

山東中六十九名，應錄送科舉四千二百六十名。

河南中七十一名，應錄送科舉四千二百六十名。

山西中六十名，應錄送科舉三千六百名。

廣東中七十二名，應錄送科舉四千三百二十名。

四川中六十名，應錄送科舉三千六百名。

廣西中四十五名，應錄送科舉二千二百五十名。

雲南中五十四名，應錄送科舉二千七百名。

貴州中四十名，應錄送科舉二千名。

臺灣額中舉人二名原定錄送科舉五百名，乾隆八年減爲二百名，嘉慶

十二年定爲三百名，許學臣擇文理清通可以造就者額外量爲寬送。（《清會典臺灣事例》p79）至乾隆十二年著再加恩每副榜一名，大省加取四十名，中省加取三十名。小省加取二十名（《欽定學政全書》卷36p659）故錄科名額又有增加。凡生員應科試及錄科未取或因故未與科試、錄科者，於鄉試之前再行補考一次，謂之「錄遺」，只要文理明通便錄送科舉而免阻人上達也。

3. 其他

（1）在監肄業貢監生，本監官考送。

（2）各省常平倉捐納監生或在順天，或在本省，例准其鄉試。

（3）鄉試之年，遇新任學政於本年到任者，准將歲考一二等生員冊送科舉，以應本年鄉試，仍於鄉試後，補行科考。

（4）凡南巡考取貢生監生帶來纂書者著翰林院移文咨順天府尹一體鄉試，內有生員亦一體鄉試。

（5）候補天文生及補用天文生之監生生員由該監造具年貌三代履歷籍貫經書清冊送順天府入皿字鄉試。

（6）各省在京拔貢准其應試北闈。

（7）聖廟執事官，其由貢生監生充補，有情願鄉試者，令其一體鄉試，若係生員童生准作監生應試。

（8）乾隆四十四年准四庫全書處膽錄內，有前由寄籍順天入學旋經遵旨改歸原籍；並有由召試二等在館行走各生以在館膽錄，不能回籍應試，按照省分歸于南北中皿字號在順天鄉試。（《清會典臺灣事例》p79）。

但清代除行省外，尚有京城所在之順天鄉試，因京都爲人文薈集之地，許多人不能趕回本籍應考，所以特別規定凡非直隸省籍的人士，須加捐一百零八兩銀子補個監生名義始准參加順天鄉試。

綜上所述，可想見參加鄉試者人數之眾多。

鄉試分三場，以第一場最重要，因第一場考的是四書五經，作的是八股文，二三場是試論策，論策乃應用之文，當時認爲讀四書五經，才能明體達用，發先聖之義蘊，故課士之法，頭場爲體，後場爲用（《古今圖書集成》p683）茲分課目、字數二項列述如下：

1. 課目

甲、依順治二年所頒科場條例：

首場　四書三題，主朱子集註，並定四書題目第一題用論語，第二題用中庸，第三題用孟子，如第一題用大學，則第二題用論語，第三題仍用孟子。五經各四題，士子各占一經，易主程傳朱子本義，書主蔡傳，詩主朱子集傳，春秋主胡安國傳，禮記主陳澔集說；其後春秋不用胡傳，以左傳本事爲文，參用公羊、穀梁。

二場　論一道、判五道、詔、誥、表內科一道。

三場　經史時務策五道。

順治十六年定考官於論題間出孝經以勵士尙（《欽定大清會典事例》卷331p286）

乙、至康熙二年停止八股文，鄉會試以策、論、表、判取士，分爲二場：

第一場　試策五道

第二場　四書經論各一篇，表一道、判五條。

康熙四年，禮部侍郎黃機奏：「制科，向係三場，先用經書使闡發聖賢之微旨，以觀其心術，次用策論使通達古今之事變，以察其才猷，令止用策論，減去一場，似太簡易，且不用經書爲文，人將置聖賢之學於不講，請復三場舊制，報可，故自甲辰年（康熙四年）始，恢復三場舊制。

頭場　策五篇。

二場　用四書本經題作論各一篇。

三場　表一篇、判五道。

康熙七年復舊制，仍以八股文章取士。

康熙二十年議准：詔誥二道，直屬虛設，應行刪去。（《欽定大清會典事例》卷331p287）康熙二十九年題准論顯增性理，太極圖說、通書、西銘、正蒙諸篇一併命題。（《皇朝通典》p242）

丙、雍正帝很重視孝經，認爲孝爲百行之首，以孝爲化民成俗之本，人人誦習則國家不乏忠君之士，故於雍正元年諭：「孝經一書與五經並重，蓋孝爲百行之首，我聖祖仁皇帝欽定孝經衍義以闡發至德要道，誠化民成俗之本也。鄉會試二場向以孝經爲論題，後改用太極圖說、通書、西銘、正蒙，夫宋儒之書雖足羽翼經傳，豈若聖言之廣大悉備，今自雍正元年會試爲始，二

場論題宜仍用孝經，庶士子咸知誦習，而民間亦敦本勵行，即移孝作忠之道
胥由乎此。

後來有福建學政楊炳以鄉會試論題等出孝經題目無多爲理由，奏請與性
理間出。但雍正帝仍堅持自己主張，皇朝政典類纂卷一九一載：

> 雍正十一年諭：朕前降旨令鄉會二場論題等用孝經者，誠以孝爲百
> 行之原，孝經一書，言簡而意深，學者當時時覽誦，悉心研究，以
> 爲明倫敷教之本，制於性理一書，乃哀集宋代諸儒論說，不能有醇
> 而無疵，其精微義蘊則皆原本於論語學庸，非別有所發明也，朕令
> 天下學士大夫留心理學，蓋欲其實體聖賢之德性，非徒記誦宋儒之
> 文辭，今若以聖人之孝經與宋儒之性理相並出題，於義未協，著仍
> 照舊例行」。

丁、乾隆二十一年十一月敕更定鄉試之制，論、表、判概行罷去，並定
自乾隆己卯（二十四年）科爲始。

第一場　只試四書文三篇。

第二場　經文四篇。

第三場　策五道。

乾隆二十二年御史表芳松請自乾隆己卯科鄉試爲始，於第二場經文之
外，一體試以五言八韻排律一首，從之。至乾隆二十三年二月又有御史吳龍
見請第一場四書三題後，增性理論一篇，從之。故經兩次增加課目後，成爲

第一場　四書三題，性理論一篇。

第二場　經文四篇，五言八韻排律一首。

第三場　策五道。

乾隆四十七年七月定鄉會試二場排律詩移置頭場制藝後，即以頭場性理
論移置二場文後，以防關節，其調動後之情形爲：

第一場　四書三題，五言八韻排律一首。

第二場　經文四篇，性理論一篇。

第三場　策五道。

乾隆五十年命鄉會試二場論題以孝經與性理二書按科輪出，著爲令。乾
隆五十二年高宗「以士子專治一經，於它經不旁通博源，非敦崇實學之道，
命自明年戊申鄉試始，鄉會五科內，分年輪試一經畢，再於鄉會二場廢論題，

以五經出題並試，永著爲令」。

但因發些政變，至光緒二十七年，才又曉諭全國變通科舉，以迎合時代之變遷，自光緒二十八年始廢止八股文所試科目由經學而擴展至史學，由華學而擴大至西學，實爲科舉史上之空前變革與措施。其三場所試課目如下：

第一場　試中國政治史事論五篇。

第二場　試各國政治藝學策五道。

第三場　試四書義二篇，五經義二篇，不准用八股文程式。

以上爲清一代關於科舉所試課目之演變也。

2. 字數

順治二年所頒之科場條例，對字數有明確規定，「初場文字每篇不得過五百五十字，二、三場表不得過千字，論策不得過二十字」。(《欽定大清會典事例》卷 332p296)

至康熙二十年，初場文每篇增百字，而爲六百五十字。康熙五十四年有「會元」會試第一名，尚居易者，因首場試藝字逾千二百，被黜革，可見對字數之限定非常認眞。

鄉試在省城舉行，試士之所曰貢院，在考試期間，貢院戒備森嚴，守衛貢院的兵士稱號軍，試官入闈後，即將貢院封鎖。貢院之內因工作性質不同而分內外兩部份，中間隔以簾。在外提調、監試等稱外廉官，在內主考，同考稱內廉官，以大員總攝場務稱監臨。初考官不限出身，康熙初，主事蔡驦，曹首望，俱以拔貢典試。十年從御史何元英請，考官專用進士出身人員，然舉人出身間亦與焉。康熙十一年，題准各省鄉試內閣進士中書與各衙門應差官員一體開列題差。

雍正三年頒考試令，定「應考試差之翰林及進士出身官員人等於太和殿試以四書題文二篇，上親定甲乙，以備差遣，(《皇朝通典》p244)

始限翰林及進士出身之部院官，惟仍參用保舉例。茲將試官之身分與職權分別列舉如後：

1. 蓋臨

順天府以府尹，各省初以巡按御史，後因巡按已被裁徹，故於康熙二年由各該省巡撫監臨，其江南省江寧、鳳陽、安徽三巡撫則輪流監臨，監臨的職權是督率官役，任理試事，負總攝場務之責。

2. 主考

凡遇鄉試，由朝廷簡派考官赴各省主持考試，謂之主考。順天鄉試主考由府丞先期題請，各省由巡按御史，巡按被裁後由巡撫先期提請，由禮部酌量道里遠近，將應差者先後疏名上請。(《古今圖書集成》p685)

3. 出身

初制，順天江南正副主考、浙江、江西、湖廣、福建正主考差翰林官八員；它省用給事中，光祿寺少卿、六部司官、行人、中書、評事，某官差往某省皆一定。至康熙三年，題准鄉試正副主考指定某衙門官差往某省，各衙門應差官員職名通行開列，題請欽點。康熙五年題准直省正副主考官令內院、吏部、禮部公同考選差往。康熙八年題准順天江南正副主考浙江、江西、福建、湖廣正主考差翰林八員；浙江、江西、福建、湖廣副主考山東正主考差科臣五員。山東副主考，山西正副主考，河南、陝西正主考差光祿寺少卿一員，吏禮二部司官各二員。河南陝西副主考，四川、廣東正副主考，廣西、雲南正主考差戶、兵、刑、工四部司官各二員。廣西雲南副主考，貴州正副主考差行人二員，中書、評事各一員。如光祿寺官缺，以戶、兵、刑、工四部司官充山西副主考；中書、行人、評事充廣東副主考。凡應差八員，總送十六員；應差五員，總送十員，禮部會同內院擬定正、陪，疏請簡命。康熙十一年覆准光祿寺官或缺，應於太常、太僕二寺少卿內取一員充山西正主考；如光祿、太常、太僕三寺少卿俱缺，照康熙八年例行；又題准各省鄉試。內閣進士中書與各衙門應差官員一體開列題差。康熙十四年諭直省典試官員，各衙堂官填選學行兼優者送部，(《古今圖書集成》p794) 康熙三十九年五月定各省正副主考除應行開列外，將侍郎學士京堂翰林科道部屬等官，由甲舉出身者無論巳未典試，通行開列，(《欽定皇朝通典》p242) 故主考官之派遣非常慎重。

4. 主考官到差須知

依順治二年科場條例，主考官接受命任後，立刻起程，不許因便攜眷、不辭客，不攜帶多人騷擾驛遞，并滋奸弊，所過州縣遞相防護，不遊山玩水，不接故人，不交際，一到提調官即迎入公館，依期驗進，只許監臨提調監試一拜，考官不回答，餘待事完日方許相見，以避嫌疑，其未入貢院以前所寓公館，仍用考官封條，惟聽監察御史委官巡邏，順治十七年議准各主考到省，禁絕監臨提謂官迎接拜望，以遠嫌疑，自出京以至入院務令

扣定日期，凡省中寓所俱用巡按封條，令巡按御史不時親行巡察，依時啓用，入廉行李聽監臨提調官共同驗明，出題書籍令該地方官預備，正文官板許正副主考量帶以備校正。遇鹿鳴等宴，正考居中，副考居左，監臨居右，其同考旁坐，行次如之。考官如命下，惟眞正疾病者方許當日具疏辭免。在京丁憂者，只用本衙門印信手本到部司，即擬堪補官員坐名題請，其出京未遠，而有憂制，度其道里時日尚可差官更替者，取所在官司印信公文火速差人赴部投遞，取與題請更代，俱免自奏，以致耽延時日，如行至中途聞有憂制等項，題補無及者，行止所在有司轉申本省撫按官代奏，本官即先回籍守制。(《古今圖書集成》p685) 於此可知主考官之尊嚴與清廷對「孝」之重視。

5. 職權

主考之職權在覆閱試卷，搜閱落卷及定考生去留。

6. 同考—同考官又稱房官。

A. 出身

初由衙門應差同考官職名通行開列，密題欽點；康熙五年議准各省鄉試同考官以本省內進士舉人官員，用如不足，於鄰省聘取。康熙八年題准順天房考聽禮部會同吏部選用；江南房考聽提學會同巡按及布政二司選用；務取潔守實學，每十員用二十員共同決定取充內廉房考。康熙十七年，在京同考各官除郎中不差外，吏部取各部員外、主事、中行、評博、國子監科甲出身官及近畿廉愼素著科甲推知，開列職名，上請欽定；其守部進士亦各行開列，仰憑欽點，即日入闈，在外同考，各省督撫公鎮；酌量扣定日期密行，倍取本省或鄰省才望素著推知或科甲教職到省，即日公闈入闈，以上各同考官先取甲科，如甲科不足兼取鄉科。(《欽定皇朝通典》p239)

B. 職權

應試之卷，例由房官分閱，擇尤薦與主考官，由主考官定去取。

7. 提調

A. 出身

鄉試有內外提調，順天提調以府丞，各省提調以布政使，副以道員，如布政司署理監臨事務，則以按察司充提調；如按察司署理監臨事務，則以守巡等道充提調，雍正間以藩臬兩司爲一省錢穀刑名之總匯，入闈月餘恐教曠

滯，故改由道員擔任提調。

　　B.職權

　　掌調遣吏役，處理事務，如今日機關之庶務。

　　8. 監試

　　為糾察官，在試場內負監督檢舉之責。初定順天用監試御史二員入場，總理諸務，巡察御史二員搜檢各生進場，係順天府咨請都察院，都察院轉知禮部坐名題差，其外廉各官共用十六員，於八府知縣教官內科甲出身者由順天府府尹行取題用。至明代凡鄉試中式者稱為舉人，便與前代不同，而成為專門名詞，明史選舉二載：「三年大比，以諸生試之直省曰鄉試，中式者為舉人，次年以舉人試之京師曰會試，中式者天子親策於廷曰廷試，亦曰殿試」，清沿明制，清史選舉志文科載：「有清科目取士承明制，……三年大比，試諸生於直省曰鄉試，中式者為舉人……鄉試第一曰解元。」可知舉人為鄉試中式者專用名稱乃自明始，而清沿明舊制耳。

（七）會試

會試沿革

　　會、合也，集合全國舉人試于京城所在地，故曰會試。科舉始於隋唐，但會試之名，自元代始有之，蓋隋置考功郎是屬吏部，掌全國官吏考課之事，唐循隋制，唐高宗時，以考功郎中監試貢舉，太宗貞觀以後，由考功員外郎專掌之。(《通典》p161) 嗣「因考勿員外李昂詆訶進士李權文章，大為權所凌訐，朝議以郎官位輕，故移于禮部。(《冊府元龜》p7661) 自明皇開元二十四年制，令禮部侍郎專掌貢舉後而稱禮部試，逐為永制。

　　宋代由禮部貢舉，因禮部隸屬尚書省，而稱省試。故宋以前尚無會試之名元史選舉志載：「皇慶三年八月天下郡縣與其賢者能者充賦有司，次年二月會試京師」又云：「鄉試會試君有懷挾及令人代作者殿二舉」。故會試之稱始於元代，明史選舉二云：「三年大比，以諸生試之直省曰鄉試，中式者為舉人，次年以舉人試之京師曰會試」。清會典禮部載：「鄉試中式曰舉人，副于正榜曰副貢生，省各定其額。會試中式曰貢生，故會試之名歷元、明、清沿用近六百年矣。

1. 年期及場期

　　清代會試開始於順治三年（歲次丙戌），是首次鄉試的第二年。順治元年定辰、戌、丑、未年的二月舉行，也是考二場，場期與鄉試同，以「初九日

為首場，十二日為第二場、十五日為第三場，先一日點名放進，次一日交卷放出」。(《欽定皇朝通典》p239)

但因農曆二月，北方氣候仍甚寒冷，若遇春季有閏月，更是天寒冰凍，手指難以屈伸，故世宗於雍正四年特諭以後會試諭有閏月之年，即改在三月舉行。

雍正五年，歲次丁未，乃會試之年，逢有閏月，遵旨于三月舉行，可是三月天氣仍冷。世宗念考生艱苦，故又諭特准考生可攜帶手爐，穿厚綿衣入場。

雍正四年之諭，乃指有閏月之年始改在三月舉行會試。乾隆十年，歲次乙丑，非閏月之年，但高宗早於乾隆九年既諭：「明年二月會試，天氣尚未和暖，搜檢時不無寒冷，且各省俱須覆試，士子到京未免稍遲，著改期於三月舉行」，至乾隆十年正月並諭嗣後會試場期改在三月以待春暖，永著為例；且於諭旨中甚表關心舉子在考場的辛苦，命禮臣知貢舉要好好照料於剔除弊端之中寓優恤士子之意。

會試所考課目與鄉試同，惟乾隆二十一年鄉試之制論表判概行罷去，而會試確定第二場經文外加試表文一道，翌年會試為始；又于乾隆二十二年正月敕會試第二場表文易以五言八韻排律一首，(《欽定皇朝通典》p248) 並以該年丁丑科會試為始，鄉試至乾隆二十四年始試五言八韻唐律一首，其餘皆依鄉試規定。

2. 應試資格

會試由禮部主持，參加會試的有三種人：

甲、經過鄉試，取得「舉人」身分者。

清史選舉志三說：「試舉人於京師曰會試。各省於鄉試後，地方近者限一月、遠者限兩月、京城限十日，由中式舉人親到學政衙門填寫親供送部，以便查對墨卷筆跡，如有違限，不准會試。(《古今圖書集成》p693) 直隸舉人由順天等府負責起送，各省舉人由布政使司負責起送。但舉人中如有欠糧、因事黜革及現在議處未結，與罰科、丁憂、患病等項，經查明屬實者不能報部，報部有一定的期限，地方官如不照定限起送，禮部可指名題參關於起送會試期限之規定，順治八年題准：

> 新舊舉入會試，直隸限十二月起送，山東、山西、河南、陝西限十
> 一月起送，江南、浙江、江西、湖廣限十月起送，福建、廣東、四
> 川等省限九月起送。(《欽定大清會典事例》卷 339p365)

並發給應試舉人每名公文一件，限於會試年正月初一日以前到部投遞康熙九

年議准會試投文，展期於二月初一日，過期投文者不准考試，如司府遲誤給文，則由體部查參。

歷科舉人准會試者仍有各種情形不同，茲依據清會典事例卷三百三十九列舉於後：

（1）舉人考授內閣中書，掌書寫機密文件及現任內閣中書者皆准會試。

（2）舉人就教者准應會試。

（3）舉人考試補用筆帖式者准與舉人一體會試。

（4）舉人選授教職，俸滿來京引見，願會試者，准其留京會試。

（5）舉人已任知縣，因不勝民牧改補教職者准會試。

（6）教諭降一級調用，照舉人在京侯補候選之例准其會試。

（7）內閣中書，降二級調用應以從八品國子監典簿補用照舉人在京候補候選之例准其會試。

（8）內閣中書升任主事，主事仍降為中書，由舉人歷任知縣，大計卓異，推升小京官者，准其會試。

（9）舉人大挑分發知縣降一級調用，應以從七品之布政司都事等官補用，照舉人在京候補候選之例准其會試。

（10）年老患病勒休之教職，不准會試。

（11）舉人出身知縣，因事革職，降捐教諭候選，准其會試。又准舉人分發知縣捐升主事准其會試。

（12）舉人由國子監助教，降調候補學錄，非同教官降為雜職者可比，又准舉人由教諭降調捐復者准其會試。

（13）舉人現任教職，押送謄錄來京，事屬因公，若再候起咨，已誤試期，准其取結會試。

（14）各省舉人大挑一等未經委署地方者，仍准一體會試。

（15）新選教職，在京適逢會試，准其留京取結會試。

（16）學正降一級調用，既經選授訓導，即係現任教職，與因事降為雜職者不同，准其會試。

（17）舉人承襲五經博士，係八品官職，與現任中書等官，事同一例，由該督撫給咨會試。

（18）大挑一等，奉旨改教人員，一體會試。

（19）舉人選授外任，未經到省旋即丁憂，現在服「闋」三年之喪期滿釋服，候過，准其會試。

（20）舉人選授知縣，未經領赴任，報捐知州在京候選，准其會試。

（21）舉人由內閣中書捐免試俸，選授同知，尚未領憑，改捐員外即分部學習，准其會試。又準舉人選補鹽大使，領憑後告假回籍修墓，呈請改教選授教職，准其會試。

（22）拔貢朝考以知縣用，到省後未經委署告假回籍，照舉人大挑知縣給咨會試之例，由原籍督撫咨送鄉試。中式舉人後，尚未委署補缺，告假在籍，亦照在挑知縣辦理，由本籍督撫給咨會試。

（23）會試年分，凡舉人丁憂，於三月初五日以前服滿者准其就近取具同鄉京官印結，納卷入場，若扣至初五日服滿，即不准其會試。

乙、爲非舉人身分而准會試者。

各省所中副榜內有兩次中副榜者亦准作舉人。此爲雍正四年之特恩，後不爲例。（《欽定學政全書》卷 40p761）

丙、恩准會試者

恩准乃原不准參與會試者，但經欽賜特准其參與會試之謂。例如：乾隆五十三年諭：據徐嗣曾奏：已革主事仍留舉人，不准應試之周嘉猷，向在幕中辦事，一切軍務，皆伊經理，頗知急公，有志向上等語，周嘉猷加恩准其一體會試，以示鼓勵。（《欽定大清會典事例》卷 339p368）

會試是在京都舉行，清代京都在北京，全國舉人赴京會試，在交通工具未進入機器動力之時代，全賴步行，旅途之艱難可以想見，故清廷規定由各省發給旅費，並規定各省發給銀兩之數額，清會典事例三百三十九載：

順治八年定：「舉人會試，由布政使給予盤費，安徽廿兩、江西、湖北皆十七兩，福建十五兩、湖南十四兩、廣西十二兩，浙江、河南皆十兩，山西七兩、陝西六兩、甘肅、江蘇皆五兩，直隸、四川皆四兩，山東一兩、廣東二十兩，惟瓊州府增十兩，每名三十兩。又定雲南貴州舉人給予盤費每名三兩，仍給「驛馬」兵部例載：經雲貴會試舉人火牌。清制：兵役馳驛者，皆給予火牌一面，沿途即憑此牌，向各驛支領口糧，每名馬一匹，不支廩糧。同日准其換給，若已中進士回籍

者亦准給火牌」。但各州縣舉人爲了領取盤費，需專程赴省城，甚爲
不便，故於雍正時改由州縣墊發，憑各舉人收據，事後奏銷。

雍正八年諭：「各省會試舉人，向例給予盤費銀兩，所以體恤士子，助其資斧
之需。聞得各州縣舉人，俱赴布政使衙門領取，道途跋涉，守候需時，吏胥
又多勒索扣剋之弊，嗣後著從本州縣衙門照數給領，該州縣取各舉人領狀，
申詳布政使，於奏銷冊內報部查覈，庶吏胥撫侵剋之事，而士子亦免跋涉守
候之苦矣。若州縣稍有扣剋需索，而督撫失於覺察者，經朕訪聞，將督撫一
併議處。（《欽定大清會典事例》卷 339p365）

　　若有舉人領得旅費後任意化用及中途潛歸者，州府要追還銀兩，若是因
病或丁憂者，須得證明方可免追繳。

　　乾隆五年覆准：「會試舉人支領盤費銀兩，有任意逗留，及中途潛歸者照
例追還銀兩，其有患病丁憂者取具該地方官印結，詳明報部，或已經到京而
患病丁憂者，取具同鄉官印結報部，均免追繳。（《欽定大清會典事例》卷
339p366）

3. 試官出身及職權

（1）知貢舉

　　清代會試之總攝場務者曰知貢舉，知貢舉之名原爲「主考官」，但清代會
試之主考官稱總裁，知貢舉例用「禮部堂官一員」爲之。（《欽定大清會典事
例》卷 335p325）自乾隆五十二年起禮部將滿漢侍郎以下，三卿以上通行開列，
派滿漢各一員爲知貢舉。

（2）主試官

　　由禮部開列內院大學士、學士、六部尚書、侍郎、都察院堂官職名題請簡
用，負責考試閱卷事宜，並核定試卷之去取。設正副各一人，可各帶三人入場。

（3）同考官

　　初定二十人，「內用翰林院官十二、六科官四員；吏部司官一員，禮部司
官一員，兵部司官一員；戶、刑、工三部司官每科輪用一員。（《欽定大清會
典事例》卷 334p316）後來規定十八人，每人一房，內易經、詩經各五房，書
經四房，春秋、禮記各二房。於康熙五十四年（乙未）令每一房之試卷，由
不同省房官二員同閱，如發覺一人有情弊，則二人並坐，使各知畏懼，互相
覺察，故該科用同考官三十六人之多。至雍正元年爲防朋比爲奸，又恢復每
房一人舊制。清會典事例卷三百三十四載：

雍正元年諭:「國家掄才大典首重試官,主考憑房官閱薦之文定其去
取,則一榜衡鑑之當否,係於分校諸臣之賢不肖,亦匪輕矣,近科
以來皇考愼重闈門籲俊之典,於順天鄉試及會試房考官,慮其人邪
正不一,特命每房各用二人,使之互相覺察,彼此鈐制,用意良爲
周密;但法久弊生,一房兩考官,設有一狡點者參雜其中,即爲賢
者之累,況兩人或皆不肖,則朋比作奸,其害不更甚乎?

嗣後仍著照舊定科場條例,各房只用一人校閱,其則既專,功罪亦難推諉,
朕續承大統思欲善繼皇考求賢俊文之志,務俾鎖闈清肅,盡得眞才,故特酌
復舊章防杜滋弊」。

同考官可各帶二人入場,應會試之卷,例由同考官分閱,擇尤薦與主考
官,由主考官再定去取。

(4)提調

會試之正副提調由禮部司官充任,分內外職掌,負調遣吏役,處理事務
之責。

(5)監試

分內外監試,以御史充之,負監督檢舉之責,凡「考試入廉鋪陳等項須
經內外監試驗明;揭曉後出場照入場例搜檢。(《欽定大清會典事例》卷
335p324)

舉子點進後,即刻分入號舍稽查,並將柵欄封固,場內支取食物,須經
內外監試查驗,外場監試於放榜後,主考等官起身時,各人行李須經查驗方
許放出;並帶領地方官員進內,將備用官物及供給所內存賸物件,逐一供同
細加查看;其中有無毀壞及存賸多寡,俱令經手各官收管,行文各該處交明
收存,以備來科之用。

(6)糾察

內廉設滿漢御史各一員。康熙廿六年停派,卅九年仍派,不與文書,專
司糾察,管理封門、發題、進卷、分卷、關防諸事,兩翼各派都統一員,副
都統二員帶同參領各一員,章京各二員,入場約束八旗士子,試舉出場。于
道光十二年又加派滿漢堂官各一員專司稽察。

(7)供給官

爲應試場需要之要求提供支援而設,會試之供給,例由「大興、宛平兩
縣知縣辦理,事竣由兩縣造冊報銷,其丞尉等官有代司收發者,聽該縣自行

委派，協同科理」。(《欽定大清會典事例》卷 336p336)

（8）外廉四所官

照例受卷、彌封、謄錄、對讀每所各用四員，內外收掌官二員，共十八員，原定翰林院庶吉士與進士出身之國子監、中書科、內閣中書等官一併開列。自乾隆二十八年議定嗣後開列以三十員為率，恭請欽派十八員，由吏、兵、工三部各送三員，戶、刑二部各送八員，共計二十五員，其餘五員於院寺等衙門，臨期通融開送，以敷三十員之額。

其中謄錄所之謄錄的由順天府屬及直隸各府屬解送，於三月初一初二兩日，冊送順天府，經府尹考驗筆畫，照數收交大興宛平兩縣，擇寺觀閒屋關防，至初七日押送貢院，再由提調會同監試御史覆驗筆畫，一面點名，一面關入外廉。因謄錄之事關係重大，不能有任何弊端，故對於謄錄生之入場不僅要考驗筆畫，而且要搜檢衣帽行李，倘有字跡互異或被搜出筆墨即係受賄舞弊要從重究治；乾隆二十七年又准於入場前一日，由提調督同大興宛平兩縣逐名查驗，各予左臂上用印封固，如有印文滅沒及非原用印記等弊，查出從重治罪。至嘉慶二十三年除驗臂印外，更規定於州縣選送時每人用摺卷一本墨格二頁，鈐用印信。於卷面當堂親寫年貌籍貫某房書吏，再於墨格用硃寫六行，送至府尹時令於原卷用硃接寫四行，如年貌筆跡不符即駁回更換。

對讀生概用府州縣學歲試五等青生，事竣准復附生，如人數不足以四等生員充補。其巡綽官用京衛守備、千總等供給。另用號軍七百名，其他執事官與夫役無定數。(《欽定大清會典事例》卷 336p334)

4. 榜示規定

會試揭曉日期初定由主考官共同議定，移送禮部奏聞，但仍比照鄉試，闈中閱卷以半月為原則，八日前場，七日後場。至康熙二十六年寬期至三月初五日揭曉，當時會試以二月初九、十一、十五日，故延長五天閱卷時問。康熙五十年又因各省生員舉人增額，赴試者較前倍眾，遵旨會試揭曉再寬期至三月十五日內，至乾隆十年因會試改在三月舉行，故揭曉日期也順延至四月十五日內，換言之即考後一個月之內一定要揭曉。

發榜的前一日，欽派禮部堂官一員，禮部揀委滿漢司官各一員，攜帶印信入場。會試榜上，年月及界縫處，都是用禮部堂印鈐蓋。順治二年定揭曉以後，須刊刻試錄登科錄，送呈皇太后、皇帝、皇后各一本，嗣因有人盜錄飛報進士之家，索取「報喜」錢。故於順治十五年競定「不許場內刊刻錄條。

只許繕寫進呈，出至衙門方許刊錄，如有盜錄飛報，在內五城御史，在外撫按及地方官嚴拏重究，被索之家許首告。(《欽定大清會典事例》卷 352p528)會試榜之前十名稱元魁，榜首曰會元；都是由主考官擬定，然後將前十名之頭場試卷繕錄進呈恭候欽定，自雍正二年以後，奉旨將二、三場試卷一同謄錄進呈，後因謄錄試卷，須向外簾選謄書謄錄生進入內簾，若有不肖謄錄生從中案通消息，則其滋弊不可勝言。故於乾隆二十六年規定「主考擬中元魁十名即將硃卷封固進呈，其向外簾取謄錄生進內簾另謄之例永行禁止。(《欽定大清會典事例》卷 352p531) 其於防止弊竇方面可謂思慮周密。

5. 錄取名額

會試第一名曰會元，會試中式者曰貢士，至康熙二十四年首定：「會試三場事竣，主考等官遴選頭場試卷十本繕寫進呈，自第一名至第十名俱由欽定，仍送場內拆號填榜」。至於錄取之名額並無定制，其足記者可分四點說明：

(1) 分南北中取中

順治三年丙戌科會試，奉旨首科人文宜廣，准中四百名，順治四年再行會試，奉准取中三百名，至順治九年歲次壬辰議准是科會試分南北中卷取中，浙江、福建、江西、湖廣、廣東五省，江甯、蘇州、松西、常州、鎮江、徽州、甯國、池州、太平、准安、揚州十一府，廣德一州為南卷，取中二百三十三名；山東、山西、河南、陝西四省，順天、永平、保定、河間、眞定、順德、廣平、大名八府、延慶、保安二州、奉天、遼東、大甯、萬全諸處為北卷，取中一百五十三名；四川、廣西、雲南、貴州四省、安慶、盧州、鳳陽三府滁、徐、和三州為中卷，取中十四名(《欽定大清會典事例》卷 350p498)。越三年將中卷之安慶、盧州、鳳陽三府、滁、和、徐三州歸併南卷；四川、雲南、貴州、廣西四省歸併北巷，故止分南北巷，每科臨場照應試舉人多寡定額。康熙二十四年又恢復南北中三號取中，三十年會試，更於南北中卷內，再分江南，包括今江蘇安徽二省，浙江為南左、江西、湖廣，包括今湖北湖南二省、福建廣東為南右，直隸山東為北左，河南、山西、陝西為北右。四川雲南為中左，廣西、貴州為中右，安慶、盧州、鳳陽三府、滁、徐、和三州皆改歸南卷，仍照舊例合計卷數多寡，憑文取中，康熙三十八年又議准南北卷內不必細分左右，並將四川、廣西、雲南、貴州四省去中卷名色，每科雲南定為雲字號，額中三名；四川定為川字號，額中二名，廣西定為廣字號額中一名；貴州定為貴字號額中一名。翌年因四省卷數甚少又將其編入南卷，

如此籠統而分，自不免有偏多偏少情形，故於康熙四十二年就有廣東省舉人於本年會試未經取中，後來奉旨補取，並定嗣後會試揭曉後，如有脫科之省，由正副考官揀選未中試卷進呈，奏請取中一二名，以資補救。

（2）分省定額

順治九年以前純係憑文取中，順治九年至康熙五十一年分南北中卷取錄，但因考取之進士額數有偏多偏少，復感赴試之人倍多往昔，康熙帝乃廢去預定中額制，改由禮部於考前將報考人數奏請按省分之大小、人數之多寡定額，擇佳取中，大清會典事例卷三百五十載：

> 康熙五十一年四月內九卿會議具題內稱：奉上諭：近見直隸各省考取進士額數，或一省偏多，或一省偏少，皆因南北卷中未經分別省分，故取中人數甚屬不均。今文教廣敷，士子俱鼓勵勤學，各省赴試之人倍多于昔：貧士自遠方跋涉赴試至京，每限於額，多至遺漏，朕深爲軫念，自今以後考取進士額數不必預定，俟天下會試之人齊集京師，著該部將各省赴試到部舉人實數及八旗滿州蒙古漢軍應考人數一併查明預行奉聞；朕計省之大小，人之多寡按省酌定取中進士額數，考取之時就本省卷內擇其佳者照所定之數取中，如此則偏多偏少之弊可除而學優眞才不至遺漏矣；著九卿詹事科道確議具奏，欽此。

九卿詹事科道等會議准嗣後會試不必預定額數，亦不必編南北字號，按各省分編號印卷面，既分省分，二必復編官民字號，只憑文取中，其滿州蒙漢軍亦編滿州蒙古漢軍字號，直隸各省會試舉人到齊及滿州蒙古漢軍進場實數，禮部預行查明奏聽，恭候皇上酌量省分之大小，人數之多寡定數，於命下之日行文主考，就各省卷內擇其佳者照所定之數取中，等因；具題，奉旨依議。

故自康熙五十二年癸巳科始行分省定額制，惟係臨期定額取中，非豫定額數，湖廣省自雍正二年分湖北湖南取中；江南省自乾隆六十年分江蘇安徽取中，只浙江省於雍正四年因查嗣庭汪景祺謗議君上，奉旨停止鄉會試，至雍正六年方准其照舊鄉會試，清會典事例卷三百三十載：

> 雍正四年諭：讀書所以明理，講求天經地義，知有君父之尊，然後見諸行事，足以厚俗維風，以備國家之用，非僅欲求其工於文字也，浙江文詞甲於天下，而風俗澆漓，蔽壞已極；如查嗣庭、汪景祺，自矜其私智小慧，傲倪一切，輕薄天下之人，遂至喪心悖義，謗訕

君上，以聖祖仁皇帝六十餘年聖德神功，深仁厚澤，普天率土，浹
髓淪肌，自居心以至用人行政，至公至正，事事周詳盡善，實自古
帝王中所罕見者；而查嗣庭汪景祺乃敢肆行謗議，則凡為人君者更
何道以免悖逆之譏刺乎？……朕思開科取士，原欲得人任用，豈以
其文章詞藻之工，可以有益於民生吏治？今浙江風氣如此，挾其筆
墨之微長，遂忘綱常之大義，則開科取士，又復何用？且巡撫李衛
等，從查嗣庭家中搜出科場懷挾、細字密寫文章數百篇，似此無恥
不法之事，查氏子弟如此，必係浙人習以為常，不但藐視國憲、並
且玷辱科名，應將浙江鄉會試停止。至於生員歲考仍舊舉行……鄉
會試既停，且使浙江人中師生同年，彼此請託營求，紛紛膠擾之習
為之肅清，將來人心共知改悔，風俗趨於淳樸，朕確有見聞，再降
諭旨，朕因人心風俗關係重大，不得不嚴加整理，以為久安長治之
計。朕意如此，著內閣九卿翰林詹事科道會同定議具奏。欽此。

遵旨議准：浙江鄉會試俱行停止，現今會試舉人，有起文赴部者，令各回原
籍；未起文者不許給文，其浙江貢監生，由順天鄉試者一體停止。

雍正六年，李衛、王國棟、浙江學政王蘭生先後奏稱：兩浙士子，感朕
訓誨之恩，省愆悔過，將舊日囂陵奔競之習，痛自改除，可稱士風丕變，前
年朕原降旨浙人秉性聰慧，既知讀書，必明大義，非是強悍執滯之難於感化。
一經指示，則醒悟亦必最捷，不出二三載，可以望其自新，今果然矣。明年
即屆鄉試之期，浙江士子、准其照舊鄉會考試，以示朕訓俗勵民樂聞遷善之
至意。

（3）恩科與恩賜

清代每遇新君登位或皇太后、皇帝壽慶之年，於府州縣學則行恩貢，於
鄉試會試則舉行恩科，若逢正科之年，則將正科舉辦時間或豫行或後移，就
會試言，自順治三年首次會試始，至光緒三十年最後一次會試止，共舉行恩
科二十五次（首次於康熙五十二年），取中進士共計五千四百七十一人（《欽
定大清會典事例》卷350p510）可謂加惠士子甚大。另有確具實學為朝廷所知
聞或有功績勞績應予獎勉者由皇帝恩賜舉人或進士銜，特准參加會試或殿
試，清代欽賜殿試首次於順治十五年，至同治二年共計二十次五十五人，此
種違反公平競爭原則之舉，惟君主時代能行之。

（八）殿試

殿試沿革

唐初科舉只有縣試、州試和禮部試，禮部「第其可進者，以名上於天子而藏之」，（《文獻通考》卷 37 頁 814）選士之程序乃告完成。繼而有吏部之選官考試，故唐初有選士與選官之分，尚無殿試之制。至武后當政，始有殿前策問貢人之舉。

通典選舉三載：「武太后載初元年二月策問貢人於洛城殿，數日方了，殿前試人自此始」。但自武后之亂以後，改變舊制頗多。等到中宗時才反正。所以馬端臨說：「武后所試諸路貢士，蓋如後世之省試。非省試之外，再有殿試也。唐自開元以前，試士未屬禮部，以考功員外郎主之，武后自跪文墨，故於殿陛間，下行員外郎之事。（《文獻通考》卷 29p624）開元以後只有覆試，至宋太祖開寶八年始行殿試，其殿試動機乃在防止門第勢力的抬頭與禮部取士之不公。

元代稱殿試日御試，元史選舉志載中書省所定條目：

> 「御試，三月初七前期奏委考試官二員，監察御史二員，讀卷官二員，於殿廷考試」。

明代承宋元舊制舉行殿試，明史選舉二載：

> 「以舉人試之京師曰會試，中式者天子親策於廷曰廷試，亦曰殿試」。

清代沿明制亦行殿試，清史選舉志三：

> 「試舉人於京師曰會試，中式者為進士，天子親策於廷曰殿試」。此殿試由來之概略也。

1. 日期及地點

（1）日期

殿試日期，除恩科外，向例是在鄉試的第二年，會試的同一年舉行。依順治元年所定，鄉試是逢子、午、卯、酉年舉行，會試是逢辰、戌、丑、未年舉行，鄉試以八月，會試以二月，以四月初一日殿試，初五日傳臚。康熙五十一年准依禮部議，自這年壬辰科起改於四月初二日殿試，嗣後照此例遵行。（《古今圖書集成》p920）至乾隆十年三月敕改殿試之期於四月二十六日，五月初一日傳臚。自後歷科並沿此例。

（2）地點

殿試的地點原在天安門外，於順治十五年奏准改在太和殿前丹墀考試。

丹、朱色塗物也；墀，階上地也，所謂丹墀，即以丹漆階上地之謂。所以殿試是在太和殿前漆成紅色的階上地考試。雍正元年恩科，議定以十月二十七日殿試，農曆十月、北方已是寒季，在露天考試，冷風侵襲，硯池結冰，實難書寫，故世宗下諭說：「今年殿試，天氣已寒，諸進士若依舊例在丹墀對策，恐硯池冰結，難以書寫。著在太和殿內兩旁對策；再傳諭總管太監，多置火爐，使殿內和暖，諸貢士得盡心作文寫卷。(《欽定大清會典事例》卷 361p629）雍正二年，歲次甲辰，因上年十月已殿試一次，故這年正科殿試也順延至十月舉行，世宗的告諭是「明日看天氣和暖，仍在丹墀下，若天氣寒冷，著在殿內，(《欽定大清會典事例》卷 361p629）至乾隆五十四年歲次己酉，豫行正科，高宗諭新進士殿試，著在保和殿考試，但亦不過偶爾行之，可見「殿前丹墀考試」是常規，「殿內」考試是皇帝特別加恩的。

2. 應試資格

殿試是由天子親策於廷，能參加殿試者有三種人

（1）經禮部會試中式之新貢士，一律准予殿試。

（2）前科中式貢士因丁憂疾病未參加殿試者，今已服闋，疾病已痊癒，准其殿試。

（3）前會試舉人已經中式者，除過犯黜革外，其有因殿試謄錄錯誤不合體式及有事故不得考者，著禮部覆實，准其再行殿試。

3. 試卷、字數及定名次

（1）試卷

殿試卷分正卷與草本兩種，正卷式樣甚長，無橫格，字體大，後因士子書寫不易，乃自乾隆四十八年依照翰林散館試卷式樣字體略小，繕寫較易，草本為貢士草稿之用，也有一定款式頁數，由禮部辦理，並鈐用印信，與正卷一同散給，完卷時交收卷官，經禮部堂官會同監試御史查明後，另行封固收存，傳臚後交察看標識大臣一併查覆。

試卷有畫一的書寫格式，起處是「臣對」，「臣聞」字樣，訖處于乾隆初規定書「臣草茅新進」云云字樣，至嘉慶八年則改為「末學新進」字樣，策內不許用四六頌聯及膚泛套語，若不遵照規定，則名次不得濫置前列。

（2）字數

試卷不必拘泥成格，也不限定字數，因時務策是要考生發表政治意見的，

故「貢士等果有通達治體學問淹通者，聽其發舒，不必限以字數。惟最短者必以千字為率，不及千字者不得入試，(《欽定大清會典事例》卷361p630)於乾隆十八年又曉諭讀卷大臣說：「其有條對詳明篇幅充暢者固不必繩以字數之多，即或言簡意賅，指陳切實者亦不必斥其字數之少，但不及一千字者仍以不入式論，(《欽定大清會典事例》卷361p634)故殿試字數不得少於一千字，多則未予限制。

殿試所考者早於順治二年即定試時務策一道，雖僅試時務策一道，但未規定交卷時間，士子皆欲費盡心思，爭取名列前茅，故有至第二天早晨始交卷者，為了防止弊端，至高宗時乃規定至遲亦以「日入為度」，清會典事例卷三百六十一載：

> 乾隆四十六年諭：「向來殿試新進士，有至次早始交卷者，惟伊等草茅新進，對揚之始，未免矜持，但考試繼燭，最滋弊寶，至於連宵達旦，則更長人倦，防閑更未能周。且朝考例作四題尚不過日入完卷，而殿試對策一道，窮日之力，寫作已可從容，何必焚膏繼晷始成草乎？況殿廷重地，尤宜謹慎。
>
> 嗣後殿試交卷，至遲亦以日入為度，不得仍准繼燭，其不能完卷者，仍准列入三甲末，士子等各宜自勉，以副朕別弊遴才之至意」。
>
> 光緒六年除定交卷以「日入為度」外，並且不准未完之卷，攜至中左門受卷彌封處所補寫，若有遺反，由受卷官記存，照不完卷例附置三甲末。光緒九年更規定：「如有試卷未完，出場補寫……俟補交時，於卷面註明「補交」字樣，知照讀卷大臣附入三甲之末，仍由受卷官等開具姓名，知照禮部，照不諳禁令例，罰停朝考三科。(《欽定大清會典事例》卷361p639)

（3）定名次：

清代殿試試卷由讀卷官憑文定高下名次。將前十名卷於御前跪讀後，呈皇帝御批第一甲第一名第一甲第二名，第一甲第三名。有時讀三卷畢即奉旨免讀，其餘各卷全依讀卷官所定之名次，只是在傳制禮中鳴贊官高唱「第二甲第一名某等若干名，第三甲第一名等若干名」而已故實際而言：殿試主要的作用是在點「狀元」、「榜眼」、「探花」，其次是給會試取中的貢士賜「進士及第」、「進士出身」、「同進士出身」的榮銜。

讀卷官憑文定名次時，切忌私心用事，順治二年即奉旨要「虛懷詳慎，與

一秉至公；務體朕求賢若渴至意，通知詳閱，期拔眞才，用光大典」，康熙四十二年則諭：「較定前後名次，必須憑文論定，若稍存私意，人心即不悅服。況爾諸臣從考試出身，回思當日考試之時，本心更不可失」。乾隆四年亦諭：「大臣等宜清白乃心，絕請託之私，爲國家培眞材」。於乾隆二十五年並規定「讀卷大臣，俱在文華殿閱卷，歇宿處所，即於文華殿兩廊，並傳心殿之前後房間，令讀卷官及監察之王公大臣，科道收掌等官一同住宿，自閱卷以後，其門上啓閉，交與景運門護軍統領，派撥護軍管理。(《欽定大清會典事例》卷 361p631)

4. 試官出身與職權

殿試是由皇帝駕臨親策貢士於殿廷，所有的試官都是中央政府各部院的官員，但因參加殿試的人數少，又僅試策一道，較之鄉試會試更爲簡單。故事情照辦而無內簾外簾之分，可是各種儀式卻非常繁瑣而且隆重。其派定之試官大致如下：

(1) 讀卷官

殿試的讀卷官猶如鄉會試中的主考官地位，負責命簽閱卷工作，但因殿試是由皇帝親臨發策，讀卷官所命題要奏請欽定，閱卷之後要在御前恭讀由欽定名次，故殿試是以君爲主，無監臨知貢舉及主考總裁之稱。

讀卷官是以朝臣中之進士出身者擬名第進呈，所進呈的名單或如所請，或有更定，都有可能，所謂朝臣中之進士出身者，具體的說，是由「內三院就是內國史院、內秘書院、內弘文院，詹事府掌經史文章之事、吏、戶、兵、刑、工五部、都察院、通政司、大理寺、各衙門堂官通行開列」(《古今圖書集成》p919)，禮部堂官除提調外亦准開列。初定恭點十四員，於乾隆二十五年裁減六員，派用八員，「內欽簡大學士二員，其餘六員，照會試總裁之例，將應行開列人員，具疏題請」。(《欽定大清會典事例》卷 361p632)

「殿試前一日讀卷大學士，學士擬策問數事奏請欽定，捧回撰合成題，進呈後，中書繕寫，執事官監看刊刻印刷」可見過程非常愼重提調用禮部堂官，監試用御史四員，受卷人員向來使用十員，乾隆三十六年改爲四員，彌封向來使用十二員，乾隆三十六年改爲六員，掌卷向來使用十員，乾隆二十五年減作四員，用內院侍讀學士以下，禮部司官、六科給事中，內院書籍，撰文辦事中書等官。印卷用禮部司官，向來使用四員，乾隆三十六年改爲二員；巡綽用鑾儀衛；供給用光祿寺禮部司務等官，寫榜向來使用十八員，乾隆三十六年改爲十二員，用內院禮部等官，並規定各項執事應用員數於題派時分別請旨。

5. 殿試程序

殿試是科舉時代的最高考試，由天子親策於廷，名第分、一、二、三甲。一甲三人曰狀元、榜眼、探花，賜進士及第；二甲若干人賜進士出身；三甲若干人賜同進士出身。儀式非常隆重，過程非常繁瑣，而且傳臚之後還有各種活動，茲分殿試、讀卷、傳臚、恩榮宴、賞賚、謝恩、祭孔等七項說明之：

（1）殿試儀：

殿試前一日，鴻臚寺掌朝賀慶吊之贊導相禮，官設策題黃案於太和殿內東旁，又設黃案一於丹陛上正中，光祿寺備試卓於東西閣簷下。殿試日的早上，鑾儀衛掌輿衛之政令，及鹵簿儀仗等事設鹵簿大駕〔註 31〕字太和殿前，設樂如常儀。

禮部鴻臚官員、貢士，至太和殿丹墀內兩旁排立，單名者居左，雙名者居右，王以下文武百官各具朝服，王以下公以上在丹陛上排立，各官在丹墀內兩旁排立，禮部鴻臚寺官奏請升殿。

皇帝具禮服御太和殿升座，作樂鳴鞭〔註 32〕內閣官於東旁黃案上取策題授禮部官，禮部官跪受，至丹陛上正中跪設黃案上，行三叩禮畢；禮部官舉案於殿前左階降至丹墀，設御道正中，讀卷官及執事官北響序立，鳴贊官於鴻臚寺置鳴贊，掌行禮時唱行禮之秩序，即今之司儀，贊行三跪九叩禮。

次各貢士北響序立，鳴贊官贊行三跪九叩禮，各分東西侍立，鴻臚寺官奏禮畢，鳴鞭，皇帝還宮，讀卷執事等官歸所司房內，王以下文武百官皆退，鑾儀衛軍校舉試卓列于丹墀東西俱北響。禮部官散題，貢士列班跪受畢。鳴贊官贊行三叩禮，各就試桌。

對策畢，受卷、掌卷、彌對等官，俱于左廡簷下收封，用箱盛儲送進，候分派讀卷官評閱，是日如遇雨雪或大風，移設試案于東西兩廡，如聖駕不升殿，王以下各官不會集，不設鹵簿，餘儀均同。

（2）讀卷儀

殿試後三日早，皇帝御中和殿，讀卷各官至丹墀行一跪三叩禮，入殿內東西序立，讀卷官居首者，執卷至御前，「讀卷時欽派大臣察看讀卷官標識」跪讀畢，禮儀監官接卷置御案，讀卷本官三叩興，復班立。

〔註 31〕　天子出，車駕次第謂之鹵簿，大駕則公卿奉引，大將軍參乘，太僕御屬車八十一乘，備千乘萬騎。

〔註 32〕　謂揮鞭也。古儀仗中所用之器，振之發聲，以使人靜肅，又名靜鞭。

各讀卷官以次進讀如前儀，讀三卷畢，如奉旨免讀，各官即執卷同至御前跪，禮儀監官以次接卷，俱置御案。各官三叩興，復班即退出。候欽定試卷，乾隆二十五年諭：現在定例擬選十卷進呈，須俟引見始定名次。

御批第一甲第一名，第一甲第二名，第一甲第三名畢。其餘各卷發內閣官領收，皇帝還宮。是日讀卷官將第二甲第一名以下拆卷填寫黃榜〔註33〕。

（3）傳臚儀

所謂傳臚是科舉時代，殿試後宣制唱名之謂，讀卷後一日早，鑾儀衛設鹵簿大駕於太和殿前，王以下文武各官俱朝服侍班。各進士，在讀卷後始稱進士、具公服，冠三枝九葉頂冠，侍立丹墀東西班末，禮部鴻臚寺官設黃榜案於太和殿內東旁，復設黃案於丹陛正中，設綵亭於門外。

禮部鴻臚寺官奏請升座，皇帝具禮服御太和殿升座，作樂鳴鞭。讀卷執事等官北響序立。鳴贊官贊行三跪九叩禮畢，內院官自案上取榜，奉至殿檐下授禮部官，禮部官跪接，從殿中東旁下，跪置於丹陛正中黃案上，行三叩禮興。

鴻臚寺官導引各進士以次入拜位上，鴻臚寺官贊有制、贊跪、各進士皆跪，鳴贊官立於丹陛東旁，傳制：

> 「某年月日策試天下貢士，第一甲賜進士及第，第二甲賜進士出身，第三甲賜同進士出身。贊第一甲第一名某，接傳至班內令前跪，次贊第一甲第二名某，第一甲第三名某，並令前跪。贊第二甲第一名某等若干名，第三甲某等若干單，鳴贊官贊行三跪九叩禮畢，退立兩旁。

鳴贊官贊舉榜，禮部官舉榜出，由中路奉至午門前跪置龍亭內，行三叩禮。鑾儀衛校尉舉亭作樂，行至長安左門外，張掛於長安街，狀元及諸進士等俱隨榜出，鳴鞭。皇帝還官，王以下百官皆退，順天府備傘，蓋儀從，隨狀元歸第。

（4）恩榮宴

順治間定殿試進士傳臚畢，賜恩榮宴於禮部，其日期初定傳臚翌日，順治十五年改為傳臚後三日，欽命內大臣一人主席，茲分席次佈置，宴前禮儀，宴畢禮儀三部分說明之。

（5）席次佈置

露台上望闕設香案，司官朝服設席，堂後楣設主席於正中，讀卷官，鑾

〔註33〕古以黃為正色，天子之文告皆用黃紙書寫，故稱黃榜。

儀衛使席於左右，同行前楣設禮部尙書侍郎席，同行與主席大臣等席上下相
嚮，均每員上席一，受卷、彌封、收掌、監試、護軍參領、塡榜、印卷各官
席在露台左，鳴贊官席在露台右相嚮，均二員共上席一；一甲進士在供給官
西，宗室進士在一甲進士西少南，二甲第一名，三甲第一名在宗室進士西少
南，均北嚮各中席一，其餘進士席於露台下左二甲右三甲相嚮，均二人共中
席一，俱由光祿寺備辦。

（6）宴前禮儀

主席大臣各官朝服集金水橋，諸進士集於禮部俟席備。光祿寺官屬詣金
水橋請赴燕，主席大臣各官詣部，禮部尙書侍郎迎檐下，揖，鴻臚寺鳴贊官
引主席等官暨諸進士詣香案前，贊排班，贊行三跪九叩禮畢，升堂旅揖，儀
制司官請簪花，精膳司官視席，和聲署樂作，「序班」官名，屬鴻臚寺，引一
甲進士至堂檐下東西立，諸進士序立於後，向主席大臣四跪後，兩拜；主席
官答揖。次拜讀卷官，禮部堂官鑾儀衛使如之。次拜執事官再拜；執事官答
再拜，畢。主席出堂檐前立，光祿寺官奉壺注酒於爵，光祿寺官復注酒授一
甲進士；一甲進士受爵，揖、立飮，卒三爵，凡三揖，主席答揖，復位，各
官就坐，諸進士咸就位坐，乃燕，和聲署升歌「啓天門」之章，光祿寺官行
酒供饌如儀。

（7）宴畢禮儀

宴畢，各官出席，席撤，鴻臚寺官引主席等官及諸進士詣香案前，行一
跪三叩禮，眾官退，送如初迎禮，諸進士皆隨出。(《欽定大清會典事例》卷
36p641）

（8）賞賚

原定殿試一甲三名各賞銀五十兩，各於本省布政使司領取。至順治十五
年定「殿試傳臚後五日，於午門前領賞，賜狀元六品朝冠、朝衣、補服〔註34〕、
靴、襪，進士各銀五兩，次日狀元率諸進士上表謝恩」，乾隆四年又准加「殿
試鼎甲坊銀五十兩，向於本省支領，嗣後照進士例一併在部給發」

（9）謝恩

傳臚後五日，狀元率諸進士上表謝恩，先期一日，鴻臚寺官設表案於太
和殿檐下之東旁。是日鑾儀衛陳設鹵簿大駕於太和殿前，王以下文武各官會

〔註34〕補服乃舊時品官章服之徽識也。亦稱補子，綴於前胸及後背，故亦稱背胸，
以金線及彩絲繡成，明代已有之，清代之制，六品文官其徽識爲鷺鷥。

集排班如常儀。

　　鴻臚寺官引狀元奉表置於案上，退立丹墀下東旁班末，諸進士各依名次序立。皇帝其禮服御中和殿，執事各官行三跪九叩禮畢，禮部鴻臚寺官奏請升殿，皇帝御太和殿升座，作樂鳴鞭，王以下公以上在丹陛上序立，文武各官在丹墀內序立，鳴贊官贊行三跪九叩禮畢，鴻臚寺官引狀元及諸進士入拜位序立，鳴贊官贊跪，贊進表，狀元諸進士皆跪；宣表官於案上奉表跪宣畢，鳴贊官贊行三跪九叩禮，鴻臚寺官奏禮畢，鳴鞭，皇帝還宮，眾皆退。

　　如聖駕不升殿，鴻臚寺官設表案一於午門外正中，狀元率諸進士俱朝服從長安左門入，狀元奉表跪置案上行三叩禮畢，鳴贊官贊跪叩舊，狀元率諸進士行三跪九叩禮畢興退，禮部鴻臚寺官奉表送進內院。

　　（10）祭孔

　　上表謝恩後之第二天，由狀元率諸進士赴先師廟，行釋菜禮，易冠服。由禮部立題名碑於大成門外，進士題名碑始於唐，是按進士甲等先後刻姓名籍貫於上，以重科名，使「士子觀覽此碑。知讀書之可以榮名，蓋勵其自修上達之志」

　　6. 進士稱謂源流考

　　「進士」之稱始見於禮記王制篇：「大樂正論造士之秀者，以告於王而升之司馬曰進士」。其注曰：進士可進受爵祿也。秦漢以來未有此名目，至隋煬帝時始以進士爲科名；唐因之，唐代取士科目雖然繁多，然以進士、明經二科爲重，但非功名之專稱。據宋代選舉志載：「宋初承唐制，貢制雖廣而莫重於進士科」，「太宗太平興國八年試進士始分三甲」，自宋仁宗嘉祐二年起殿試不黜落，在此之前有三人取一或二人取一，或三人取二，故有累經省試取中，而擯棄於殿試者且「殿試不中格則省試皆虛也」（《欽定續通典》p325）

　　換言之，下科須從省試再考起，但「自張元以積念心降元昊，爲中國患，朝廷始囚其家屬，未幾復縱之，於是群臣建議，歸咎於殿試，嘉祐二年：進士與殿試不黜落，是一叛逆之士子爲天下後世士子無窮之利也。「神宗熙寧二年議更貢舉法，罷詩賦明經諸科，以經義、論、策試進士」，故知宋代於進士尤重，但宋代之進士，仍非專門名詞，係指應進士試也，元代御試時，「每進士一人差蒙古宿衛一人監視，日午賜膳，進士納卷畢出院，監視官同讀卷官以所對策第其高下分爲三甲進奏，作一榜用敕黃紙書，揭於內前紅門之左右」。故元代以進士科省試中式者稱進士亦爲應進士試之意。至明代經殿試賜

出身曰進士，始成爲科場中之榮譽稱呼。明史選舉志：「三年大比，以諸生試之直省曰鄉試，中式者爲舉人，次年試舉人之京城曰會試；中式者天子親策於廷曰廷試，亦曰殿試，名第分一、二、三甲；一甲三人曰狀元，榜眼、探花、賜進士及第。二甲若干人賜進士出身；三甲若干人賜同進士出身。鄉試第一曰解元，會試第一曰會元，二甲第一曰傳臚。悉仍明舊稱也」。清代會試中式曰進士，必經殿試賜出身方爲名正實歸，其末參與殿試者依清會典：「會試中式曰貢士，殿試賜出身曰進士」，則知止能稱爲貢士矣。

六、科舉制度之廢止

　　清代自順治二年舉行鄉試，順治三年舉行會試之後，一直是按科辦理極少例外，而且有關科舉的一切規制也從未更改，但至光緒年間因時所迫終於走上了由「變」而「廢」的命運，因爲「變」只是「廢」的前奏與預備，促成科舉制度之「變」與「廢」的遠因有二：一、是自道光二十年中英鴉片戰爭以後，所受外患創痛的教訓。二、爲同治、道光間模仿西方運動的失敗。近因是光緒二十年中日甲午戰敗的刺激，看到日本爲蕞爾小國，自明治維新以後步武泰西，立憲圖強，雄視東方。在這樣的客觀形勢之下，舉國朝野都認爲徒學外人的「船堅砲利」不足以雪恥圖強，要自強圖存必先改革政治，當時有國父孫中山先生之立志革命，康有爲之呼籲變法，清廷內外大臣奏請因時通變者亦不乏其人。

　　德宗爲順應當時情勢乃于光緒二十三年十二月二十五日降旨令內外大臣「思以人事君之義，悉心採訪，實力保薦，一秉大公，詳加鑑別，擇其居心正大，才識閑通足以力任艱鉅者，列爲上選；他若盡心民事，通達時務，均著出具切實考語，並臚列其人之實績成效，詳細具陳，以備擢用（《大清德宗景皇帝實錄》卷413頁16）。其有心延攬人才，革新朝政，於此可見。

　　德宗即位時年僅四歲，由「慈禧太后」穆宗生母與「慈安太后」文宗后聽政，光緒七年慈安卒，慈禧獨治，至光緒十五年始撤簾由德宗親政，因思爲政在人自古國運之興皆在得人求賢。故于諭內閣求賢之外，又于光緒二十四年正月從貴州學政嚴修奏，計劃舉辦特科，四月二十三日，又依康有爲上書所陳變法意見，毅然下更新國事詔，因制度大變其中廢八股，試策論，立學堂裁官署影響不少人的前途與地位，不幸於八月六日，守舊大臣與慈禧太后發動政變，德宗被幽，慈禧三度臨朝，戊戌六君子被殺，康有爲、梁啓超

得英日之助脫走，新政幾全被推翻。但歷史是前進的，清廷腐敗昏庸之保守
勢力終於抵擋不住時代浪潮的衝擊，就科舉制度言維新失敗後不到七年仍然
要走由變而廢的路途，枉死英俊賢才，損傷革新士氣，誠令後之讀史者無不
長嘆也。

　　因時通變措施

（一）設經濟特科取士

　　最早倡議設經濟特科的是貴州學政嚴修，他的此構想完全是脫胎於康熙
乾隆年間所舉辦的博學鴻詞科，認為「彼時晏安無事猶能破常格以搜才，豈
今日求士方殷不能設新科以勸士」？後來之能被慈禧太后樂于採行，可能也
是因係「仿詞科之例而變通之而益推廣之」的緣故。其次就是當時，光緒二
十年甲午之戰後大臣中疏請變法自強的很多，關於變通書院添設學堂一點為
多數人所同，嚴修則以為「在書院學堂內者未必所教皆屬異才其在書院學堂
外者未必散居遂無英俊。為今之計，非有曠世非常之特舉不能奔走乎群才，
非有家喻戶曉之新章不能作興乎士氣」，故於光緒二十三年上疏請設經濟特
科。原擬於光緒二十四年八月要舉辦的經濟特科考試一因發生戊戌政變，二
因光緒二十六年八國聯軍陷北京而延擱至光緒二十七年，歲次辛丑四月十七
日才重提此事，宣示「照博學鴻詞科例，開經濟特科，於本屆會試前舉行，
並著政務處大臣擬定考試章程（《大清德宗景皇帝實錄》卷　482p4439）。是年
十月二十四日降旨將會試展至癸卯年（光緒二十九年）舉行，故經濟特科之
舉行亦因而順延（《大清德宗景皇帝實錄》卷 488p4503）。

（二）廢止以八股文取士

　　自光緒二十年中日甲午戰戰爭後，內外大臣之奏疏變法自強者多作重將
全國大小書院改為學堂，尚未有正面提請廢止八股文。至光緒二十四年五月
間連續下詔要自庚子科始鄉會試一律廢止八股文，改試策論，並令各省生童
歲科試于奉到諭旨後即行改試策論，毋庸候至光緒二十六年。但因政變關係，
各種新政均告中止。光緒二十六年，歲次庚子因義和團盲目排外惹來八國聯
軍之禍，北京不守，慈禧太后挾德宗奔西安，為時所迫不得不於這年十二月
初十日降旨要中外臣工對國事表示意見並限兩個月內條奏，茲節錄這道諭旨
的部分內容如下：

　　　「世有萬古不易之常經，無一成不變之治法，窮變通久，見於大易。

損益可知，著於論語，蓋不易者三綱五常，昭然如日星之照世；而
可變者令甲令乙，不妨如琴瑟之改弦，伊古以來，代有興革……皇
太后何嘗不許更新？朕何嘗概行除舊？執中以御，擇善而從……」。
總之，法令不更，錮習不破，欲求振作，當議更張，著軍機大臣、
大學士六部九卿，出使各國大臣，各省督撫。各就現在情形，參酌
中西要政，舉凡朝章國故，吏治民生，學校科舉，軍政財政，當因
當革、當省當併，或取諸人，或求諸己，如何而國勢始興？如何而
人才始出？如何而度支始裕？如何而武備始修？各舉所知，各抒所
見，通限兩個月詳悉條議以聞。……」（《大清德宗景皇帝實錄》卷
476 頁 4379）

其後由內外大臣奏請變革政治者很多，其中較有代表性的是兩江總督劉坤一
與湖廣總督張之洞合奏之「籌議變通政治疏」。提出設文武學堂，酌改文科，
停罷武科，獎勵遊學四條建言，這道奏疏影響清代最後幾年的政治措施很大，
特節錄重要部分如下：

「臣等嘗聞之，周易乾道變化者，行健自強之大用也，又聞孟子過
然後改，困然後作，動心忍性增益所不能者生於憂患之樞機也……
竊謂中國不貧于財而貧于人才，不弱于兵而弱于志氣，人才之貧由
見識不廣，學業不實。志氣之弱由于苟安者無覆危救亡之遠謀，自
足者無發憤好學之果力。保安政治，非人無由。僅先就育才興學之
大端，參考古今，會通文武，籌議四條，一曰設文武學堂，二曰酌
改文科，三曰停罷武科，四曰獎勵遊學，敬為聖主陳之」。

1. 設文武學堂

取士之法，自漢至隋為一類，自唐至明為一類。無論或用選舉或憑考試，
立法雖有短長，而大意實不相遠，漢魏至隋選舉為主而間用考試，如董晁郤
杜之對策是也。唐宋至明，考試為主而亦參用選舉，如溫造種放之徵召是也。
要之皆就已有之人才而甄拔之，未嘗就未成之人才而教成之……現行科舉章
程，本是沿襲前明舊制，承平之世，其人才尚足以佐治安民，今日國蹙患深，
才乏文敝，若非改弦易轍何以拯此艱危？然而中國見聞素狹，講求無素，即
有考求時務者不過粗枝大略，于西國政治未能詳舉其章，西國學術未能身習
其事。但雖舉行經濟特科，不過擢賢自隗始之意，只可為開闢風氣之資，兩
未必遽有因應不窮之具……其立學教士之要義有三：一曰道藝兼通，二曰文

武兼通,三曰內外兼通,其教法之善有四:一曰求講解,不責記誦,一曰有定程亦有餘暇,一曰循序不躐等,一曰教科之書官定頒發通國一律,大小各學,功有淺深,意無歧異,其考校進退章程皆用北宋國學積分升舍之法,才能優絀切實有據,既不虞試官偏私,亦不至摸索偶誤。故其人才日多,國勢日盛,德之勢最強,而學校之制惟德最詳,日本興最驟,而學校之數在東方之國為最多,興學之功此其明證……或謂廢八股則人不讀經書,不尊聖賢,不宗理學,不知八股始自前明,自漢至宋皆無八股,何以傳經衛道代有名儒,忠孝節義史不絕書?即如周程張朱,乃理學之宗主,其時未嘗有八股也。或謂廢八股則人不能為文,不知文章之美者莫如春秋之左國,戰國之諸子,兩漢之馬班,唐宋之八家,其時未嘗有八股也,或謂廢八股則舊日專攻帖括者無進身之路,不知歷來擅長八股諸名家亦必係學贍才敏、文筆優長之士,其最著者前明如唐順之,歸有光、國朝如韓菼,方苞輩即不由場屋,豈患無自見之學登進之階?

2. 酌改文科

科舉一事為自強求才之首務,時局艱危,至此斷不能不酌量變通……竊維今日育才要旨,自宜多設學堂,分門講求實習,考取有據,體用兼賅,方為有裨世用,惟數年之內,各省學堂不能多設,而人才不能一日不用,即使學堂大興,而舊日生員年歲已長,資性較鈍,不能入學堂者亦必須為之籌一出路,是故漸改科舉之章程以待學堂之成就,似此辦法,策論乃諸生所能,史學、政治、時務乃三場策題所有,考生斷不致因改章而擱筆,科場更可因改章而省費,而去取漸精,學業漸實,所能人才固已較勝於前矣。茲擬將科舉略改舊章,令與學堂並行不悖,以期兩無偏廢。俟學堂人才漸多,即按科遞減,科舉取士之額為學堂取士之額。其穎敏有志者必已漸次改業歸入學堂,其學優而年長者,文平而品端者儘可寬格收羅,量材錄用,或取作副榜多取數名,或令充歲貢倍增其額,或推廣大挑每科一次,或挑作謄錄令其議敘有資,或舉人比照孝廉方正……如此則舊日專習文者亦尚有進身之階……捐納一停則舉貢生員決不患其終無出路,此乃兼顧統籌潛移默化而不患其窒礙難行者也。

3. 停罷武科

文武兩科並稱,而兩科之輕重利弊迥然不同。國家任官求才,無論章程如何?總之必有讀書明理之士,因近年帖括之士有文無實,故改章以求實學,先略改科舉章程以取已有之人才,次廣設學堂,以教未成之人才,他日專門學成,

體用兼備，仍是此等讀書明理之人，其法小變，其意仍同，若武科則不然，硬弓刀石之拙，固無益于戰征弧矢之利，亦遠遜于火器，至于默寫武經，大率皆係代倩，文字且不知，何論韜略，以故軍興以來，以武科立功者概乎其未有聞。凡武生武舉武進士之流，不過恃符豪霸、健訟佐聞，抗官擾民，既于國家無益，實于治理有害，故海內人人能言之，無待臣等之煩言也……夫取士求將，本欲得良善守法之士，教以禮義授以技能，以備干城腹心之用，豈有搜羅不逞，加虎以冠，且天下盜賊會匪亦多矣……或謂古今名將，未必覆能知書，不知古之孫吳韓岳戚繼光等何一非學古能文之士？間有不學問而為名將者多由閱歷而來，故兵勇起家為良將者有之，然在今日已不能與洋兵角勝，若應武科者平日所習皆與兵事無涉，既不曉槍礮之精，復不諳營陣之法。……此時學兵事必須武學西操，相資為用……揆之今日時勢武科無益有損。

4. 獎勵遊學

學堂固宜宿設矣，然而非多設不足以濟用，欲多設則有兩難，經費鉅一也，教習少二也。求師之難尤甚于籌費……擬請明諭各省人士如有自備資斧，出洋遊學，得有優等憑照者回華後覆試相符，亦按其等第做為進士舉貢，如此則遊學者眾而經費不必盡由官籌。」

慈禧太后在舉國一致要求因時通變聲中，不得不于光緒二十七年辛丑秋七月十六日宣布廢止八股文試士，其內容全是採納湖廣總督張之洞與湖南巡撫陳寶箴於光緒二十四年戊戌維新時期合奏「擬請妥議科舉新章並酌改考試時賦小楷之法疏」的意見，她的諭旨說：

科舉為掄才大典，我朝沿用前明舊制，以八股文取士，名臣碩儒多出其中，其時學者皆潛心經史，文藝特其餘緒，乃行之二百餘年，流弊日深，士子但視為弋取科名之具，勦襲庸濫，于經史大義，無所發明，急宜講求實學，挽回積習；況近來各國通商，智巧日闢，尤貴博通中外，儲為有用之才，所有各項考試，不得不因時變通，以資造就。

著自明年為始，嗣後鄉會試頭場，試中國政治史論五篇，二場試各國政治藝學策五道，三場試四書義二篇，五經義一篇，考官閱卷，合校三場以定去取，不得偏重一場。生童歲科兩考，仍先試經古一場，專試中國史事及各國政治藝學策論，正場試四書義五經義各一篇。考試試差，庶吉士散館均用論一篇，第一道。進士朝考論疏，

殿試策問，均以中國政治史書及各國政治藝學命題。以上一切考試，
凡四書五經義，均不准用八股文程式，策論均應切實敷陳，不得仍
前空衍剽竊。

自此次降旨以後皆當爭自擢磨，務以四書五經爲根柢，究心經濟，
力戒浮囂，明體達用，足備器使，庶副朝廷求治作人之至意。所有
各試場詳細章程及其餘各項考試未盡事宜，著禮部會同政務處妥議
具奏（《大清德宗景皇帝實錄》卷 458，p4199）。

此諭下後的第二天，即光緒二十七年七月十六日又諭：「嗣後武生童考試及武科
鄉會試著即一律永遠停止」。武科取士始于唐武后長安二年，歷千餘年而廢，所
謂「國家掄才，文武並重」，今武科先文科而廢止，亦科舉制度史中之一大事矣。
不久政務處會同禮部遵旨擬定變通科舉各項考試事宜章程共十二條呈上。

政務處與禮部「會奏變通科舉各項考試事宜章程」十二條，實際上等於
承認清代科舉制度繁瑣不合理，全文很長，特簡述其要：

1. 自後命題，根據通典、通志、通考即通鑑諸書。
2. 近科考試先以各國政治藝學之切於實用明白易解者命題。
3. 衡文不限程式，頭場須上下古今指呈得失，策則每舉一事亦必窮原竟
   委，議論詳明。
4. 此後策題每道約舉一二事，字數不宜多。
5. 裁撤謄錄對讀。
6. 經古一場與正場並重，歸併一次揭曉。
7. 一切考試均以中國政治史事論，各國政治藝學策及四書義經義爲課目。
8. 不得復以小楷之優劣定去取。
9. 試卷有橫直格，並增頁數，不限字數，但不滿三百字者仍不錄取。
10. 磨勘試卷只用於弊竇及必要時。
11. 命題書籍放寬調閱。
12. 愼選考官。

八股文試士行之五百餘年，終於自光緒二十八年廢止。光緒三十一年成
立學部爲統轄全國教育之行政機關。光緒三十二年正式停止鄉會試。

科舉制度之廢止，使人慨乎「天下無盡善之制度，天下無不變之制度」

二與之至理，更覺「其變也速事必敗，其變也漸事易成」之涵義深長。其由設立經濟特科而後廢八股試士，由分科逐漸減中選名額而廢止科舉，都是集多人智慧之穩當措施。且倡議者皆係科場出身，其能為國家前途設想，在中國歷史上開創新頁之胸懷誠令人敬佩。對於廢止科舉貢獻最大的七篇奏疏，及貴州學正嚴修之「請設經濟特科並條陳疏」、順天府尹胡燏棻之「條陳變法自強疏」、湖廣總督張之洞、湖南巡撫陳寶箴之會奏「擬請妥議科舉新章並酌改考試詩賦小楷之法疏」、兩江總督劉坤一、湖廣總督張之洞之「籌議變通政治疏」，袁世凱、張之動之兩次奏罷科舉，袁世凱在山東巡撫任內之「覆奏條陳變法疏」。固然科舉之廢止有其客觀的時代環境使然，但他們能把腐敗昏庸的清廷引導到同意廢止科舉，亦堪稱「因時利導」之成就。

第三節　臺灣科舉人才之出路

　　科舉為掄才大典。所謂掄才，即遴選人才。遴選人才之目的在任國家官職，為國家所用，故於本章之內，敘述科舉程序之後，特將科舉人才之出路專節列述，藉悉清代考用之全貌。

一、生員出路

　　經進學考試而入府、州、縣學之生員，也稱秀才。平日月課季考而後參加歲考，依歲考等第升增補廩，廩、增、附生除參加鄉試外，其學行俱優者，還有受貢入監機會，並可因此轉入仕途。所謂入監，即由地方學校選送到中央的太學去進修，君主時代稱為貢，受貢的生員稱為貢生，因離開府、州、縣學升入國立太學，故人皆稱之為，「出貢」。

　　清制貢生有六種：即歲貢、恩貢、拔貢、優貢、例貢、副貢等，除例貢係生員納貲入監者外，餘皆憑個人學識品德之涵養，並經多次考試方能入選，茲分別列述於后：

（一）歲貢

1. 名義

　　所謂歲貢，乃進入府、州、縣學之生員，屢經科舉未中，朝廷為酬其讀書之志，並寓遴才之意，乃有歲貢之舉。

2. 貢額

歲貢是以府、州、縣學為單位，有一定名額規定。順治二年定「直省起送貢生，府學每年一人，州學三年二人，縣學二年一人」；至康熙元年題准：「歲貢一項，酌量裁減，府學三年出貢二名，州學二年出貢一名，縣學三年出貢一名」；康熙八年議准歲貢仍令府學一年一貢，州學三年二貢，縣學二年一貢。(《欽定學政全書》卷 40p747)

3. 程序

各學教官於屢經科舉之廩生中，以食餼年深為序，選一正二陪，取得里鄰合例甘結，備造年貌、籍貫、科舉次數名冊，送該省提學。提學每歲將次年應貢生員嚴加考選，於一日內考經、書、策、論四篇；如正貢文理荒疏，令以衣頂告老；次取陪貢充選，再不得人，更取其次陪貢；務於挨序之中，取明通淹貫之士。考選之後，將貢卷印封，解部磨勘，提學將印結單卷交由布政司起送，直隸學院由各府起送，粘連府、州、縣學印結，各單內均用印鈐蓋該提學仍將貢生姓名造冊選送禮部；如有濫充，於所送內發回五名以上者，提學照例罰俸。

貢生廷試，原定三月十五日，至順治三年改於每年四月十五日，由吏禮二部官同翰林院官赴內院，公同閱卷定序。但自康熙二十六年以後，直省歲貢概免來京廷試，由各學臣挨次考准，咨部補授訓導。(《欽定學政全書》卷 40p748)

歲貢除考選外，尚有捐納一途，至同治五年因感，「捐輸准作歲貢，即與皓首窮經之士同列成均，於勸學作人之道均屬末宜」。(《欽定大清會典事例》卷 385p157)於是停止報捐。

4. 出路

歲貢在使屢經科舉而不中者有條出路，故規定於學正考准之日，當堂填給貢舉單，令其收執；有情願入監者，從本州縣給文發盤費，准其人文到監肄業，餘則補授各官學教習。

(二)恩貢

恩貢是因皇帝恩賜而貢入成均 (註 35)，非常制。凡遇國家有慶典或新君登極，則以該年府州縣學歲貢之止貢作恩貢，次貢作歲貢。天子出巡則加恩

〔註 35〕成均，古大學之稱。

士類，增廣入學名數，由該省學政考選貢入成均，以示鼓勵。皇上臨雍則陪祀之聖賢後裔俱恩賜送監讀書。此外有才學出眾，孝悌著聞者，聽學臣不拘廩增附，特恩准薦試，拔其尤者入監。（《欽定學政全書》卷39p702）

（三）拔貢

1. 名義

拔貢之名是「拔」取學行兼優者充「貢」送部之簡稱。此制創始於清代，其於國家科目取士之外，又有拔貢一途，旨在收未盡之人材以備用也。

選拔的對象，初為府、州、縣學廩生，於康熙十年擴大至各學現考一二等生員，雍正六年又放寬至一二三等生員均准收考。（《欽定學政全書》卷39p709）惟極重視學品兼優，確係文理優通，才品超越者方准選拔；如該學無文行兼全者，寧聽缺額，若察出冒濫該學政將嚴受議處，故未經歲考之新生，因其人才素行，尚未深知，不能濫邀甄拔。

2. 選期

拔貢之選早在順治元年即已開始，但未有明確選期，至康熙三十九年准於選拔之年，以陪貢充，停正選拔，直至康熙六十一年才再行選拔一次，其所以停止選拔達二十餘年之久，乃因各省學政未能秉公選取也。世宗時深感「各州縣每年歲貢，較其食廩淺深，挨次出貢內多年力衰邁之人，欲得人材，必須選拔，（《欽定大清會典事例》卷384p141）乃命自雍正五年起，嗣後六年選拔一次，國子監屆期題請候旨，至乾隆七年改六年一舉為十二年一舉，遂為永制。乾隆七年歲次壬戌，過十二年則為癸酉年，故人皆日逢「酉」選「拔」。其更改選期為十二年的原因，是因六年為期太近，人多缺少，嗣後著定為十二年一舉，永著為例。

3. 程序

拔貢之選，於順治初年准先行歲考，補足廩生，然後於科考最後一場舉行選「拔」考試〔註36〕，彙通省廩生于貢院中，考試經、書、策、論；拔其優者，順天府特貢六人，每府學貢二人，州縣學各貢一人。至康熙二十四年議准：「直省各學於現考一二等生員內，遴選文藝精醇，品行端方者府學二名，

〔註36〕清代科考共分七場，一日一場，第一日試經古，第二日試廩增附生，第三日試童生，第四日覆試經古，第五日覆試考列一等之廩增附生，第六日覆試取進之童生，第七日試出學之五貢，即歲、恩、拔、優、副五貢是也。

州縣學各一名，准爲拔貢入監讀書。」故限制稍微放寬，至雍正六年更擴大至「不必拘一二三等生員均准收考」學政將各生原卷解部，仍令本生謄寫硃卷，粘連貢單交布政司起文，取該府、州、縣學各印結，賫投本部，彙送內院，以俟廷試；各學政仍將拔貢生員姓名籍貫，備造文冊報部。

後來因念士子跋涉艱辛，乃聽提學於所至之地，便宜考試，秉公選拔，並隨場咨明督撫存案；俟科考事竣，八月鄉試以前，提學到省錄遺時，傳齊通省選拔之人；有總督駐劄之所，會同督撫，僅巡撫駐劄之地會同巡撫，就學政考院通行覆試一場，酌用四書文、經文、策各一篇，於督撫署中會同驗看，仍將正覆原卷送部磨勘。

考試拔貢所試課目，經過多次改變，原於時藝外兼試以經義策問各一道，以文行兼優爲選拔標準，自雍正六年准一二三等生員都可參加考試後，已轉移到注重時務策論。「其人果有識見才幹，再訪其平日品行端方，即正考未列優等亦准選拔，俟到成均，仍可學習；(《欽定大清會典事例》卷 384p141) 繼而明定選拔考試分爲兩場：首場四書文兩篇，經文一篇；二場策一道，論一篇、判一條。兩場全佳，再細訪其品行端方，應予選拔；即首場文藝平通而策論果能曉暢古今，切中時務，再細訪其品行端方，亦准選拔；若策論品行兩無足取，首場文藝縱極優良，亦不准選拔」。足見拔貢之選，在以學達經濟，行合規矩者，方爲及格。至乾隆十四年改爲「首場用經、書、策各一篇，二場裁去判語，用論一道，益以一詩一賦，兩場俱美，方准入選」，乾隆十七年又議准：「嗣後各省考選拔貢，應以孝經與周子太極圖說，通書及張子西銘等書參出論題，第一場經文一篇改爲經解，於御纂諸經內，摘出異同大義發問數條，令諸生各就所習本經答問，其有能通他經者聽」。乾隆二十三年又議准考取拔貢二場改爲策一，詩一。最後於乾隆二十九年議准「考選拔貢頭場書二篇，經解一篇；二場策一道，論一篇，五言八韻詩一首，通行各省學政一體遵照 (《欽定學政全書》卷 14p284) 始成定制。拔貢到部，禮部驗到，即劄國子監會同考試，名曰朝考，試書藝一詩一。其中或有患病事故不能赴程，許呈明該地方官申報督撫咨部存案，以便補行朝考。其朝考之法，向例驗到至數十人，禮部即請欽命大臣考試，自乾隆癸酉年後，依擬定到部限期分爲三次，到部之期以該年十月起限，雲南、貴州、四川、廣東、廣西、甘肅、定限八月，於次年五月到部；湖南、福建、江西、浙江、湖北、陝西、定限六月，次年三月到部；江南、河南、山東、山西、奉天直隸，定限四月，次年正月到部，由禮部奏請欽命大臣於午門內考試，

分列三等進呈。(《欽定學政全書》卷 39p723)

4. 出路

拔貢之選主要目的在取生員中才品兼優者送監讀書，以資深造，乾隆元年議准拔貢到部時，由禮部奏請欽命大臣考試，分別等第，考列一等二等者九卿會同揀選，由部引見，某中果有卓越之才，自仰邀簡用，某三等者停其揀選，照例剳監肄業：至乾隆二年停其揀選引見，仍由禮部奏派大臣考試，拔其優者留監肄業，其餘聽歸本籍。其留監肄業者，俟三年期滿，某中果有經義治事精通練達，人品卓越，學識醇正者祭酒等官核實保薦引見，以知縣教職簡用，其餘照例以教職輪班序選。

其歸本籍肄業者遇考職之年，准以州同、州判、縣丞三項考取選用；有願就佐貳者以直隸州判選用，如情願就教，則以教諭選用。(《欽定學政全書》卷 39p724) 乾隆四十一年准拔貢朝考後引見用部員者，以「小京官」清代京師所置七八品之官吏任用，乾隆五十五年朝考為覆試之始。(《欽定大清會典事例》卷 384p144) 可見拔貢之出路甚為優待。故清廷屢諭寧缺無濫，若不得才品兼優之人，不必每庠盡求足額，如學政不能實心考選，濫貢成均，到部考試有文理荒謬者，本生黜革，學政交部嚴加議處。

(四) 優貢

1. 名義

優貢始於順治二年，是學政三年任滿，於直省、府、州、縣學中，不拘廩、增、附生，將文行兼優者大學起送二人，小學起送一人，入監肄業，名為貢監 (《欽定學政全書》卷 40p762) 以示激勵。

2. 程序

優貢、初時府、州、縣學只選無考，至雍正十一年始令各省學政對優生詳加考語，而後送部，並規定優生由廩增升入太學者准作歲貢，由附生武生升入太學者准作監生，皆由禮部換給執照，剳監肄業。自後貢監名色分明。

至乾隆四年始定舉報優生升入太學者，須經確訪，實行考試經義，並限以大省無過五六名，中省三四名，小省一二名。由該學正詳填舉報，如不得其人寧缺無濫。乾隆二十三年准優生到部時，俟有四五名，禮部始奏請欽派大臣考試，分別等第進呈；乾隆二十四年又准優生到部可不拘人數，隨到隨考，嗣因學政中之拘謹畏事者，多以無可舉報為辭，人才不無屈抑，好名市

惠之人，雖所舉不敢踰額，必至盡數充選，以博寬厚之譽。但三年一次為獎勵士子之端，若竟輟而不行，未免因噎廢食，故於乾隆三十四年諭各省學政舉報優生應照選拔貢之例，會同該督撫一體考核，果屬文行兼優，准其會銜保題，庶諸生不致濫邀，而甄拔益昭公允。(《欽定學政全書》卷 40，p767)

3. 出路

優貢一途，初無錄用之條，只規定入監肄業，故多未來京報考。至同治二年始議准量為變通，自來歲甲子科起，由各該學政覈實選舉，會同督撫保題，赴部驗到，定期奏考，通計各直省優貢不過六七十人，即在保和殿考試，仿照順天鄉試卷面紅號之例，分印南卷、北卷、中卷字樣，由閱卷大臣酌量多寡比較錄取，由理不舉領引見；考列一二等者以知縣教職二項錄用，有不願以知縣選候者，從奉旨之日起扣足三年，隨時呈請分發，考列三等者，就經制復設訓導選用。同治四年奏准：「嗣後考試優生，照定例頭場試四書文二篇；二場經解一篇，策一道，五言八韻詩一首：仍由學政會同督撫覆試驗看，其覆試題目比照拔貢覆試之例，試以四書經文策各一篇，所有頭二場並覆試各卷全行解部磨勘」。光緒七年並規定「優生朝考統限逾會考次年五月內赴京驗到。(《欽定大清會典事例》卷 385p160)

（五）副貢

副貢，即鄉試於正榜之外，取副榜若干名，升入太學准作貢生，故又稱「副榜貢」。

順天府早在順治二年即定鄉試副榜五十五名；增附准作貢監，廩生及恩歲貢貢監，俱免其坐監，即與廷試。直省則於順治五年始恩詔鄉試副榜諸生，廩監准貢，增附准入監肄業。順治十一年定副榜貢生於四月十五日廷試，照例公閱；止序卷次先後，不定職銜，將恩拔副榜貢生及歲貢生中英年願入監肄業者一併送監，依期坐監。吏部會同內院禮部公考，以定職銜。並定坐監時間：「廩生副榜照恩拔貢生例坐監六個月，增附生副榜照歲貢例坐監八個月。(《欽定大清會典事例》卷 385p152)至康熙元年停鄉試副榜貢額，康熙十年始復副榜作貢送監之例，惟廷試予以停止。

二、舉人出路

鄉試中式曰舉人，其因故未參加會試者可參加教職甄試。其參加會試者，

因名額有限，文章較一日之長而欲賢才盡爲羅致實爲不可能之事。對於這許多落第之舉人必須有所安置。康熙年間只想到把各房落卷發榜之後即行封交禮部，出示於十日內令本生領取原卷閱看用以表示憑文取中，考試非常公正，使與試舉人心服無怨。雍乾間對於落地舉人除賞賜盤費及原爲教職限期令其回任外，並曾採取明通榜、中正榜、挑膽錄、舉人大挑等四種甄用措施。茲分別說明於后：

（一）明通榜

所謂明通榜是揀選落第舉人文理明通者，於正榜之外另取一榜之謂。此制始於雍正五年，而另取一榜則自乾隆十年始，即於落卷中擇文理明通者，由吏部帶領引見，令其回籍候補學正教諭。

至乾隆二年規定揀選額數，大省四十人、中省三十人，小省二十人，乾隆七年又規定由正副考官於正榜中額外，將各房所有薦卷，照乾隆二年所定大中小省額，錄取明通者，如有不敷，將備卷內文尚清妥者補足，於會榜揭曉後，交禮部拆號，塡書姓名籍貫，知會吏部請旨命王大臣驗看揀選引見照例補用乾隆十九年又定「年七十以上者著該部帶領引見酌量給予職銜，以示優惠。（《欽定大清會典事例》卷 353p538）

（二）中正榜

所謂中正榜即於會試落卷內挑選內閣中書及國子監學正學錄之謂。此制始於乾隆二十六年，至乾隆五十五年即予停止，共行三十年。

國子監之學正額設四缺，學錄額設二額，在行此制之前初由九卿保舉引見補用，嗣經奏准照中書之例，請旨考取記名，亦於乾隆二十六年改由會試落卷薦卷中挑選。至乾隆三十三年規定每科新進士於簡用庶吉士等官外，由內閣翰林院將所有朝考入選未經任用人員，另行帶領引見，恭候欽定記名，交部按照名次，進士舉人相聞錄用，以維持中書一官爲舉人進士兩項進身之路。

關於會試落卷內挑取中書一前，原定在薦卷內由主考同知貢舉各官共同擬取，後來改爲不僅要在薦卷內而且囊要查墨卷，另外奉派大臣閱取。

乾隆三十四年奏准：「嗣後會試薦卷內挑取中書，於發榜日，主考房官塡榜先行出場，知貢舉及內簾監試率同彌封官，將各房薦卷查出墨卷，逐一彌封共計若干，用印封固，即日奏請欽點大臣閱取，共若干卷先行奏明，俟朝者見後一併挑足，帶頓引見，欽定名數，挨次錄用」。（《欽定大清會典事例》

卷 353p539）

繼而又不分曾否呈薦，於會試榜後次日，所派閱卷大臣入闈校閱所有墨卷，按數選取。

（三）挑謄錄

所謂挑謄錄，即每遇政府修編書籍，需選有文史學識且書法工整者充任之，規模最大選人最多為高宗時之修四庫全書，但所選抄錄者皆京闈鄉試未經取中之皿字號、貝字號生員。至嘉慶年間因纂高宗實錄及補繕五朝實錄始於會試薦卷內挑取，咸豐六年因舉人謄錄不敷，也仿以往成例在會試未經中試薦卷內挑選字畫端楷者按照名次錄用。其後各朝未見於會試落卷內挑謄錄之記載。

（四）舉人大挑

清制每經數科會試後，由禮部查造下第舉人清冊，咨送吏部，奏請欽派王大臣於各省舉人內共同揀選，一等者以知縣試用，二等者以教職銓補。當時規定大省揀送四十人，中省揀送三十人，小省揀送二十人。

乾隆三十一年為體念舉子於會試榜後守候揀選，旅食艱難，乃改在會試之月內定期揀選，並定列在一二等者統以二千人為率。

至乾隆三十七年又改按省分大小之例而以省份之遠近來分：直隸、江南、山東、山西、河南、陝西、浙江、江西、湖北等省，挑取十分之五；四川、廣東、廣西、福建、湖南、貴州、雲南等省，挑取十分之六，其入選之員無論遠近省分，俱酌取一等四分，二等六分引見錄用，十年後又覺以省分之遠近甚不合理，改為按人數多寡均勻挑取。嘉慶初行六年一揀選，至嘉慶十八年又改每屆四科大挑一次，等於十二年一次，雖然規定每四科大挑一次。但因人數壅滯，終清之世，仍有「暫緩一科」或其他措施之情形。

三、進士出路

禮部會試中式稱貢士，又名進士，但以「進士」當有榮譽專用稱呼應該是經殿試賜出身以後，在殿試以前所稱進士乃可進受爵祿之意。

（一）鼎甲出路

清代殿試名第分一、二、三甲，一甲三人為鼎甲，某榮譽稱銜為狀元、榜眼、探花，賜進士及第：狀元授修撰，榜眼探花授編修。修撰編修均為翰

林官，修撰爲六品官，編修爲七品官。

（二）二三甲進士出路

二三甲進士授庶吉士、主事、中書、行人、評事、博士、推官、知州、知縣等官有差」，于「順治三年定新進士銓選法，係從部議以開創之始，法宜變通，以二甲前五十名選部屬，後二十名及三甲前十名選中行評博，三甲十一名至二十名選知州、二十一名至七十名選推官，餘選知縣」至康熙九年五月奏定，「二甲三甲進士除選庶吉士外俱以知縣任用」；其中以庶吉士爲科舉最清貴之途。

1. 選庶吉上

庶吉士介于官與非官之間，爲候補之翰林官。某名采書經庶常吉士之義簡稱庶吉士。凡進士朝考得庶吉者入館肄業是一種職前講習，翰林院則爲養士之所，期於三年的歲月裏能將苦讀所學融會體認，變化氣質作入仕的準備。並知明清二代之庶吉士其所異者在明代選無定額、定限、定制。清代至雍正五年則議定朝考之制。且自順治九年起有定額，按科而行，而其爲進士之再教育，爲國家儲養高級行政幹部。

2. 庶吉士散館

庶吉士入館滿三年，御試詩賦，依等第先後授職任官。

（1）留翰林院：奉旨留翰林院者二甲授編修，三甲授檢討。

（2）以知縣任用：以知縣即用者不論雙單月即用。以知縣歸班者仍歸進士原班候選。

（3）以主事任用：乾隆四年奏准：「庶吉士散館，以主事用者令其掣籤先分發六部在額外主事上行走，其中如有實心辦事，熟練部務者遇本部主事員缺，該堂官保奏引見補授」。乾隆三十年規定：奉旨以部屬用者，亦照新進士以知縣即用人員之例，照奉旨名次先後銓選。

3. 未入館進士

（1）選用知縣教職：

二三甲進士除選庶吉士外，某願就職者遇本省府教授缺員即行補用。其候補縣令者，須留京接受爲期三年之教習，練達事務，並予考核。

（2）分部學習：

雍正八年六月敕定新進士在六部額外主事上學習行走。三年後如能稱

職，該部堂官題補。如不能稱職該部奏聞，其中若果有才猷出眾，明練政治之員，于一年之後該堂官將情由聲名保奏，帶領引見請旨，此各部行走之員，俱照額外主事之例給與俸祿」。

（3）選用中書：

「內閣中書其先進士、舉人、貢、監俱准考試補用，自康熙五十二年定例專用進士舉人，其不由甲舉出身者對品改選。雍正元年又定進士充教習期滿以中書補用，二年復定以進士舉人考取銓選。

綜上所述，則知進士出路，一甲狀元授修撰，為六品官、榜眼探花授編修，為七品官。此外二甲進士之改翰林院庶吉士者，經過散館考試以後，亦選拔一部分授以翰林院編修實官，謂之留館。三甲進士經散館考試後留館任職者多授為翰林院檢討，位次編修，為從七品官。

知縣為七品官，主要以進士朝考後分發各省即用者為之，而以翰林院庶吉士散館後選缺書為便捷，可立即赴任。其次舉人會試不中亦可就大挑而得。貢生可由朝考而得。

清代主事為正六品官，掌官署中之文牘雜務，進士出身的除翰林外。分部候補主事算較好的出路，經一定年限後，可補缺遞陞員外、郎中。

內閣中書掌撰擬、紀載、翻譯、繕寫之事，為從七品官。定額滿洲七十人，蒙古十六人，漢軍八人、和人三十人。進士朝考後，除選翰林院庶吉士者外，其次一等者除分部外即以內閣中書用，經過一定年限亦可補同知、直隸州知州。康熙乾隆時南巡，舉人生員獻文求試者亦多予以內閣中書任用。

清一代宰輔多由此選，其餘列卿尹、膺疆寄者，不可勝數。若以今語言之，則知其有政務官亦有事務官而官階則在薦任高級以上也。

第四節　臺灣科舉制度之實施

今綜觀臺灣外記和清代官方文獻互為參考研究，就會發現兩者之間有很大的差異性。比如說，官方文獻除隱然承認明鄭有過儒學之外，其他的部份一概避而不談，這種作法固然可以達到了滿清官方滅史的願望，可是同時也增加了後世的人，難於理解當時情形的迷惑。事實是：如果僅有儒學，在選舉史上，根本不算有科舉。因為學校的設置旨在為國家教育有用的人才，而人才的登庸必賴科舉以達其目的。是故明史選舉志乃有「學校以教育之；科

舉以登進之」的闡示。從學校來說，雖然也有登進人才的權力，但以國子監為限。故明史又說：「科舉必由學校，而學校起家可不由科舉。學校有二種：一種是國學；一種是府、州、縣學，府、州、縣學諸生入國學者，乃然可以有當官的機會，不入國學者不能得到當官的資格」。清代官文書既不承認明鄭有「國學」；復不承認明鄭有科舉，可能是為避免授予明鄭「業儒之人」以官職及允許應會試之故。

　　再就臺灣外記分析，明鄭在臺開科固然是已經存在的事實，但又好像並非完整的科舉制度。是一種權宜措施。因此臺灣外記給予我們的史料，為明鄭在臺開科情況所能描繪出來的，只有以下的輪廓：明鄭沒有府學和州學，這從「院試取中，准充入太學」可以證知。如果當時的府、州有學，則取中者當撥入府學和州學，而不應「充」貢入「太學」即國子監的別稱。合府、州學與國子監為一學，自舉國一致來看，這種設施當然顯著簡陋，站在草萊初闢的角度而言，已經是難能可貴了！何況此一模式正與明初建學情形有所相同，蓋以明朝國學興築經過，而明朝的府、州、縣學之設，則在洪武二年（1369）之後，較之前者已經晚了四載，倘若鄭克塽、陳永華能，也許臺灣，甚至中國，近三百年來的歷史又是另一種局面！

　　臺灣外記最令人費解的地方是「三年取中式者」一語：臺灣外記在述及學校的整個事件中，只有這裡是另一種「書法」，而且和明制國子監的真實情況亦全不相符。說是科舉，又不像學校那樣肯定。論者遂對明鄭在臺開科一事感到懷疑，亦非完全沒有理由。

　　先就「小考」分析，綜觀明、清選舉史料，凡言「中式」，都是指「科舉」的「鄉、會試」而言。如明史釋「充場儒士」，則有「當大比之年，間收一二異敏，三場並通者，俾與諸生一體入場，謂之充場儒士。中式即為舉人，不中式仍候提學官歲試；合格，乃准入學〔註 37〕」。且「三年兩試」與「三年」「大比」亦不相同。此其一。

　　又歲、科兩試除取進「附學生員」之外，對於在學生員，則以「六等」分別優劣而定獎懲。核其主旨，實以為科舉的準備作前提，故謂「繼取一二等為科舉生員」。此其二。

　　再國子監生的月課積分，惟六堂中的「率性」有之，其餘五堂則否。一

〔註37〕　《明史》（臺北：鼎文書局 1975 年 6 月初版）卷 69，頁 1687。（以下引用此書時只於引文之後僅註記書名、卷數及頁碼）。

年之內，積滿八分為及格，與出身。不及格，仍座堂繼續肄業；既無「三年」的固定期限，也沒有「中式」的名稱。此其三。

「中式」限於科舉專用，除見於上引「充場儒士」外，明史選舉二所說尤為清晰。如云：「三年大比，以諸生試之直省，曰鄉試。中式者為舉人。次年，以舉人試之京師，曰會試。中式者，天子親策於廷，曰廷試，亦曰殿試」。（《明史》卷 70p1693）。臺灣外記作者江日昇是康熙五十二年（1713）福建鄉試的解元，對此科舉的普通常識，豈竟一無所知而致濫用其詞？此其四。

至若開科而無史證固屬事實，但也有不得不然的理由存乎其中。時間短暫，開科必少是其一。人民稀少，中額無多是其二。雖有「入彀」之人惜無博學之士是其三。餘如滅人之國者有滅史之心，而遺民鑑於文網過密，初因懼禍而不敢公然持有史料，積時累歲，數傳之後，乃至飽蠹魚之腹，抑以海島氣候特殊，天災人禍，年有所聞，凡此大端，皆不利於史料之保存。更有進者，滿清君臨中國，實施科舉兩百四十餘年，合計恩、正二科，如以各省連順天鄉試的解元數量來說，應超過一千七百餘人，時至今日，要想了解某科某省解元是誰？已經考證為難，倘欲更進一步了然其人生平事蹟，則不啻難同登天！有史可考，尚且如此，況乎沒有史料呢！職是之故，似不能斷然否定明鄭開科的事實！此其五。

總之，明鄭在臺開科，似乎確有其事，惟非完整的科舉制度，殆亦可信。倘若此說距離史事真相不遠，是亦明朝的成法。即明史選舉志二所云：

洪武四年（1371）……時以天下初定，令各行省連試三年，且以官多缺員，舉人俱免會試，赴京聽選。（《明史》卷 69，頁 1697）。是為其例。連行三年鄉試而不會試，且令舉人赴京聽選，蓋以「天下初定」之故，是乃因時制宜的措施；明鄭行科舉而不會試則是因地制宜的措施。是故只能認識臺灣科舉的發皇，而非完整的科舉制度。

一、臺灣的歲、科兩考

講到歲試和科考，必先說明主持該兩次考試的學政。惟有學政才操有童生入學的最後決定權。依照明、清的制度，每省設學政一人，三年一任，例由皇帝欽命。換句話說，兩代的學政都是欽差大臣。不論被派者官階的高低，督、撫都不能侵犯他依法行使的職權。如學政有不法或貪污情事，督、撫也只能參

他而不能辦他。反之，他卻有懲誡生員而接受民眾對生員的控告權。學政遇上民眾控告時，應以生員或貢、監生違紀犯禁爲限；如屬普通百姓犯罪，則不能受理其控告。凡受理的案件，情節重大的即交知府辦理；輕微的交由「學老師」懲罰。但必須調查眞實，否則，不得輕易處分。臺灣原屬福建一府，所屬學校本應由通省學政管理，但因地理環境特殊，所以督、撫皆採納季麒光的建議，依照廣東瓊州的例子，由分巡臺廈道兼管臺灣學政的事務，並經奏准在案。就行政體系觀察：道是撫臺衙門所屬的二級機構，一切都應該遵從巡撫及布、按兩司的指揮。但在行使兼任學政的職權時，卻屬例外。除非他本身確有不法事實，否則，督、撫也不能就此干預，或者暗示某人當取或不當取。外此，即使他有不法行爲，也得經過參劾奉准之後才能法辦。臺灣自康熙二十六年（1687）設學，下至光緒二十一年（1895）乙未割臺爲止，甲午戰爭發生前，曾舉行科考，詳見蔣師轍「臺游日記」，其間共二百零八年。按三年考試兩次計算，應舉行歲、科考試一百三十二次，順治十六年起至康熙十二年止的十五年間，計少進童生五科，少行科試三次，其時臺灣尚未隸清版圖，與此無關。但在全部的考試過程中又可分爲五個不同的階段。

第一個階段是自康熙二十六至雍正五年（1727），是年二月改「分巡臺廈道」爲「分巡臺灣道」，臺灣的歲、科考試由臺廈道主持。

第二階段雍正六年（1728）起，乾隆十七年（1752）止，主持試務的學政職權乃改由巡臺漢御史管理〔註38〕。

第三階段自乾隆十八年（1753）起，至光緒二年（1876）止，仍歸臺灣道，乾隆三十二年（1767）加兵備銜。五十一年加按察司副使銜兼任。臺灣道兼學政以這段時間爲最久，前後共計一百二十三年。

第四階段是光緒三年（1877），時福建巡撫丁日昌奉命多春駐臺，夏秋駐省。並兼任臺灣學政及主持是年歲考，三月十三，取進淡水「熟番」陳寶華入學，雖不作爲山胞秀才的固定名額，但卻成爲臺灣科舉過程中傳頌一時的美談，是爲巡撫兼臺灣學政的濫觴。未幾丁氏返省，翌年科考仍歸臺灣道兼任。下至改省之前，其例不變。

〔註38〕《清世宗實錄選輯》文叢第一六七種頁 20，雍正五年冬十月初六日戊子條云：「諭吏部：『臺灣遠隔重洋，向來學政交與臺灣道兼管。朕思道員管理地方之事，又兼學政，未免稍繁。應將學政交與派往巡察之漢御使管理，永著爲例』。」御史兼臺灣學政，始自高郵夏之芳，雍正元年（1723）進士。終於仁和錢琦，乾隆二年（1737）進士。

　　光緒十一年（1885）劉銘傳任臺灣巡撫，十三年親自舉行科試，下至邵友濂撫臺，其制不變，是為第五階段。

　　自上述五個階段來看，臺灣的學校和科舉有三分之二的時間由臺廈道或臺灣道主持。這對臺灣教育的水準不能說影響不大。原因是道員雖為臺灣地方行政最高長官，但擔任此職務的人，除循聲尚佳之外，其本人的學問並非有聲於時。起家翰林，固然少之又少，即使是進士出身，也非絕大多數，除周凱、姚瑩一二人之外，從無一代名儒出任過臺灣的道、府。所以臺灣道在任時間越久，對於教育水準影響越大，因為道、府本身既非博學鴻儒，自難望莫為生員傳道、授業、解惑。歲、科兩試取進，閱卷，全假手於幕友；幕友中固不乏高才，但閱卷之外，並不負教育啟迪之責，且入幕時間既長，難免不與地方耆紳有所往來，潔身自愛者固不致受人情包圍，貪墨庸鄙之人，誰又能保證他們不舞弊受賄呢？看看清朝一代，臺灣未曾有過博學鴻儒！道員兼學政不能說不是很大的主因，也不能說不是最重要的弊端。就以施世榜父子「選拔」為例，雖然不能臆測其中有何不妥的地方，可是施世榜家資豐厚，田園遍佈臺灣縣、鳳山縣、諸羅縣、及後來才設立的彰化四縣，有全臺首富的家產，其本人由拔貢起家，或因學行俱優所致；而其第五子士膺復被選為拔貢，就顯得太不尋常了！當時選拔雖未固定十二年一選，然最短亦須六年或九年。反觀鄉試，只有三年一科，可見選拔之難尤在鄉試之上。故拔貢廷試成績最優的人，可以銓選到六品的通判，而舉人只能銓選到從八品的訓導或正八品的教諭。反觀全臺四學生員何止百數，豈僅施氏父子有此學行而別人就沒有？類此事件，不過例子之一。餘如父子、兄弟、叔侄為諸生者，翻開方志，所在皆有。自清朝而言，五世翰林，父子宰相固然例子不少，惟多半基於家世顯赫，深受皇帝偏寵而來。身為天下之主，猶且有此偏寵，次而又次的地方道員，又焉得不上行下效呢？但影響所及，終不能使臺灣在清代突破學術瓶頸而達更高境界，是則又不能不令人感到遺憾！

　　至於巡臺漢御史兼任學政，在理論上應比道員為佳，在事實上也有例子可循。蓋以漢御史多數起家翰林，餘者亦係進士出身，自有廷旨兼任學政之後，下迄停兼的二十五年中，從無舉人派充此職。從這一階段裡，由於鄉試中額有定，無法得出教育成果的優劣。從好的一面來看，御史因為大多來自翰林，在學術基礎上要比嫻於吏事的道員穩固，且長期居於京師，尤其在翰林院讀書的那段時間，不但接觸的都是一時名儒，更令人羨慕的是他們的老

師，所謂「大、小教習」，多半都是學問優長的通儒，翰林院的掌院學士，編階雖然不高，但卻出自皇帝特旨簡派，而已大學士兼任者，更為常見。所以在翰林院作「庶吉士」如能一心向學，不特有一流的師資，同時還有豐富的藏書，再經過三年的細心琢磨，眼光見解，當然高人一等。以這樣的優良師資來教育一向奮發的東寧青年，自能收到事半功倍的效果。所以錢琦於乾隆十六年到臺錄取的新生中，即有府學附生林昂霄、鳳山縣學附生唐謙的聯捷而中了十七年的舉人〔註 39〕。這種情況是否為臺灣歲、科兩試史上空前絕後的盛事，因為文獻沒有記載，未便臆斷，但是少之又少，則係公認的事實。其尤難能可貴的地方，不在兩人同時中舉，而是難在當時的臺灣限定僅有兩名舉額。

　　不過，巡臺御史的任期例為一年，最多可以留任一年，由於時間太迫，縱然有好師資，不一定會有助臺灣人才的長期培養。抑有進者，取天下英才而教之，在孟子固然是一大樂事；而官場中未必個個都具有孟子一般的情操，尤其兩三百年前的臺灣，物質生活既此不上北京的「朱門酒肉臭」；水土不服，瘴氣極重，往往因人不能適應氣候而有度日如歲的苦惱！以此而心存「五日京兆」者，亦難免不有其人，所以漢御史僅主歲、科兩考中的一考而未留任者竟多至三分之二。其未能留任，固不便武斷為訓士不力，然漢御史既以兼學政為要公，亦不能說與此沒有關連。

　　明乎學政與歲、科兩試的重要關係之後，現在再來探討清代臺灣學校招生的情況。尤其是首次歲試或科考取進生員的時間，更為此一問題的中心。然而，當我們翻開現存的清代臺灣文獻時，竟沒有直接紀述此一重大問題的記載。勉強可以作為參考資料的，僅有「康熙癸亥」和「康熙甲子」兩說。

　　康熙癸亥是二十二年（1683），談到是年首次取進生員者，見於王必昌「重修的臺灣縣志」馬廷對傳，如云：

> 馬廷對，字策生。少失怙恃，苦志讀書，值海氛流寓於臺。康熙癸亥，臺始試士，廷對首列弟子員；科試補廩。癸酉充貢。嘗分修「郡志〔註 40〕」。年八十得教職，以老乞休。（《重修臺灣縣志》p387）。

王志之外，還有謝金鑾的「續修臺灣縣志」也持相同說法。主「康熙甲子」

〔註 39〕「首拔士」，蓋指此林子昂霄、唐子謙並雋焉。（《續修臺灣府志》p13）
〔註 40〕《臺灣府志》高拱乾（臺灣文獻叢刊第六五種，臺灣銀行經濟研究室，1960年 6 月）頁 13。

說者爲劉良璧「重修建臺灣府志」，「劉志」「選舉」小序：「臺自康熙甲子初置弟子員」是矣！然就當時的制度而言，兩說均不足信，茲申論於左：清朝在臺設立學校是康熙二十六年（1687）丁卯，在此之前，除明鄭的學校和生員，即周昌所謂的「僞進生員」之外，餘者因「稅賦未定，學校則不得興」，沒有學校，即沒有學政，沒有學政，則任何人都無權「取進生員」。因此之故，當時自臺灣道、府以下的官員雖有「月課、季考」，但此「月課、季考」的對象僅以「僞進生員」爲限，其性質與「書院」完全相同。反之，如果在爲「僞進生員」舉行「月課、季考」的同時而「取進」新生，則此新生即不能「註冊」。易言之，禮部即不會承認其「學籍」，際此情形之下，新生因無學籍，首先就不能參加鄉試，更不能補廩、出貢。對新生而言固然無法安置，但「地屬新闢」，勝利者威福自擅，縱使可能發生問題，事態亦不致太過嚴重；而最嚴重的卻在滿清的中央政府。因爲中央未批准設學之前，地方官擅自「取進生員」即屬越權，當時謂之僭越。僭越之罪，輕則充軍；重則「籍沒、處斬」，甚至以叛逆滅門。今取進生員雖罪不致此，但最低限度也會遭受革職的處分。就周昌的學經歷而言，決不至連這種基本常識都不懂。誠然如此，任何人處在他的立場，也不會親身試法，事理淺明，固不待言而可知。

　　誠如所說，然則重修臺灣縣志的王必昌乃進士起家，身爲「候補知縣」；續修者亦身爲舉人，且修志時又係現職嘉義學教諭，豈有既誤於前；再錯於後之理？自管見所及，此理可適用於一般情況之下，但不能適用於官員修志的特殊情況之中。原因是清朝官修的志書，首在歌功頌德，誇讚清朝皇帝的聖明，武功蓋世前所未有。類似這樣的虛誕，尤以臺灣爲甚。考其用心，一是滅國滅史；一是相沿成習；一是爲自己的前途鋪路。如此一來，不但把明鄭的開闢史事一筆抹煞，而且更顯得皇清的仁政是前所未有。因此，修志的人爲達到上述目的，只要他們認爲有利，便不惜捕風捉影。今觀馬廷對傳，除了癸酉（康熙三十二年・1693）充貢。嘗分修郡志二語之外，實則別無一物。而這二語只要一覽高拱乾的府志，即能一目了然，更無需乎多此一傳。茲有此一傳，不過是爲志書粉飾場面而已。更進一步分析：這篇馬廷對傳，只是根據「癸酉充貢」而向壁虛稱的臆詞。何以說呢？蓋清朝科舉制度中有「食餼十年以上充貢」的規定，茲以馬廷對在康熙二十二年癸亥「歲試」入學；二十三年「科試補廩，下至三十二年出貢，正好與前述規定相符。但是修志的人卻沒有想到其中的漏洞。如：

　　康熙二十五年，在清朝的學校中，尚沒有臺灣四學的底案，主管福建全省的學政也沒有來臺灣舉行歲試；如此又焉能錄取生員哉？即使臺灣的童生有心入學，甚致於不惜冒著重洋遠隔的危險而渡海返回福建考試，但當時由於學額的限制，連報名也有極為嚴格的規定：

　　第一、首須五童互保。所謂五童互保，其情況與聯保切結意義相同。易言之，當他們向縣衙報名的時候，必須另找四名當地而有戶籍可稽的考生互相保證，如果沒有這項保證，則第一關即已無法通過。

　　第二、又須認保。認保的方式，則是准許報名之後，當進場考試時，尚須經過點名。每點一人，認保的廩生必須立即說明係他擔保。保證責任就是與考試規定不合者，一概不能與考。如果互相串通而有不實情事，考試的童生固然要受到嚴厲的處罰，連保的五童、認保的廩生，都要受到連坐的處分。萬一知情不報，則處分更重。在這樣重重束縛之下，臺灣的童生豈能在舉手投足之間，即可辦妥上述的手續？何況認保的廩生又以本學，如童生係同安人應由同安縣學廩生認保；晉江人應由晉江縣學廩生認保是為限；反觀馬廷對既然少失怙恃，明顯地是個孤兒，又加以流寓臺灣，臺灣乃抗清的大本營，向被視為「逆窟」，其與內地廩生素昧平生，已不言而喻。以一個素昧平生的流浪孤兒，欲求他人以身家前途為之「認保」，雖三歲之童，亦知其難於辦到。似此報名尚且不易，考場也無法進入，焉能被取為「弟子員」？換句話說，渡海考試，足見此路不通，已屬昭昭明甚。

　　以上的史事、制度、法理既可得出在何種情況下方能舉行歲、科兩考？何種情況下取進的生員才算有效？是則王、謝兩志所謂「康熙癸亥，臺始試士」之說的真實性如何，固不待贅言而後知。餘若「康熙甲子」即為二十三年，在正常的狀況下，應當舉行科考，並以一、二等生員為科舉俾應鄉試，已見前述。然其時的臺灣既無學政，又無合法的學校亦如前述，基於同一情形、同一理由，其不能取進生員自亦相同，由此足可證明臺灣即在是年開始科試及錄科。科試之前有歲試，但歲、科可以併考，事在學政全書〔註41〕。

〔註41〕學政全書：順治十五年題準，直省儒童，只許歲試考取，其科試時，停止考取。又康熙二年題准；直省各學臣，三年之內只應考試生童一次。又十二年議准：三年之內，僅行考試一次，儲才不廣……應仍照舊例，三年內歲、科兩考，每學照現行額數考取。又四十一年議准：鄉試之年，遇新任學政於本年到任者，准將歲考一、二等生員冊送科舉，以應本年鄉試；仍於鄉試後，補行科考。其生員幫補廩、增；童生入學，均照定例，將試冊送部。

惟歲、科例由學政為最高主試，非學政則無權取進生員，無學校，則學政亦不按臨其地，此為不可更易之制，因為如此，故可肯定臺廈道兼任學政亦始於康熙二十六年（1687）。學政主持歲試的目的旨在取進文、武生童，考驗在學生員，此首屆歲試的在學生員皆屬於明鄭時期的生員，那年剛好是「三年大比」，鄉試期迫近，故科、歲合併舉行。科試旨在錄送科舉生員，其他作用同於歲試，惟不取進武童而已。由此所得結論，則是清朝在臺開始試士，既非癸亥，又非甲子，實為康熙二十六年（1687）的丁卯。（《科舉論叢》p121）

第五節　臺灣歷科進士名錄

讀書人十年寒窗苦讀，為的就是金榜題名、光宗耀祖，成為進士名列，距離加官晉祿、榮華富貴已經不遠了。

清乾隆（1757）年間起，到清光緒（1903）年間止，臺灣歷科的進士名錄，如下表所列（《台灣的書院與科舉》p192）：

科　份	姓　名	籍　貫	名　次	拔擢及官職
清乾隆二十二年丁丑科（一七五七年）	王克捷	諸羅縣	三甲第四十三名	
清乾隆三十一年丙戌科（一七六六年）	莊文進	鳳山縣	三甲第七十一名	泉州福寧教授
清道光三年癸未科（一八二三年）	鄭用錫	淡水廳	三甲第一百零九名	
清道光六年丙戌科（一八二六年）	曾維楨	彰化縣	二甲第六十八名	翰林院庶吉士
清道光九年己丑科（一八二九年）	黃驤雲	淡水廳	二甲第八十一名	
清道光十五年己丑科（一八三五年）	郭望安	嘉義縣	三甲第七十一名	
清道光二十四年甲辰科（一八四四年）	蔡廷蘭	澎湖縣	二甲第六十一名	江西知縣
清道光二十五年癸乙己恩科（一八四五年）	施瓊芳	臺灣縣	三甲第八十四名	

清同治七年戊辰科 （一八六八年）	楊士芳	葛瑪蘭廳	三甲第一百一十八名	浙江知縣
	蔡鴻章	彰化縣	會試第四十五名貢士 （未殿試）	
清同治十年辛未科 （一八七一年）	張維垣	臺灣縣	二甲第一百一十八名	
	曾雲鏞	臺灣縣	會試第七十名貢士 （未殿試）	
清同治十三年甲戌科 （一八七四年）	蔡德芳	彰化縣	三甲第七十九名	廣東新興知縣
	陳望曾	臺灣縣	三甲第六十九名	
	施炳修 原名葆 修	彰化縣	三甲第二百零一名	授兵部員外郎，調寧都州知州
清光緒二年丙子恩科 （一八七六年）	施士浩	臺灣縣	三甲第二名	
清光緒三年丁丑科 （一八七七年）	黃裳華	臺灣縣	二甲第九十三名	
	黃登瀛	嘉義縣	三甲第三十三名	
清光緒六年庚辰科 （一八八〇年）	丁壽泉	彰化縣	三甲第四十八名	授廣東知縣
清光緒六年庚辰科 （一八八〇年）	葉題雁	臺灣縣	三甲第六十名	
	張覲光	嘉義縣	三甲第一百零八名	
清光緒九癸未科 （一八八三年）	江昶榮	臺灣縣	三甲第一百三十七名	
清光緒十二年丙戌科 （一八八六年）	林啓東	嘉義縣	三甲第一百零一名	
	徐德欽	嘉義縣	三甲第二名	工部主事
	蔡壽星	彰化縣	三甲第六十四名	戶部主事
清光緒十五年己丑科 （一八八九年）	邱逢甲	彰化縣	三甲第九十六名	
清光緒十六年庚寅恩科 （一八九〇年）	許南英	安平縣	三甲第六十一名	
	黃玉書	彰化縣	未應殿試而卒	
清光緒十八年壬辰 （一八九二年）	陳登元	淡水縣	三甲第五十二名	即用知縣，籤分山東
清光緒二十年甲午科 （一八九四年）	施之東	彰化縣	二甲第八十三名	補殿試

清光緒二十年甲午科 （一八九四年）	李清琦	彰化縣	二甲第一百一十五名	
	蕭逢源	鳳山縣	三甲第六十名	
清光緒二十四年戊戌科 （一八九八年）	黃彥鴻	淡水縣 寄籍侯官	二甲第八十五名	
清光緒二十九年癸卯科 （一九〇三年）	汪春源	安平縣	三甲第一百二十名	

第五章 臺灣的書院文化特色

第一節 臺灣早期書房教育的時代意義

　　清代各廳、縣都設立了以辦理教育行政爲主的儒學，但是皆空有學校之名，卻無學校之實，於是乎秀才或童生的深造舉業，便由層級不同的書院來擔負這個任務。然而設置書院，在在都需要經費，只有通都大邑或人文薈萃的地方，才夠能力建得起書院，因此書院教育及書房教育，就成爲科舉時代的教育主流了。

　　日本時代（1895～1945）之後，新式學校興起，書房首當其衝，受到不少打擊，但在日本異族統治之下，固有文化漸漸受到摧殘，有識之士紛紛以書房作爲傳播民族精神的場所，即使是日本時代末期所謂「改良書房」的出現，書房仍然扮演著文化薪傳的重要角色。太平洋戰後，學校教育普及，書房功成身退，轉化爲失學民眾業餘的漢文補習班，苟延殘喘，一直至六○年代才銷聲匿跡，爲臺灣數百年來的民間書房教育劃上句點。

　　清代的書房教育，可分爲啓蒙以及專攻舉子業兩種，從事這些工作的塾師，前者稱爲「蒙師」，後者稱爲「經師」。

　　啓蒙階段，以使童蒙讀書識字爲目的，舉子業階段以應試求取功名爲目的。入學年齡都在六至八歲，就學無一定年限，大約可區分爲小學、中學、大學三個層次，全部要十年的時間，按部就班，完成學業，因此古人往往以「十年寒窗」來形容學子的苦讀，就是這個緣故。

　　小學以讀《三字經》、《四書》爲主，中學以讀《五經》、作詩對爲主，大學以講究制義、八股文、試帖爲主，三個階段所讀的課本，日本時代伊能嘉矩曾將調查做成簡表，內容如下頁表格所示：

學年	一學年	二學年	三學年	四學年	五學年
學齡	七歲	八歲	九歲	十歲	十一歲
教科書（經學）	三字經、大學白文、中庸白文、論語白文（上論）	論語白話（下論）、孟子白文（上孟）	孟子白文（下孟）、大學朱熹章句、中庸朱熹章句、論語朱熹集註	論語朱熹集註、孟子朱熹集註、詩經白文、幼學群芳	孟子朱熹集註、詩經白文、幼學群芳、書經白文
教科書（藝文）	玉堂對類	玉堂對類、千家詩	聲律啓蒙、唐詩合解	童子問路、起講八式、唐詩合解	唐詩合解、童子問路、初學引機、寄嶽雲齋

學年	六學年	七學年	八學年	九學年	十學年
學齡	十二歲	十三歲	十四歲	十五歲	十六歲
教科書（經學）	書經白文、易經白文、孝經白文	易經白文、春秋左氏傳	春秋左氏傳、禮記精華	禮記精華	
教科書（藝文）	童子問路、初學引機、寄嶽雲齋、十歲能文	初學引機、寄嶽雲齋、能與集、小提別體	小提別體、能與集、小提別體、七家詩、訓蒙覺路	小提別體、七家詩、青雲集、塔題易讀	青雲集、塔題易讀、啓悟集、小塔清眞

　　三個階段，視個人需要或資質而定，並無嚴格限制。資質較差的可能只完成中、小學就投入各行各業，甚至往武科發展，完成大學的，應試是唯一出路，準備考試期間，爲了生活，往往又設塾從事教育，教學相長。

　　書房的開學，都在每年正月十五日至二月初一日之間，至十二月下旬散學，課程可分讀書、開講、寫字、課功四大項。讀書：依學年漸進，由淺而深，如下表所列。開講：就課本講說字義、文意。寫字：分爲認字、摸字、看字三階段。至於課功則是對學生課以詩文，教法包括對仔、文章與詩賦三種。值得一提的，是點讀及背誦方式，所謂點讀，是以銀硃筆照著塾師講授，逐句圈點，遇有破音字，分平、上、去、入四聲加點，俗稱「勾破」。背誦則是按背誦次數寫筆劃，每三遍就寫成一個「天」字，周而復始，「天」字亦多，背誦的次數也就越多。其次，學生初步的習字範本，是紅色木板印刷的「上大人，孔乙己，化三千，七十士，爾小生，八九子，佳作仁，可知禮，也克己，由乎禮，存心本以仁，玉斗正中元，天文自此全，四方占日月，六合定山川。」習字兼識義，一舉兩得。

　　以上所述，只是通例，事實上每個書房都有一套作法，甚至教材也會有所不同，以下爲清光緒八年（1882）壬午仲秋訂定的「復旦齋主人學規」抄本，將塾內學生分爲「初學」、「幼學」、「小學」、「大學」四種，詳記每日作息，敍述如下：

　　「初學：以《詩經》爲主，陶冶性情，加上爾雅讓孩子知古訓釋。午間念七十二賢，既知百家姓，又希望孩子有聖賢成爲效法的對象。在刻習字時，先知一劃，起重行輕，斜按高滾，每日專習一字，五日學一磔，十日學一掠。」

　　「幼學：午間念典故二條，如『仲由負米』、『曾參採薪』，能默寫方告歸。先人之言，終身常記亞聖言，子弟從之，則孝弟忠信。」

　　「小學：卯刻背經書三百字，並描影格、對策簿奉呈。已刻，淺說其義，以使時習背誦，且資行文開講。午刻，臨帖七十二法，從永字八法來，當知輕重。未刻，統論昨日所讀，以便夜間溫習熟。酉刻，統論三日內所讀，完即養神。日知新，夜溫故，昨日讀，今日溫，既省功，又快識，興最豪，神不倦，世言打鐵趁熱，省另起爐灶也。剛日做小講，讀小講；柔日做律詩，讀律詩。」

「大學：『每日工程說』：早古文一，時文一，得意者或半篇，或二
比。午講說經義五百字，晚吟詩一首，臨帖一畫，夜溫經及書、詩、
古文、時文、三年內既得文千篇、詩千首。經書五十萬字，所最善
者，在昨日背誦，今夜即溫。」

從復旦齋所訂定的學規來看，可知它是一所以培養科舉人才為目的的書房，
收容各種程度學生，分別施教，由初學到大學，每個環節都馬虎不得。此外，
有些以教授童蒙識字為目的的書房，學生將來主要是從事商業，因此在教材
方面也較為淺近、活潑，除了一般的《三字經》、《四書》外，還有《增廣昔
時賢文》、《千金譜》、《指南尺牘》……等較實用的讀物，特別是《千金譜》
一書，據說是一位泉州文士，為適應商店學習書算所編寫的通俗教材，書中
用長短句的歌謠形式，以某一大商到天津、蘇州、廣東等地辦貨為經，以各
色貨名為緯，叶以音韻，俾易於上口，字裡行間，還穿插若干警惕商旅的詞
句，非常有意義。

清光緒二十一年（1895）臺灣割讓給日本，科舉制度可說是提前廢止了。
科舉制度既廢，傳統的書院教育首當其衝，被日本人所設的新制學校取而代
之。日本時代初期（十九世紀末、二十世紀初），民間仍普遍認為日本人在臺
只是短暫的，日本人走了之後，仍將恢復科舉考試，因此較保守的人還是送
子弟進書房，治舉子業，希望有朝一日考秀才、考舉人。不過，老一輩的科
舉美夢，很快就破滅了。日本時代中期以後，公學校的設立，雖已經非常普
遍，但書房仍繼續存在。

再者，一方面它可提供失學民眾的就學機會，另一方面，許多人深恐子
弟接受日式教育而忘了本，於是又利用晚上時間，將子弟送到書房，希望他
們透過儒家的薰陶，學到修身處世的道理。

書房的存在，對於日本人推動的教育政策，無疑是一個相當大的阻力，
尤其是在日語的推廣方面，更滯礙難行。早期當局雖有所謂「國語傳習所」
的設立，作為侵略與統治手段，但設立之初，由於社會上仍通用漢文，修
習日語無助於日常生活，加以對日人有種種疑慮，臺灣子弟大多仍進傳統
書房修習漢文，以致「國語傳習所」難以和書房競爭。基於現實的需要，
臺灣總督府不得不制定書房管理規程及修訂「國語傳習所」規則，增設漢
文課程，聘請書房教師擔任教學工作，使「國語傳習所」與書房形成分庭
抗禮的局面。

　　明治三十一年（1898）七月，總督府發布「臺灣公學校令」，普遍設立六年制公學校取代過去的「國語傳習所」。同年十一月，另頒「關於書房義務規程」，正式將書房納入管理，規定書房應漸加設日語、算術等科目，企圖使書房變成教育的輔助機關，從此乃有所謂「改良書房」的出現，但大多改良書房，只是虛應故事，做些表面工作，並無成效可言。

　　昭和十二年（1937），日人製造「蘆溝橋事變」後，擴大侵略戰爭，為了使臺地居民也具有日本國民的愛國心與犧牲精神，遂提倡「皇民化運動」，昭和十六年（1941）以後，將整個運動推向高潮。「皇民化運動」的結果，禁止漢文，傳統書房也在禁止之列。據一位出身「改良書房」家庭的江姓耆老說，「皇民化運動」後，他們家的「改良書房」仍可開課，一般書房則不能活動，但「改良書房」要全部使用日語教學，即使是《四書》等傳統教材也不例外，不過只是陽奉陰違，跟警察捉迷藏，警察來了，大聲用日語朗誦，警察一走，又恢復舊式教學，這種情形一直持續到戰爭結束。

　　二次世界大戰後，書房經過日本人的高壓禁止，本就已逐漸式微，國民學校的設立又極為普遍，書房自然而然遭受時代的淘汰。為了適應時代的趨勢，書房也不得不調整步伐，紛紛改為「國文補習班」，向政府申請牌照繼續開班教學，而招生對象已不再侷限於兒童，連目不識丁的大人們也趨之若鶩，儼然成為書房教育劃下休止符前的迴光返照。這時的書房教育，通常都利用民宅在晚上上課，教材少得可憐，教導學生們認字及寫簡單的書信而已，談不上先聖先賢教化的薰陶。當然也有若干較著名的書房，仍使用《四書》、《古文觀止》……等教材，如設教南投縣草屯鎮紫薇宮的簡平安，作育英才不少，頗受地方人士的推崇。六〇年代，國民教育更為普及，書房終於功成身退，走進歷史。

第二節　臺灣敬字亭文化內涵

　　舊社會的人們因受儒家思想的薰陶，結果敬重文字的觀念特別強烈，無論是通督大邑或是窮鄉僻壤，到處均設有「聖蹟亭」也稱惜字亭、敬字亭、敬聖亭、字紙亭，以供焚化字紙。在某些人文薈萃的地區，甚至還有「惜字會」之類的組織，出錢出力，以推動此一極具意義的民俗。影響所及，即使是目不識丁者，也不敢任意的糟蹋字紙，凡遇地方有被遺棄的字紙，必定撿

拾收藏、洗淨曬乾，然後匯集於聖蹟亭火化。火化之後的字灰，則美其名曰「聖蹟」，薰以沉檀，緘以紙素，供於制字先師倉頡牌位前，最後才選定日期，以鼓吹將其供送入海或溪流，任其物化，或依現代的眼光來看，還帶著一絲環保意味呢！無論是城鄉中廣設的「聖蹟亭」或是將倉頡等人神格化，皆可見農業社會對名人地位的抬升和尊敬。

臺灣民間尊敬倉頡為「制字先師」，亦稱「倉頡夫子」或「倉聖人」。相傳倉頡為黃帝的史官，長有四眼，故能仰觀日月星辰之行，俯察鳥獸蟲魚之跡，而創造象形文字，免除先民結繩紀事之苦。考倉頡一作蒼頡，為黃帝右史，據漢儒許慎《說文解字》自序云：「黃帝之史倉頡，見鳥獸迒蹏之跡，知分理之可相別異也，初造書契。」另據《淮南子》本經，謂其初造文字時「而天雨粟，鬼夜哭」，注云：「倉頡造書契，則詐偽萌生，去本趨末，棄耕作之業，而務刀錐之利，天知其將餓，故為雨粟」。

上古的造字者，除倉頡而外，尚有鮮為人知的沮誦、梵、佉盧等人。沮誦，亦作沮頌，為黃帝左史，與倉頡同造文字。倉頡、沮誦所造文字，寫法由上而下，與今日的直寫相同，另有梵、佉盧所造的橫寫方式，前者右行，後者左行。儘管造字者不止倉頡一人，但民間也許受「天雨粟，鬼夜哭」神話的影響，遂把倉頡當作文字神來祭祀，且受到文人學士的虔誠信仰，敬惜字紙風氣的盛行，此為主要原因之一。

前人敬重文字的觀念，固然由來已久，但撿拾字紙焚灰送海的習俗及其他禁忌，始自何時，恐已難於稽考，惟據清嘉慶十二年（1807），謝金鑾、鄭兼才合纂《續修台灣縣志》卷三〈學志〉有云：「然今世之奉文昌者，出其書有《陰騭文》、《感應篇》、《丹桂籍》、《功過格》，大都本於福善禍淫之旨，以為修身飭己。《功過格》之法，日自記所為，夜焚香質於神，謂宋趙清獻、蘇文忠、明袁了凡皆行之。」考趙清獻即趙抃、蘇文忠即蘇軾，二公皆宋代知名之士，所謂皆行《功過格》之法，恐係附會之說，並無確據。惟《功過格》一書，則至今仍流傳於世，視其內容，大體都是敬褻文字的獎懲準則，可能在宋代以前，惜字風氣即已普遍的存在。

《功過格》相傳為文昌帝君乩筆，共分「倫常」、「敬慎」、「節忍」、「仁愛」、「勸化」、「文學」、「居官」、「閨門」等八門，每門再分各項，每項又分「功格」、「過格」，有關惜字功過，列入「文學」門。

一、惜字先端敬聖樓

「臺灣府城」今臺南市，是目前所知道臺灣的敬惜字紙活動開始的地方，府城大南門外的敬聖樓，祀文昌帝君，即爲此一活動的中心所在，據清乾隆五年（1740）劉良璧纂輯《重修福建臺灣府志》卷九〈典禮〉（祠祀附）云：「敬聖樓，在南門外。清雍正四年，拔貢施世榜建，祀文昌帝君。卷十七〈人物〉孝義附云：「施世榜上子文標，鳳山人，拔貢生。樂善好施，闔黨姻族貧者，多所周卹。嘗建敬聖樓於南門外，以拾字紙，由壽寧教諭授兵馬司副指揮令」。

敬聖樓由施世榜建於清雍正四年（1726），至清乾隆十年（1745），經劉勝鳩案重修；清乾隆四十二年（1777），再經陳朝樑重修。清嘉慶二年（1797），郡垣人士復集資重建，由生員陳廷瑜、生員黃汝濟，後來成爲拔貢、職員吳春貴、歲貢韓必昌等人董其事。清嘉慶四年（1799），增祀倉聖人，統稱爲南社書院。置田園八甲，大小二十四坵，坐落在嘉義縣轄善化里木柵社，以供祀費。而傭工撿拾字紙的經費，則另由韋啓億等捐資。同時，並於西定坊的魁星堂後建敬字亭，以收藏字灰。嗣因南社書院位置偏遠，出入不便，清嘉慶六年（1801），眾士紳乃改奉倉聖人牌位於敬字堂中，字灰列架於兩側，並擴建廂房，供撿拾字紙的傭工居住，每年與南社書院同日祭祀。

清嘉慶十一年（1806），臺灣道慶保捐資倡議改建，議成，乃興修倉聖堂居中，前爲魁星堂，東爲朱文公祠，西爲敬字堂，統名中社書院。其經費來源，則包括清嘉慶六年（1801）所捐存生息銀四百圓，供倉聖祭費；又清嘉慶十一年（1806）所捐置店六間，在書院東畔，以及清乾隆三十九年（1774），陳朝樑捐存生息的一百圓，經郭紹芳以興修餘資合此項置業生息，供魁星祭費。

先是郡垣字跡穢褻，人鮮知敬，但自擴建敬字堂後，即頓改舊觀，當時磚造的字紙爐「聖蹟亭」即多達十五所，其分佈的情形如次：一在武廟前、一在關帝廟祿位祠前、一在紅毛樓前、一在龍王廟前、一在總爺街、一在府口、一在彌陀寺前，凡七所，皆韋啓億等鳩資所建；一在大西門邊，爲李廷宮獨資捐造，以上合計八所，俱爲士紳所建。另有街坊民眾捐建的七所，一在東升巷內、一在開山宮前、一在三宮堂邊、一在頂打石街、一在大上帝廟邊、一在天公埕、一在禾寮街後。此等字紙爐所焚化的字灰，均匯集於敬字堂中，凡遇卯年，即十二年一次，闔城即舉行送聖蹟入海的儀式。

關於郡垣建造敬字堂的意義，臺灣縣學教諭德化鄭兼才於清嘉慶十二
（1807）夏，曾撰〈捐建敬字堂記〉予以闡述，略云：「……字紙其迹者也，
返諸聖人之所以作字之故，則欲人知忠孝信義之事，故筆於書，便觸目而警
諸心，求其解以歸於用，則在朝為正人，在鄉為善士，必皆自識字起，其為
教孰大？於是吾願登斯堂者，由其迹以觀於深得聖人制字之意，務無虛敬聖
之心，則倉聖之祀，與文昌、魁星且並光學校，豈徒區區字紙乎哉。」且誠
如鄭氏所論，撿拾字紙乃貴在尤其迹以觀於深得聖人制字之意，務無虛敬聖
之心，而並不在乎區區字紙，此點才是最重要的。

其次，歲貢生章甫所著《半崧集》卷六也收有〈建敬聖亭疏〉，係撰於清
嘉慶二年（1797），是為募建敬聖亭而作的文章，其中有「臺郡文瀾扇海，翰
墨流香」之句，可知所見的敬聖亭當位在郡城內，且建非一處」，因文成於清
嘉慶二年（1797），自與上述士庶所建的十五所字紙爐無涉，蓋郡城自清雍正
四年（1726）施世榜建敬聖樓募僧撿拾字紙以來，迄清嘉慶四年（1799）增
奉聖神位止凡七十年，其間當有建造聖蹟亭以焚化字紙者，證以章氏之文愈
覺可信。

二、民間禁忌

官憲的推行惜字上立意固佳，但卻未能收到立竿見影的效果，充其量只
不過禁止若干公開發售的食物印字、器物漆字之類陋習而已。至於民間日常
起居，與文字攸關者，則難免會有鞭長莫及之嘆，於是乎主宰文字的神祇，
遂應運而生，在當時的社會環境，其效果之大是可想而知的。

眾神之中，與敬惜字紙民俗關係最深的，除制字先師倉聖人外，當推大
魁夫子，就是魁星與文昌帝君。臺灣民間則又將大魁夫子、文昌帝君與朱衣
神君、關聖帝君、孚佑帝君合祀，稱為「五文昌」，信仰亦甚普遍。因冥冥之
中既有神祇的鑒臨，故普人基於世傳文昌帝君有名的「蕉窗十則」五戒五勸，
即列有「戒廢字」之條，云「勿以舊書裹物糊牆、勿以廢文燒茶拭桌、勿塗
抹好書，勿濫寫門、勿嚼詩稿、勿擲文尾。「不但如此，《文昌帝君寶訓》一
書，更列有「廣惜未有字十八條」，此乃指士子的筆下道德而言，並非有形的
字紙，十八條包括有下筆關人性命者、關人功名者、係人閨閫者、訐人陰私
者、傷人祖父者、干犯長上者、代人唆訟者、離人骨肉者、謀人財產者、傾
人活己者、有成淫戲者、令人飲恨者、觸大忌諱者、顛倒是非者、妄生猜疑

者、有關風化者、褻瀆聖賢者、傷害物命者俱是告戒士子於下筆之先，應考慮其後果，以重文責。

雖然一般勸導敬惜字紙的善書，均鼓勵將字紙火化，為臺灣民間有一項很大的禁忌，傳說灶王爺「司命眞君」目不識丁，苟將字紙送入灶中焚燒，不啻是一種諷刺，故會受到瞎眼的懲罰。

灶神起源甚古，在往年農業社會，幾乎家戶都祀有其神位，與民間關係至為密切。臺灣民間流傳甚廣的《敬灶章》一書，最初刊於清道光二十年（1840），清光緒十三年（1887），彰化「勝芳」曾加翻版。書分八章，其中第七章即是專講「敬惜書字」的，列有種種文字禁忌。

此外，民間還盛行其他文字禁忌，惜無完整的資料，難窺全貌，僅能從各種善書加以歸納，約有下列三大類型：

（一）勸戒士子

撰邪說淫詞、損人壞俗文字、早起穢手不洗執筆研墨翻書、大小便不洗手讀書寫字、文字任意擲床榻被褥不潔之處、文書字扇帳目藏靴襪、以字扇裸臥搧風、裸體讀書、子弟背書怒擲地下、粉牆板壁桌案隨意亂寫、字紙點火吃煙、字紙燒茶拭几硯、以書枕頭、字紙蘸油燃亮、口中嚼爛、因怒扯碎、刻字筆梗用舊不燒久致廢棄、廁中讀書、舊籍和灰、詭秘劃言地下、酒醉寫字、輕筆亂寫拋散、旋寫旋塗抹、寫離婚賣兒子、唆訟砌詞、塗抹好書，任寫訛字怪俗字……。

（二）勸戒眾人

牆角出小恭處貼報帖字條及官府告示、面對壁上字帖大小便、城磚石有字小便其上、賣廢書、字紙夾針線、糊窗壁、包裹物件、遺棄污穢、刀剪裁破、不潔之物及新靴襪等置書上、有字綾絹改做衣裳、布疋連字做衣、靴裡字號不去、順袋荷包繡字、椅凳反面貼姓氏、錢置穢地並坐身下、香粉茶皂等物用招牌字號紙包不焚、新年換對刮碎舊字不燒、無用帳目及廢書字稿既不收藏又不焚燒聽鼠唧蟲蝕、途中污穢字紙不留心撿拾，瓷碗字跡不撿拾、燒過字灰不赴流水、字紙覆罈蓋甕糊窗擦盤、或作竹馬頭騎破丟於糞內、或作鬼紙臉戴壞丟於溝中、毀人刻揭、敷粘滿壁輒為風雨所飄零、錢繫女腰、膝上置書、字紙塞鼻拭膿、手拈唾涎寫字、靴上做卍字、小兒戴有字首飾、被蓋上書號、舊書板作柴燒……。

（三）勸戒各業

典鋪修削字號小牌隨即燒盡勿可狼藉、小票取贖時必須撿出收入字彙以免狼藉、西客皮貨每張勿用圖記、扇店做夾青扇骨切勿寫字、煙店紙包勿加圖記〔註1〕、茶食店糕上每用狀元茯苓紅印字樣〔註2〕、書鋪用舊褙新書並以字紙作紙捵切訂裁碎最為褻字〔註3〕衣莊號碼不可加於裙褲被褥上，靴鞋幫內勿用圖記、線香紙上勿用字印。可見廢紙再製新品，雖為當時風氣所不容，但利之所趨，仍會有人秘密進行交易。

三、宗教對敬褻字者的獎懲

早年民間對敬惜字紙的虔誠態度，固然歸功於神道設教的勸導有方，其實最主要的，還是吾人趨吉避凶的心理有以致之，蓋當時的推行敬惜字紙，每編纂各種善書，將敬褻字者的因果報應，舉證歷歷，以收潛移默化之效。關於敬褻字者獎懲的執行機構及標準，據臺灣民間流傳極為普遍的《玉歷至寶編》有云：「六殿卞城王，司掌大海之底，正北沃燋石下大叫喚地獄，廣大五百由旬，四周復另設十六小地獄。……陽世……藏貯悖謬淫書不燬、不敬惜字紙經書、塗扯勸善書章、器皿、臥床、椅桌一切器用瀆書字號墨記……等項，有犯之者，俱發入大叫喚大地獄，查所犯事件，應歸何處小地獄。」此為陰司對不敬惜字紙者最嚴厲的懲罰。至於獎懲的標準，諸書不一，最具代表性的即世傳的《文昌帝君功過律》，書中列有惜字功律二十四條、褻字過律二十九條，為敬惜字紙的重要文獻，爰迻錄如下。

（一）惜字功律二十四條

1. 平生以銀錢買字紙至家，香湯浴焚者；萬功，增壽一紀，得享富貴，子孫賢孝。

2. 平生偏拾字紙至家，香水浴焚者；萬功，增壽一紀，長享富貴，子孫榮貴。

3. 多收字紙，字灰深埋深地者；一千功，安樂不流離，子孫昌盛。

4. 刊印惜字文書，遍傳世人者；五百功，永無是非，多生貴子。

〔註1〕 人不留意，取其茶遺其紙，最為造孽。
〔註2〕 日賣與人最為造孽。
〔註3〕 租貸唱本小說之店，此孽尤為更甚。

5. 抄寫敬重字紙書訓，闔門令其珍惜者；三百功，子孫發達。

6. 見惜字文留示子孫，乃己身敬信功禮者；百功，安樂無禍。

7. 化人銀錢，買字紙浴焚者；百功，增壽一紀，施財人永遠富貴。

8. 勸世人惜字，並焚怪異淫亂等書者，百功，本身增壽，子孫昌盛。

9. 僧道不以有字之幡作囊雜用，能自戒勸人者；五十功，德名光顯。

10. 見人作賤字紙，能以素紙換焚，或以它物換焚者；五十功，百病不生，轉禍為福。

11. 禁人不以字紙拭穢者；五十功，其人昌盛。

12. 凡人有難，或急或緩，見字紙必焚浴者；萬字十功，即得平安。

13. 勸人不以字紙及錢，放床褥下者；十功，一生永得平安。

14. 偶遇穢處，見字紙即收起，不輕忽者；十功，一生平安。

15. 禁人馬上有文字及錢者不騎；十功，永得安樂。

16. 不以字紙及書夾鞋樣，自戒內眷及勸人者；六十功，子孫智慧，不忤逆。

17. 勸人不以書字置濕處霉爛、並扯碎毀踐者；十功，必得名壽。

18. 生平不輕筆亂寫，塗功抹好書者；十功，永無凶事。

19. 刮洗器物門壁上字者；十功，眼目光明。

20. 讚揚敬字文為功德者；十功，獲福必多。

21. 見人以字紙封蓋葷臭器皿，換取浴焚者；十功，無惡事相遇。

22. 遇字紙污濁，漂淨水中者；百字一功，免諸疾障。

23. 以字紙焚香爐中者；五功，得享吉祥。

24. 代人收採浴焚字紙者；萬字一功，得享清福，勸人多惜，報應如例。

（二）褻字罪二十九條

1. 將人錢買要浴焚之字紙，取用作賤者；一百罪，夭折，子孫貧賤。

2. 騙人買字紙錢，不買字紙焚者；一百罪，定然惡病夭折。

3. 己身不敬字紙，經書，又不訓子弟，遞相輕侮者；一百罪，惡瘡遍體，生癡聾喑啞。

4. 遇字紙焚處，踏踐撲滅收用者；八十罪，定生腫毒。

5. 家中破書廢紙，換碗換糖作踐者；八十罪，定生癡聾喑啞。

6. 家藏敬字書文，或拭穢並糜爛者；七十罪，多惡事無救。

7. 僧道以有字幡，作囊雜用者；六十罪，薄福受刑。

8. 以字包藥、裹經書、木魚、器用者；五十罪，蒙蔽慧心。

9. 以字紙拭物拭几，及揉搓棄地者；四十罪，遭流離、去智慧。

10. 勸善書、惜字文，不信不傳者；三十罪，窮年窘迫，生不孝子。

11. 以經書、字紙，放船艙底並馬上騎坐者；十罪，生瘡，受人欺侮。

12. 己身不敬重字紙，反笑人者；十五罪，多遭橫非。

13. 以字紙漂污水、焚穢地者；十五罪，多目疾皆盲。

14. 以經書作枕頭，及以錢與字放床褥者，十五罪，窮苦受杖。

15. 以字紙引火打亮者；十罪，生瘡癬。

16. 見婦女剪字紙做鞋樣，爲花墊盤、盛盒，男子不禁止者；十罪，受官刑懲。

17. 以字紙糊窗、墊褙屏、裱書殼者；十罪，定冤枉不明。

18. 以字紙嚼爛吐壁上，及扯碎作書撚者；十罪，爛唇，手生惡瘡。

19. 掩昧敬紙功德者；十罪，不得吉祥。

20. 女眷以字紙、經書夾鞋樣，男子不禁止者；十罪，生忤逆子女。

21. 婦女繡字於荷包、香袋、扇插、枕頭上，不行禁諭，及繫帶腰間，枕臥褻污者；五罪，得暈眩拘攣疾。

22. 親筆亂寫，拋散不顧，及旋寫旋抹者；五罪，滅聰明。

23. 以字紙、扇書啓插靴襪者；五罪，足生毒瘡。

24. 以字號寫器物上，致人坐踐者；四罪，家店店不祥。

25. 以不淨手檢閱經書者；三罪，生叉指瘡。

26. 以字磚墊路者；三罪，行事不順遂。

27. 於地上畫字者；三罪，多遇險阻。

28. 剜裁字跡者；一罪，多受驚。

29. 以字紙褙神像，拾納牆壁內者；一罪，雖有功不錄。

早年臺灣由於印刷術不發達，教育未能普及，而成爲敬惜字紙風氣凌駕中國內地的最主要因素。如今印刷術日新月異，各級學校林立，文字的應用，

也日趨廣泛，舉凡吾人日常生活所接觸者，無論是食、衣、住、行、育、樂，鮮有不使用文字的。畢竟時代已異，於今固然不能以昔人的眼光，來作爲敬藝字紙的準繩，但亦不能將昔人視爲神聖的惜字觀念，概以迷信、無稽爲理由，橫加一筆抹殺，例如牆上亂寫文字、張貼紙張，或隨地任意丟棄字紙、撰寫邪說淫詞、損人壞俗文字……等行爲，在我國現行的法律，尚且有處罰的條文。其它如隨意扯碎書籍、字紙必須收入字紙簍、早起觳手翻書研墨、大小便後讀書寫字、裸體或酒醉讀書等禁忌，則爲關係個人的道德修養，故某些禁忌仍是值得提倡、保存的。

第三節　臺灣的書院與中華文化的傳播

自宋代以來，書院在我國傳統教育制度上，逐漸佔有重要的地位。在教育學制系統之中，雖然它始終居於輔助之性質，爲補救學校制度課而不教之缺點、講明正學以達到政教合一的效用，以及爲培養能夠應試掄選的人才而設立（《廣東書院制度》p188）。卻也因爲爲補助之性質，所受政府的監督與影響較少，故而講學較爲自由，學者主講時較易發揮教育之理想，而成爲維護與傳播中華傳統文化的重鎮。

臺灣的書院爲內地書院的延長，同樣具有維護與傳播中華傳統文化的功能，與中華文化在臺灣的移植，具有密切的關係。就書院的祭祀、學規、建築與名稱等方面討論。

就書院的祭祀言，內地的書院皆重祭祀，每置祀產以資祀事。所祭祀之人，或爲先賢先儒，以其有功德於聖門，所以報功而示勸；或爲有功於地方之守令，以其遺愛於士民而誌去思；或爲捐建書院者，以其有功於文教，爲創建書院之功臣。如戴鈞衡〈桐鄉書院四議〉云：

> 一祀鄉賢，今天下郡州縣，莫不有書院，類莫不有崇祀之典。其大者祀孔子及七十二弟子，如各郡縣學宮故事，其小者多各祀其地先賢。吾以爲孔子大聖，朝廷既已祀之學宮，無取乎書院之瀆祀，惟各就其地，奉一大賢以爲之主，其餘依次從列，山長春秋擇日率諸生行祭，又於月吉月望，相率冠帶拜謁，登堂瞻仰，慨然想見其爲人。（《中國書院制度》p213）。

臺灣的書院一如內地，亦重祭祀。如道光四年〈1824〉北路理番同知鄧傳安

倡建的文開書院，中祀宋徽國朱子文公，兩旁以海外寓賢明太僕寺卿沈光文、明左僉都御史徐孚遠、明兵部侍郎王忠孝、明都御史辜朝薦、明右副都御史沈佺期、明兵部尚書督師盧若騰、明右副都御史郭貞一、清廣州知府藍鼎元八人配享。鄧傳安在〈文開書院釋奠祭先賢文〉云：

> 海外文物，有開必先。仰惟徽國，過化漳、泉，地隔重險，月印萬川，求配曩哲，心儀寓賢。厥初臺島，聲教未宣，太僕蒞止，槎浮月邊，徐市梅福，脫身升仙；鄭氏東渡，齊士從田；幾社名宿，陳夏比肩；辱臨荒徼，夜郎自憐。惟徐惟沈，塼土而甄，牖民孔易，家誦戶絃。百年遠紹，詎忘薪傳？嗟嗟采薇，首陽之顛，嗟嗟精衛，滄海是填。曰忠曰孝，節炳中天。正鵠繹志，百折彌堅。尚書都憲，侍郎聯翩，係遜有屬。桑梓周旋。匪躬蹇蹇，辜郭競焉。延平靜友，式禮莫愆。亂世平世，易地皆然。文準康濟，鹿洲志專。運籌草檄，脫腕便便。東征作記，楊屬無前。勤事定國，並宜明禋。祀典雖闕，義起從權。講塾新開，釋奠告虔。大儒作則，配食肆筵。（《彰化縣志》卷 12p433）

鄧氏在上文中，對於朱子暨寓賢八人與臺灣的密切關係，皆有詳細的敘述。而上述九人之中，朱子為閩中大儒，是宋代以來儒學的正宗，寓賢八人則為中華文化傳播臺灣的先驅，是臺灣文教的拓荒者，文開書院祭祀之，蓋欲書院生徒取法他們，人人成為傳播中華文化的一份子。其他書院或祀朱子，或祀宋五子者亦然。

就書院的學規言，內地公私立書院皆訂有學規，其中大多係仿效白鹿洞學規而頒訂的〔註4〕。福建省因受朱子影響最深，其書院尤奉白鹿洞學規為圭臬，以為諸生為學做人的準則。臺灣書院的規制，多取法福建省「鰲峯書院」，亦以朱子為精神偶像，故其學規皆力仿內地，實包括有維護與傳播中華文化的要旨在內。茲舉數例如下：

乾隆五年（1740），分巡臺灣道劉良璧手定海東書院學規六則：一曰明大義，二曰端學則，三曰務實學，四曰崇經史，五曰正文體，六曰慎交友。（《重修福建臺灣府志》卷 20p560）

乾隆二十四年（1759），分巡臺灣道兼提督學政覺羅四明勘定海東書院學

〔註 4〕 白鹿洞學規為朱子所訂，包括五教之目、為學之序、修身之要、處世之要和接物之要，簡要明白，南宋以來中國的書院多奉為教育宗旨。

規八則：一曰端士習，二曰重師友，三曰立課程，四曰敦實行，五曰看書理，六曰正文體，七曰崇詩學，八曰習舉業。(《續修臺灣府志》卷 8p359。)

乾隆三十一年（1766），澎湖通判胡建偉自定文石書院學約十條：一曰重人倫，二曰端志向，三曰辦理欲，四曰勵躬行，五曰尊師友，六曰定課程，七曰讀經史，八曰正文體，九曰惜光陰，十曰戒好訟。(《澎湖廳志》卷 4p118)

嘉慶十六年（1811），彰化知縣楊桂森手定白沙書院學規九則：一曰讀書以力行為先，二曰讀書以立品為重，三曰讀書以成物為急，四約讀八比文，五曰讀賦，六曰讀詩，七曰作全篇以上者之學規，八曰作起講，或半篇學規，九曰六七歲未作文者之學規。(《彰化縣志》卷 4p143)

光緒年間，澎湖文石書院主講林豪為該書院續擬學約八條：一曰經義不可不明也，二曰史學不可不通也，三曰文選不可不讀也，四曰性理不可不講也，五曰制義不可無本也，六曰試帖不可無法也，七曰書法不可不習也，八曰禮法不可不守也。(《澎湖廳志》卷 4p120)

上述各條目，皆自博大精深的中華文化擷取精華，以為書院諸生之遵行。從上述各條目之中，吾人可以看出清代臺灣書院維護與發揚中華文化的苦心，而中華文化經過書院近二百年的傳播，其逐漸融入臺灣社會之中，自為必然的結果。

就書院的建築言，「建築是文化的具體證物」(〈臺灣的傳統建築〉p1)，最能表現不同地區的文化特色。清代臺灣因是閩、粵人民的移墾區，因此臺灣的傳統建築遂表現出濃厚的移民建築色彩，是中華文化的直接移植。書院的建築亦不例外。

清代臺灣各書院的建築，雖因書院本身經費的充裕與否，而有規模大小之別，但其格局則皆取法內地書院。其院舍形式，皆具祠宇性質，或兩進如龍門書院「前後兩進。……前進祀朱子文公、梓潼帝君、關聖帝君，後進祀制字倉先聖人。(《雲林縣采訪冊》p15) 或三進如明志書院「計一座三進：中為講堂，後祀朱子神位，左右兩畔各房為生童肄業所。左為敬業堂，一排五間，堂以外另建一小廊〔註5〕。」或宏敞如文開書院「坐坤向艮，兼申寅，周圍六十丈有奇。前列三門，門豎石坊。由門而進為前堂，階崇三尺。堂前二丈四尺三寸，廣四丈九尺，深不及廣一尺二寸。中祀徽國朱文公，兩旁以海

〔註 5〕　《新竹縣志初稿》鄭鵬雲、曾逢辰纂輯（臺灣文獻叢刊第六一種 1959 年 11月，頁 94。）（以下引用此書時只於引文之後僅註記書名、卷數及頁碼）。

外寓賢八人配享。再進爲講堂，高一丈九尺六寸，深三丈五尺，階崇與前堂均，廣如前。由講堂而進，聯以甬道，覆以捲柵，左右夾以兩室，是爲後堂，以居山長。其修廣殺於前。左右兩旁學舍一十四間，爲諸生童肄業之所。前有客廳，後有齋廚。規模宏敞，樸實渾堅。(《彰化縣志》卷 12p402)等，皆爲內地書院建築的移植。此外，書院建築的風貌，亦因襲內地；甚至建築材料與工人，亦均自內地運來，其完全因襲內地書院之建築，乃是血肉相連的事實。因爲清代臺灣書院的設立，遍佈臺灣南北各廳縣，總共達數十所。且書院爲主持地方文運的中心，是當時讀書人定期聚會的場所，因此其代表中華文化內涵的建築，當能發人思古之幽情，予人潛移默化之作用，有助於中華文化的傳播。就書院的名稱言，清代臺灣書院的命名，一如內地，多取與創建宗旨「興賢育才」、「提倡文教」有關者，如興賢書院、英才書院、宏文書院、振文書院、修文書院等。此種寓創建宗旨於書院名稱之中，乃內地書院之一特色，故臺灣書院之名稱不少與內地各書院相同。由此可以看出臺灣書院與內地書院的關聯，以及維護與傳播中華文化之深意。另外，如文開書院爲紀念臺灣文獻初祖沈光文〈字文開〉而命名，尤具宏揚中華文化之意義。倡建者北路理番同知鄧傳安談及文開書院命名的緣由說：(《彰化縣志》卷 12p429)

> 溯臺灣歸化之初，得寓賢沈斯庵太僕設教，而人知好學，是全郡風
> 氣開自太僕。按太僕名光文字文開，浙江鄞縣人。今義舉期於必成，
> 即借太僕之表德，豫爲書院定名焉。

又如仰山書院以景仰楊龜山而得名〔註6〕，倡建者委辦知府楊廷理〈蘭城仰山書院新成志喜詩〉云：(《噶瑪蘭廳志》卷 12p140)

> 龜山海上望巍然，追溯高風仰宋賢，
>
> 行媲四知敦榘範，道延一線合眞傳。
>
> 文章運會關令古，理學淵源孰後先？
>
> 留語諸生勤努力，堂前定可兆三鱣。

楊時，字中立，福建將樂人，與游定夫立雪程門，爲二程高弟。其學以身體心驗爲主，一傳羅豫章，再傳李延平，李延平再傳朱子，爲閩學宗倡，學者

〔註6〕《噶瑪蘭廳志》陳淑均（臺灣文獻叢刊第一六〇種，臺灣銀行經濟研究室，1963 年 3 月）卷 4 頁 139。（以下引用此書時只於引文之後僅註記書名、卷數及頁碼）。

稱龜山先生。臺灣書院的創建，多取法福建省的書院，故楊廷理取以命名書院，其於中華文化「承先啓後，繼往開來」之心志，慨然可見。

其它如白沙書院之命名，舊稱係「以彰化山川之秀，惟白沙爲冠，取其地以名之。」(《彰化縣志》卷 3p101) 惟今人馬肇選根據文開書院之紀念鄞縣「浙學」沈光文「文開」，以及仰山書院之紀念將樂「閩學」楊時，推測白沙書院可能係紀念新會「粵學」之陳獻章「白沙」而命名的。他說：

> 上述兩書院與白沙書院關係至爲密切，其規模、學規均取法乎後者，
> 這命名亦可能是某種倣效或暗示。因爲在復明的諱忌下，以地名訛作
> 院名的解釋，當有某種不得已的苦衷，但前二者不發生問題，一係留
> 臺之明遺老，一係宋朝的儒學大師。這第二個原因，是當時彰化的粵
> 級讀書人已經不少，時常發生請配「粵額」的要求，而且乾隆九年開
> 彰化縣功名之例，即所謂「登解額」首中舉人的黃師琬，雖然配屬「閩
> 額」，但是他的祖籍卻是潮州府的海陽人，道道地地的粵籍。這在當
> 時，當然是教育上的一大壓力，許是爲了這個原因，既可平息士子的
> 「意氣」，又孕育某種追遠之至意，祇是不便、不能、不敢或是不願
> 詳細解說。或是命名之際，亦曾考慮到「閩粵分類」的械鬥，乃以地
> 名作爲化之：而且同時化解了清朝的猜疑，這都有可能。而且在當時
> 的「風水」觀念上，並沒有「主人才蔚起之象。〔註7〕

若馬肇選上述的推側屬實，則白沙書院亦如文開書院與仰山書院，在創建命名之初，即隱然有傳播中華文化之深意了。

第四節　臺灣的書院與地方才俊的培育

唐宋以前，我國的學制只有國學、太學與鄉學、小學之分；而鄉學之中，又有黨、庠、術、序之別。其後，國學分館與科，鄉學又分爲府、州、縣之學校。因當時的學校，每徒有其名而無其實，而學校教官亦只課而不教，故宋代的三舍之法與明初的六堂之制，都想從教學上著想，以補其空泛之弊。唯此兩種辦法亦有流弊，故未幾即歸停止。書院之制，遂於此時期中應運而興，以補學校之不及。明人黃泰泉〈論書院〉云：

〔註 7〕《臺灣書院小史》馬肇選 (彰化縣：社會教育館研究叢書之四，1977 年 9 月)
　　　　頁 71。

夫太學之教行，而成人有德；小學之教行，而小子有造，則亦何賴
於此？惟夫學校救導無實，講學既廢，修學奚由？刑邵謂此何異兔
葵燕麥，則夫別設書院，以延名儒淑子弟，又焉可無哉？（《廣東書
院制度》p1）

因為書院以「延名儒淑子弟」為務，「萃師徒於一堂，畫有講，夜有讀，講業
請益，訂期角藝，無風雨晦明之間，有賞奇析疑之樂。」（《廣東書院制度》
p2）大有裨於生童，故遂與儒學同為培育人才不可或缺之所。

　　清代臺灣書院的教育內容，雖與上述宋元明書院不盡相同，但其培育地
方才俊的功能則無不同。就書院的藏書、講學之風、膏火制度與人格教育理
想等方面，分別加以論述。

　　就書院的藏書言，唐代首建的麗正書院與集賢書院，原為國家藏書之所，
而非如後世的教育之所，可見藏書實為書院的重要功能之一。過去的社會，
由於印刷業不發達，書籍的流通不多，故寒士每因無力購書，而有無書可讀
的情形。清代臺灣僻處海上，與內地交通不便，書籍的獲得尤為不易，因此
當時書院利用所藏書籍提供士子的研讀，對教育的普及與文化的提高，當有
積極的貢獻。以仰山書院為例，該書院設在臺灣東北部的噶瑪蘭廳，開發較
遲，文教落後，書籍缺乏。道光六年（1826），福建巡撫孫爾準來臺巡視，至
噶瑪蘭廳，見該書院諸生有嚮學之志，而苦乏書籍可讀，因就福建鼇峰書院
藏書中，撥出《史記》以下四十餘種，運存仰山書院，以為諸生稽覽之資〔註

────────────

〔註 8〕 福建巡撫孫爾準運存噶瑪蘭廳仰山書院的書籍四十餘種，其書目俱存於〈噶
　　　瑪蘭廳志〉，為目前僅存的清代臺灣書院藏書目錄。從該書院藏書目錄中，吾
　　　人可以獲知當時仰山書院生徒的讀書內容。茲特抄錄書目、冊數如下：《史記》
　　　三十二本、《諸葛武侯集》二本、《陸宣文公集》二本、《韓魏公集》二本、《司
　　　馬溫公集》六本、《周濂溪集》四本、《二程文集》四本、《二程語錄》五本、
　　　《二程粹言》二本、《張橫渠集》四本、《上蔡語錄》一本、《重編楊龜山集》
　　　三本、《重編羅豫章文集》二本、《李延平集》二本、《朱子文集》十四本、《朱
　　　子語類》六本、《朱子學的》二本、《讀朱隨筆》二本、《張南軒文集》三卷、
　　　《黃勉齋集》四本、《陳克齋集》二本、《眞西山文集》二本、《道統錄》三本、
　　　《伊雒淵源錄》四本、《道南源委》一本、《濂、洛、關、閩、書》五本、《文
　　　文山集》二本、《謝疊山集》一本、《重編熊勿軒集》一本、《許魯齋集》二本、
　　　《方正學集》二本、《重編薛敬軒集》四本、《居業錄》四卷、《陳剩夫遺稿》
　　　一本、《羅整庵存稿》二本、《困之記》一本、《學蔀通辨》四本、《楊椒山集》
　　　一本、《張陽和集》一本、《思辨錄輯要》四本、《讀禮志疑》二本、《問學錄》
　　　一本、《陸稼書集》二本、《學規類編》六本、《養正類編》六本。以上見陳淑
　　　均《噶瑪蘭廳志》卷8，頁436。

8）。其書多先儒語錄，乃康熙年間張孝先伯行撫閩時，摘刻正誼堂本，自《史記》、《二程粹言》及《李延平集》外，因刪節過多，或有不能完備者。（《噶瑪蘭廳志》卷 8p436）然仰山書院數十生童，從此有書可讀，人人稱便。

　　就書院的講學之風言，自宋元以來，內地各書院皆置有一人或數人主講，負責教授書院生徒，並定期考課生徒之詩文；地方官亦時常蒞臨書院，或與山長講學論道，或協同山長課教書院生徒，以示提倡之意。清代臺灣的書院因襲這種傳統，亦各置院長一人主講，而地方官之提倡亦不遺餘力。

　　因爲清代臺灣主講書院者，不少出身書院，淡於名利，以教育爲職志者，如出身白沙書院的鄭用錫、郭成金，先後主講明志書院，「汲引後進」、「及門多俊材」（《淡水廳志》卷 9p270）丘逢甲出身海東書院，光緒十五年（1889）成進士後，未就兵部主事之職，而返鄉里任崇文書院院長，誘掖後進（《臺灣通史》卷 36p108）鄭用鑑主講明志書院垂三十年，「誨人諄諄，至老不倦。（《臺灣通史》卷 34p968）至於地方官，亦有不少積極提倡文教者，如首建崇文書院的衛臺揆，「時延諸生，分席講藝，親定甲乙；文學以興。」（《臺灣通史》卷 34p939）又如捐建文石書院的胡建偉，「親校文藝，手訂學約十條，以爲程式。」（《臺灣通史》卷 34p944）再如嘉慶元年（1796）任彰化知縣的胡應魁，慨然以振興文教爲己任，「其校士矢公矢愼，書院按月課試，躬爲評隲，時以育才爲心，所拔取者多名下土。」（《彰化縣志》卷 3p104）因此當時書院的講學，尚能秉持傳統的制度與精神，而成爲各廳縣的學術中心，爲各地方人才匯集之所。

　　就歷代書院講學的內涵看，宋明二代書院的講學，其宗旨爲講明正學——理學，因此書院不只爲補學校之不逮，而且與理學互爲表裏。而清代書院院長的講學，雖仍揭濂、洛、關、閩之學爲宗，然其趨向，一受於順治九年（1652）藉口書院結黨遊談的禁抑，再受於乾隆九年（1744）禮部議覆書院月課試仍以八股爲主的限制，於是宋明私營自由講學之風氣，一變而爲官督之定制，故書院講學的實際內容，已由理學轉爲章句之學，而成爲清廷造就治術人才的所在。（《廣東書院制度》p3）

　　就書院的膏火制度言，清代臺灣的書院一如內地，亦皆訂有津貼寒士膏火的辦法，以獎掖雋才，供寒士生活之需。這種膏火制度是我國過去教育突破階級限制的特殊措施，實爲貧寒士子的一大德政，書院生徒不但賴此以自給，且可瞻養家室，以安心讀書。

　　各書院所提供膏火的名額與數量，乃視其院產與收入的多寡而決定的。例如明志書院章程規定：「全年考課八期，每月官師二期，生員超等一名給膏伙銀二圓，餘超等均一圓；特等一名給膏火一圓，餘均五角；一等不給。童生上取一名給膏伙銀一圓，餘上取均五角；中取一名給膏伙銀五角，餘中取均二角五瓣；次取不給。」（《新竹縣志初稿》卷 3p97）又如學海書院規定：「每月官師二課，生員超等一名，給膏伙銀二圓，超等二名起，至特等一名止，均一圓。餘特等皆五角，一等不給。童生上取一名一圓，餘均五角。中取、次取不給。」（《淡水廳志》卷 5p141）此外，有的書院於年初官課時依成績之優劣，將生童類別為內課生、外課生及附課生三種，除附課生外，分別賞給若干膏火。例如白沙書院於年初官課時，取生員十二名為內課生，二十名為外課生；取童生二十名為內課生，四十名為外課生，其餘生童皆為附課生。師課時，生員內課生各給膏火二圓四十錢，外課生各給一圓二十錢，童生內課生各給一圓二十錢，外課生各給八十錢，附課生皆不給。其它如海東書院、崇文書院亦有內、外課生之別，膏火給與各有差等。（《臺灣私法》p326）

　　因為清代臺灣社會常以書院應舉及第之多寡，以評價書院的教學成果，如澎湖〈文石書院碑記〉云：「澎湖之形勢仍舊，而氣象聿新者，蓋自胡公設立書院始。……公遂捐俸以倡，……延名儒掌教，月給膏火。……季考月客，循循善誘，丙戌、丁亥，按乾隆三十一年科歲兩試，入泮者六，備卷者四。從此而掇巍科，登顯仕，人文鵲起，甲等蟬聯，皆我公樂育之功也。」（《臺灣教育碑記》p29）即反映出此種社會心理的趨向。換言之，興辦書院使地方士子榮登科第，則每受當時地方士紳之讚美與敬佩。在此種情形之下，自然有不少書院積極鼓勵生童應舉，對於參加歲試、鄉試及會試之生童，發給花紅或盤費，以示鼓勵之意。例如龍門、修文、海東、鳳儀、雪峰、文石、仰山及英才等書院，皆有此類獎勵措施，藉以提高生童應舉及第率。

　　臺灣自歸清版圖後一百餘年間，社會始終停留在移墾形態之中，當時人民多致力於拓墾草萊，每無暇亦無餘力接受教育，因此書院所訂的膏火制度，對於無力入學的優秀士子提供很大的幫助。尤其是臺灣遠隔大洋，赴福建省城、京城參加鄉試、會試甚為不便，且所費甚鉅，不少寒士每失去赴試之機會，故書院發給花紅或資助盤費，對於士子的赴試，實有莫大的助益。

　　就書院的人格教育理想言，我國的書院教育，原係人格教育，以「義理之學，修養之道」作為教育的中心，亦即以高尚人格的養成為首要目標，而以倡導學術自由研究與知識的傳授為次要宗旨。如前所述，清代書院重視舉業帖括，課生徒以制藝章句，但仍不忘人格教育的實施。

　　清代臺灣書院秉持此種傳統，對於人格教育亦極為重視，此可從當時書院學規，相當於今日的教育宗旨的訂定，皆首揭育成偉大高尚人格之規條看出。例如海東書院學規，劉良璧撰；第一則為明大義，第二則為端學則，第三則為務實學；文石書院學規，胡建偉撰；第一條為重人倫，第二條為端士習，第三條為辦理欲；白沙書院學規，楊桂森撰；第一則為讀書以力行為先，第二則為讀書以立品為重，第三則為讀書以成物為急等，皆以人格教育的完成，為該書院的首要宗旨。

　　此外，書院裝飾的對聯或匾額，多為勉勵生徒的警句，象徵書院的教育理想，往往包括有教育宗旨在內。對聯如「祖述堯舜憲章文武，栽成禮樂參贊天人」藍田書院；「六經註腳秦漢以來獨步；千聖傳心孔孟而後一人」道東書院；匾額如「禮門」、「義路」明志書院；「怡情」、「養性」鳳儀書院；「桂齋」、「蘭齋」振文書院；「雅歌孝友」礐溪書院等，都充分顯示培育健全的人格，寅為當時書院的教育宗旨之一。

　　當時書院院長與生徒一同住在書院，如學海書院「山長住後堂側室，學生住兩廂齋舍。側室與廂房之間，有漏空花砌磚牆分隔師生各自的小院子〔註9〕。」院長與生徒共處生活，院長除了傳授生徒知識，並督修其課業外，在日常生活與人格修養方面，尤須為生徒的表率，所謂「桃李不言，下自成蹊」，就是此種生活教育的結果。

　　綜合以上所述，可知清代臺灣書院乃中國教育制度的延長，在中華文化移植臺灣，擴大綿延的過程中，實居於重要之地位。

　　就書院的設立言，清代臺灣書院的設置，先後共有四十五所，遍於全臺各地。就其設置年代言，以雍正、乾隆、嘉慶、道光、光緒諸代為盛；而清初康熙年間僅設置二所，蓋自雍正積極提倡以後，始普遍設立。光緒時期設置最多，共計十所，此種情形自係清廷積極經營臺灣的結果。就地理分佈言，臺灣縣：今臺南市縣獨多，他處較少。但就其發展情形看，早期以南部為多，

〔註9〕《臺灣現存的書院建築〈三〉》王鎮華，中國時報「人間副刊」，1978 年 11
　　　月 20 日。

而晚期則以中、北部爲盛，這當與經濟及政治中心之北移有關。至於其組織與性質，清代臺灣書院與內地書院並無差別，其「所以導進人才，廣學校所不及」的功能，亦與內地書院相同。然因清代前期的臺灣社會，尚未脫離原始的移墾形態，故臺灣書院除補助學校之不足的傳統功能外，在教化先民，改善社會風氣、樹立社會清議，作爲主持地方文運中心的社會教育功能方面，尤扮演重要之地位，而值得吾人特別重視。

在中華文化的傳播方面，清代臺灣一如內地，多祭祀有中國先賢，如朱子、宋五子或明清寓賢等，以爲書院諸生所取法。書院的學規，皆力仿內地書院，且以朱子爲精神偶像，實包括有維護與傳播中華文化的目的在內。書院的建築，乃中國傳統建築的直接移植，其格局、風貌皆因襲內地；甚至建築材料與工人，亦均來自內地，其代表中華文化內涵的建築，當能予人潛移默化之作用。書院的名稱，亦如內地，多取與創建宗旨「興賢育才」、「提倡文教」有關者。至於以先賢或寓賢的字號爲命名者，當更具宏揚中華文化之意義。

在地方才俊的培育方面，清代臺灣書院承襲內地書院的傳統，多庋藏有不少經籍，以供士子的研讀，對臺灣教育的普及與文化的提高，當有積極的貢獻。書院的講學，多能秉持傳統的制度與精神，而成爲各廳縣的學術中心，爲各地方人才的匯集之所。書院的膏火制度，使寒士生活有所憑藉，可以安心讀書，在教育機會的提供上，具有重大的貢獻。書院的人格教育理想，以高尚人格的養成爲首要目標，其一切施教，在在顯示培育健全人格的人才，實爲當時書院的教育宗旨之一。因書院所培育的地方才俊，爲清代臺灣建立士紳階級的憑藉，而士紳階級的建立乃是清代臺灣移墾社會轉爲文治社會的表徵，(《清代臺灣社會的轉型》p26) 故書院與清代臺灣社會的發展，實具有密切的關係。

第五節　現代書院與傳統書院的比較

書院是我國封建社會中，傳播傳統文化的重要場所，是我國特有的一種文化教育組織模式。它興起於中唐，雛型於晚唐五代，鼎盛於宋元，持續和普及於明清，至今已有一千二百六十八年的歷史了。它對於我國的傳統文化產生過巨大而深遠的影響。不少學派以書院作爲學術基地與培育人才的搖

籃；許多著名學者都與書院有著微妙的關係；這種特殊教育組織形式的發展歷程，同宋、元、明、清時期的學術思想演變有著密切的聯繫。

滿清末年廢止科舉制度後，學校教育開始學習西方體制，光緒二十七年改各省書院為學堂，且定省設大學、府設中學、州縣設小學之制。光緒三十一年成立學部為統轄全國教育之行政機關。從此書院成為歷史名詞。民國元年元月十九日，第一任教育總長蔡元培下令：「小學堂讀經科一律廢止。」可見清末的新制小學堂也還有讀經。民國元年五月，又下第二道法令：「廢止師範、中、小學讀經科。」於是不只沒有讀經的學生，也消滅了可教讀經的教師。同年七月，蔡元培在全國第一屆教育會議上提出：「各級學校不應祭孔的議案。他認為祭孔是宗教迷信，想以美育來代替宗教，學校祭孔之風從此斷絕，這連續的三個動作，對民族文化的斷絕關係甚大，是中國教育史上的大事。等到民國六年白話宣言出來；民國八年五四運動；民國九年，教育部聽從胡適之的建議，將國小語文課全面改用白話文以後，我們國人漸漸連一般古文都看不來了，更不用說讀經〔註10〕。

幸好民國八〇年代王財貴教授開始推廣「讀經」教育，民國九〇年代接受的人及認同的人愈來愈多，以推廣讀經教育的「讀經書院」也愈來愈多，藉由此研究將傳統書院與現代書院做比較，期望能突顯出「書院」的社會功能及其文化特色，延續書院的歷史意義及展現時代價值。兒童讀經可同時開發左右腦，可開啟兒童的智慧與潛能，培養語文能力，奠定國學基礎，使小孩成為有氣質的文化人。讀經一年就有高中語文程度；讀經二年就有大學語文程度；讀經三年將會終身受用無窮。「讀經書院」成立的宗旨是重拾文化精髓，深植讀書風氣，打開孩子智慧的開端。兒童有極強的記憶能力，已是眾所皆知的事，如何把握住這個絕佳的時機，讓我們的孩子們讀「最有價值的書」就是熟讀祖先數千年留下來的文化與智慧的結晶，還有外國重要的文化經典。作為其一生學習的資料庫，陶養其性情，使其可輕便的汲取人生的智慧。

一、臺灣現代書院與傳統書院之對照

傳統書院與現代書院有沒有差異性，就從經費、教學、教材、考課、書院類型這五方面來做比較。

〔註10〕《兒童讀經教育說明手冊》王財貴（臺北：華山書院 2005 年）頁 14。

（一）從經費方面來比較

1. 傳統書院

傳統臺灣書院的經費收入主要有兩種，一是學租、一是捐款。這兩種收入乃是書院的基本財產。學租是從書院所持有的土地和建築物中獲取租稅，包括田地、園地、家屋、店鋪、漁塭、蔗廍、水圳等。其土地書院擁有大租權，人民擁有小租權；或人民擁有大租權，書院擁有小租權。土地和建築物的來源也有兩種，一是官莊、抄封田地和其他沒收的官有地；一是官員、紳民私人之捐地或捐款，再依捐款購得的土地。一般而言，官設書院的經費大致來自官屬公銀、官莊、抄地、官有地和官員私捐，地方紳民也往往贊助。官民合建的書院，則以紳民捐獻為主，官府補助為副。民間創建者，則以紳民捐獻為主力，官府偶而予以輔助。經費的支出，主要有人事費、獎助金、祭祀、事務雜費四大類。

2. 現代書院

現代的讀經書院則以讀經幼稚園、讀經小學型態存在，經費的收入以學生的學費〔註11〕為主。經費的支出，主要有人事費用、員工薪俸及津貼支出、修繕費用、餐點費用、購買圖書、購買文具、事務雜費等等。

（二）從教學方面來做比較

1. 傳統書院

書院教學以培養學生自學能力為主，在教學方法上，多採用問難論辯方式，注意啟發學生的思維，培養自學能力；書院師生朝夕相處，師生共同討論，共同研究，感情深厚。既然以自學為主，憲官山長講課往往是十天半月講一次，所有功課歸生徒自修，書院只加以監督。監督的辦法是所謂，每月有功課，每日有課程，學校的「課程」一詞就是這樣來的。多數書院的諸生都有功課日程簿一本，將按日所讀之書登在簿子上，每逢初一、十五清晨，山長會命令諸生將功課日程簿呈上，親加翻閱，隨抽默數行，與現代學校抽查學生的作業相仿。至於功課日程，到了元代以後，一般都按程端禮程氏家塾《讀書分年日程》法安排功課。其分段為：

〔註11〕 附表二：公私立學校收費標準
　　　　　http://210.240.1.43/~kids/index.php?inpage=webpage&cate_id=56

（1）八歲至十五歲爲第一階段

程端禮《讀書分年日程》，爲程氏家塾制定的，所以從八歲開始。但八歲前他已要求子弟讀《性理家訓》，每日讀字訓綱三、五段。程端禮認爲比讀《蒙求》和《千字文》好。八歲入學後至十五歲左右爲第一階段，是現在小學、中學階段。這一階段有七、八年時間，要求學生讀完十一種教材，即，《小學書》正文、《大學經傳》正文、《論語》正文、《孟子》正文、《書》正文、《周禮》正文、《春秋經》正文、《三傳》正文。這套教材實際爲鄉村書院及鄉塾所採用。

（2）十五歲至二十二歲爲第二階段

這一階段分爲兩個時間點，實際上包括了現今學制的高中和大學兩個階段。第一個時間點爲三至四年，爲專心讀經階段。教科書有：《大學章句或問》、《論語集注》、《孟子集注》、《中庸章句或問》及《五經》。學習中要求抄寫熟讀《論語或問》、《孟子或問》、《周易》、《尚書》、《詩經》、《禮記》、《春秋》等本經。這種抄寫熟讀，要求以精熟爲原則，讀經時要求晝夜用功，全神貫注，培養省察的基本能力。

第二個時間點爲二至三年。這一段主要是讀《資治通鑑》、《韓文》、《楚辭》，以及考證制度、參看諸經注疏、諸史志書、《通典》、《續通典》及《文獻通考》等。這段完成以後，與現今大學國文系畢業生能力相等，但沒有學位。

（3）二十二歲至二十五歲爲第三階段。

這一階段主要是學作文，練習八股文用來應付科舉考試，州郡以上書院，大都是爲這一階段服務的。其具體辦法爲：

甲、讀經文九天，寫一篇文章；

乙、讀經義文字九天，寫一篇文章；

丙、讀古賦九天，寫一篇文章；

丁、讀制誥表章一天，寫一篇文章；

戊、讀策論九天，寫一篇文章。

也就是說，除讀看制誥表章是前天讀一整天的書，第二天寫一篇作文外，其它是讀九天書，寫一篇文章，以九天爲一個周期，九天讀同一本書。這一個階段就好像現代研究生階段。

2. 現代書院

為使經典導讀取得理想效果、達到最佳狀態，使經典教育真正貫穿兒童成長過程，使經典的智慧真正得到現實的落實與受用，以期培育知書達禮、溫文儒雅的國家棟樑，避免經典教育不系統、不連貫，特提出經典導讀五階段：

（1）零至三歲第一階段

這一階段主要為聽經典。建議在所有經典中選擇一部經典為主，反反覆覆給胎兒聽，其它經典也穿插其中，同時聽適當的經典音樂。注意要全天候給他聽經典，持續不斷播放，不論早晚、不分晝夜、不管睡醒。胎兒在三～五個月，就開始腦神經的發育，人類的腦神經有一百四十億個，腦神經元細胞接收到世界上的任何資訊，腦神經元就會長樹突，樹突跟隔壁的神經元樹突接觸，叫做突觸；突觸是神經與神經之間溝通的管道，資訊重復三十次以上，這個管道就鞏固起來，終身受用；神經元沒有受到外界刺激，它不長任何樹突，有的神經元接受好的外界刺激，它可以長一至二萬根突觸，長兩根與長兩萬根的人，將來他的思考能力、才華就相差一萬倍。

（2）四至六歲第二階段

這一階段主要為讀經典。用三年時間一經深入，不間斷專讀一部主要經典，不限定讀書任務、速度、聲調、形式、時間、場合等，讓幼兒指字跟讀、自讀、熟讀，只管讀，不求背，讓兒童在極度輕鬆自然的狀態下，對此部經典熟爛於胸、水到渠成、出口成誦。經典誦讀年紀越小越是全盤吸收，像海綿一樣，堆存在生命的深處，將來慢慢地發酵。像種子種下去一樣，將來慢慢地生根、發芽、開花、結果。有意識地給孩子誦讀、傾聽、觀看經典的文化。不需要他懂什麼意思，只是誦讀。

（3）七至十三歲第三階段

這一階段主要為背經典。開始背其它所有經典，注意要逐本背，不可以夾雜。每天限定任務，建議從第一頁開始背，剛開始的時候只背半頁，然後增加為一頁，再以後增加為兩頁不等。至於遍數的方面，則建議背會了以後要及時溫習，整篇、整卷會背後再反覆練習，整本都會背後還要再反覆練習，最後還要手抄、默寫多遍。此時期要及時嚴格糾正讀音、聲調、速度。

（4）十四至十八歲第四階段

這一階段主要為解經典。解經典需要先破詞義關，其目的是掃除文字意義上的障礙，這需要一個準備階段，即從《古文觀止》裏選出與聖賢經典道

理相符的文言文壹百篇，用半年到一年時間，先講解字詞句義，然後背下；
之後，將以前背過的主要經典講解分析，作出提綱或科判，令其復講。

　　（5）十八歲以後第五階段

　　這一階段主要為運用經典。可以廣學多聞，接觸其他雜書，學習其他知
識，掌握一門技能以謀生；可以深入社會，行萬里路，在生活中身體力行去
驗證、印證經典中的道理，運用經典中的智慧。立足聖賢之肩上，我們才能
看得更遠。

　　現代讀經書院以推廣讀經為主軸，提倡老實讀經，教學法只有一句話：「請
跟我一起唸。」只要讓孩子多聽多唸，帶唸一遍，再一遍，然後鼓勵全班齊
唸、分組唸、個別唸、接龍唸、默念……，想方法多聽多唸。唸至熟悉乃至
會背，既達教育目的。最重要而特別要注意的教學觀念是：只需多唸熟背，
不需刻意講解。期待兒童多讀自會多解，就如同蘇東坡《送章惇秀才失解西
歸》詩，開頭兩句是：舊書不厭百回讀，熟讀深思子自知。其主要教學目標
是：

　　甲、建立童年快樂的學習環境

　　　　運用兒童與生俱來的天賦，在十三歲以前記憶力最強、耳根最利的
　　　　時候，激發敏感的語言及音樂的潛能。因勢利導讓孩子在快樂輕鬆
　　　　中，學所當學，學所應學，且終生受用不盡。

　　乙、成立兒童讀經、語言訓練及音樂陶冶為教育中心

　　　　「工欲善其事，必先利其器」以經典教育來提昇人格，奠定語文基
　　　　礎，體悟中國五千年經典文化之智慧，培養身心健全的國家未來主
　　　　人翁。

（三）從教材方面來做比較

1. 傳統書院

　　宋代書院的課程主要課程以「五經」為主。到了南宋朱熹集注「四書」
之後，「四書」又逐漸取代了「五經」在教育中的重要地位。元皇慶二年（1313）
議定科舉程式，規定以《四書集注》取士。從此，《四書集注》成為書院和各
級學校的必讀教材，科舉考試以《四書集注》為標準答案。到了乾嘉時代，
各書院的課業，除學習「五經」、「四書」外，還可選修《十三經注疏》、《史
記》、《漢書》、《後漢書》、《三國志》、《文選》、《杜詩》、《昌黎先生集》、《朱

子大全集》等。這些選修課，都是由學生自己選擇一本書深入研究，依照個人資質，選擇一本書專門學習，先讀句讀，再詳加校註，或抄錄其中精要部分，或著述發明，依照書院所發的「日程簿」，每天自己填寫（參見《中國書院與傳統文化》p13）。綜觀書院千餘年的教材，始終以經史爲中心內容。

2. 現代書院

現代讀經書院就教材說：「讀經」，就是「讀最有價值的書」。「經」本意是「織布的直線」，是織成一匹布的先導，引申爲天經地義的常理常道。「經書」，辨識涵蘊常理常道、教導人生常則常行的書。這些書自古流傳，「經書」是人類智慧的直接表露，是摶造文化推動歷史的動力核心。人的生命有限，熟讀一些有高度價值的書，吸取人生的智慧，站在巨人的肩膀上，眼界遠大胸襟開闊，可以對人生的各項活動，做較全面性及較合理性的規劃與安排。這就是古人所說的「見識」，亦即現今所謂的「文化教養」。大致上所讀的書有《大學》、《中庸》、《論語》、《孟子》、《道德經》、《莊子》、《啓蒙國學》、《易經》、《詩經》、《唐詩三百首》、《古文選》、《詩歌詞曲選》、《書禮春秋選》等。

（四）從考課方面來做比較

1. 傳統書院

考課是書院一種學業的考核制度，也是中國教育的一種傳統。它源於中國科舉的貢舉法。它的好處是可以促進生徒努力專研學業，提高教學質量。書院考課制度始於北宋後期的官學化書院，並大力推行而成爲定制則在明清兩代，尤以清代爲最盛，所有書院不分大小無一例外。書院考課內容，清代以四書文制藝爲主。雖然各書院略有出入，有的添增對策、疏、論、詞、賦等，終究不及四書文的重要。這是因爲書院到了清代，以成爲科舉考試的附庸。說穿了書院的考課是爲科舉考試作準備的。書院用考課等辦法考察生徒學業，其利弊如何，古今學者對它進行不少評論，有褒有貶。考課好不好，當從考課作法上分析，不應把別的事牽連起來評論。如何看待書院的考課，還是應該把眼光放遠。考課本身是一種措施和方法，看什麼人和帶有什麼目的去運用它，就發生什麼樣的效果和作用。作爲遴選人才的一種方法來說，自古至今，從中到外，還是不失爲一種好的措施和方法；對於被考者來說，能激發被考者的競爭意識和奮鬥精神，這對於提高人們的科學文化素養還是很有益處的。

2. 現代書院

　　兒童讀經是一項非常有意義的活動，它除了讓孩子提早接觸聖賢經典之外，還有鼓勵讀書、強化語文、啓發潛能的附帶效果。培育出學養兼備、經世致用、繼往開來的傑出人才，讓臺灣的未來更好。爲評鑑兒童讀經成果，舉辦考課活動；考課活動又分爲全國性所舉辦的「全國經典總會考〔註12〕」活動，和地方性的考課活動，說明如下：

（1）全國經典總會考

　　文化總會臺灣省分會於民國八十七年成立「讀經風氣推廣委員會」，並且於當年九月至十二月間分別在臺中、臺北、臺南孔廟及花蓮縣文化中心舉行地區性的小狀元會考，以抽背方式進行，時間、地點、考課內容每個地方都不盡相同，尤其在考試範圍分科分段的內容上有些差異，有些地方大學章句全文背誦過關算一段，有些地方則分爲兩段，原則上來說小狀元會考嚴格性較鬆散，評分標準較彈性，完全以鼓勵孩子背誦經典爲原則。鑑於各地方性的小狀元會考規模不一，爲了使國內讀經的學童有一個可信度較高的測驗機制，文化總會臺灣省分會決定結合各縣市的讀經團體，開始策辦全國性的讀經評鑑會考，「第一屆全國經典科考總會考」乃應運而生。該會考以四書五經爲範圍，由於經文過鉅，爲了鼓勵應考，乃將考試範圍分科分段，每段經文約八千字左右，學童可衡量實力自由選考任何科段，此乃「經典科段總會考」名稱之由來。第一屆會考共分六科十八段，以筆試爲主，口試爲輔。於民國八十九年九月二十四日在全省二十一縣市及北、高兩市同步舉行，共有六千五百餘人報名。第一屆全國經典科段總會考引起社會各界重視，省分會乃繼續策辦第二屆全國會考。爲鼓勵更多讀經兒童參加考試，第二屆考試內容多了「國學啓蒙」：「以孝經、弟子規、三字經、千字文、朱子治家格言爲範圍」一科，增爲七科十九段，於民國九十年九月二十二日在全省二十一縣市及北、高兩市同步舉行，報考人數計有四七五三人，每段須達九十分方爲合格。第三屆於民國九十一年九月十四日、十五日在全省二十一縣市及北、高兩市同步舉行，參加人數五三四四人。第四屆於民國九十二年九月二十日、二十一日在全省及福建省金門縣同步舉行，報考總人數爲四八四七人。第五屆於民國九十三年九月十八、十九日在全省及福建省金門縣同步舉行，共有五七五二人報考。考試科目含中文經典二十二段：新加了「古文選三段」、「英文經

〔註12〕　參考 http://www.gsr.org.tw

典十三段」，合計三十五段，中文每段範圍約八千字，堪稱國內最高的讀經會考。目前已經舉辦了九屆，將於民國九十八年九月二十六日舉辦第十屆。第十屆會考內容較去年增加十四段「閩語七段、客語七段」，共計為六六段，中文經典三十一段「國學啓蒙、學庸論語、老莊、唐詩、孟子、易經、詩經、古文選、書禮春秋選、詩歌詞曲選、佛經選」，考生可自行選擇口試或筆試方式應考，其中「學庸、論語、老子、唐詩」等七段增加閩南語及客語口試方式；英文經典二十一段「西方文化導讀、莎士比亞十四行詩、莎士比亞仲夏夜之夢、柏拉圖蘇氏自辯、英文名著選、英文聖經選、英文常語舉要」。無論規模與難度，都是國內最高的。這項總會考的活動從民國八十九年起一直由臺灣省政府具銜主辦並頒發獎狀，但實際執行是由「文化總會台灣省分會」負責。由於該分會已經在民國九十六年十二月底政黨輪替前被裁撤了，所以第九屆會考的試務工作是由王財貴教授領導的「全球讀經教育基金會〔註13〕」來負責。這項活動範圍遍及全國各縣市，縣市政府的教育局處、讀經學會、承辦學校的協力非常重要。有大家的努力，讀經教育才能夠在國內穩固的發展，讓我們的孩子朝向全人教育發展。「文化」可用以穿越冰冷的政治圍籬；經典中所揭示的「品格教育」更是現代教育中所不可缺少的一環。「全國經典總會考」具有極大的人文價值意義，藉此尋回老祖宗的智慧，促進社會祥和。

如附表三：

除了「全國經典總會考」外，各地方也都有舉行小狀元會考如：

小狀元會考

（2）大溪鎮小狀元讀經會考〔註14〕

甲、活動宗旨：為響應政府心靈改革運動，落實文化深層紮根教育，啓發兒童無限潛能，鼓舞社區勤學讀書風氣，培養富而好禮，愛己愛人之情操，以營建文化書香社會。

乙、活動項目：

A. 個人讀經會考、親子讀經會考、外籍新娘讀經會考、頒獎，為了鼓勵更多小朋友爭取榮譽，原則上九十六年拿過鎮長盃獎盃者，這次獎盃則禮讓給新人，用獎品來代替，取背最多前六名贈獎盃乙座，隔次會考仍可爭取。

〔註13〕 參考 http://www.gsr.org.tw/cgi-bin/leobbs.cgi
〔註14〕 引自 www.tyccc.gov.tw/news/news/upt.asp?p0=6910

B. 團體組讀經表演，十～二十人依報名先後順序，取前六隊表演者贈送紀念品乙份、各團贈獎盃乙座，節目表演限三～五分鐘以內為原則。

C. 好書交換贈送公所圖書館使用，如有多餘好書，可帶至會場交換。

丙、活動及會考說明：

A. 科目組別：以易經、道德經、論語、大學、中庸、三字經、弟子規、孝經、百家姓、英語部分【英文常語舉要、英文經典選讀、英文名著選】……等科目組別

B. 會考人數：

（a）個人組採多項科別報名，以完成報名手續一千人為限。

（b）親子組以家長和考生一起完成為主。

C. 會考方法：

（a）各科分三等次會考：初等、中等與高等，三等次都通過後即得狀元。

（b）報考一千字以內，原則上口誦逐字背完，每段落允許錯十個字，通過者准考證蓋合格章。

（c）報考範圍超過一千字以上者，原則上為了節省應考時間，僅抽背一半考核之，每段落允許錯十個字，通過者准考證蓋合格章。

（d）如果考核時錯十一個字以上，此時該段落不通過，但可以重新排隊再複習，考核通過仍核章。

丁、獎勵辦法：

個人獎：各項科目等次合格者即在准考證上蓋合格章。報考各項科目通過初、中、高三級，即頒發獎狀，戴狀元帽過狀元橋與鎮長合影留念。

（3）高雄市小狀元經典會考〔註15〕

甲、活動宗旨：為推廣文化經典教育，培養傳承人才，延續聖賢慧命，發揚傳統尊師重道精神，落實文化深層紮根，鼓舞社會好學風氣，提倡善良純樸禮儀，進而推動大同理想、富而好禮之優質社會。

乙、評鑑辦法及合格標準：

（a）依報考科段試卷逐題提示，僅提示每題考題前兩句，再由學童接

〔註15〕引自 http://chungyi.salong69.idv.tw

續背誦，背誦期間若停頓五至十秒，老師會遞加一字以提示，每
提示一次扣一分，每題以扣完該題分數為限。

（b）每段滿分為壹百分，以九十分為合格。

（c）報考段數不限。

丙、獎勵辦法：

（a）凡通過評鑑得小狀元榮譽者均頒發合格獎狀。

（b）凡累計十五段狀元者，頒發銅典獎及大會獎狀。

（c）累計二十段狀元者，頒發銀典獎及大會獎狀。

（d）累計二十五段狀元者，頒發金典獎及大會獎狀。

（4）、彰化縣經典會考〔註16〕

甲、活動宗旨：培育兒童研讀經典，善用記憶關鍵期，啓發兒童無窮潛
能，鼓舞勤學讀書風氣，培養富而好禮、愛己愛人之情操，特以會考方式鼓
勵兒童背誦及體悟我國傳統文化之最高智慧，涵養我國文化菁華。

乙、活動項目：一、個人經典會考；二、團體經典吟誦表演；三、武狀
元、詩詞表演及其他；四、展覽及公益活動；五頒獎。

丙、活動及會考說明：

（a）科目組別：以論語、大學、中庸、三字經、弟子規、孝經、孟子
、老子莊子選、易經、詩經、千字文、朱子治家格言、百孝經、唐
詩、古文選、詩歌詞曲選、英文經典選讀、英文常語舉要、西方文
化導讀、莎士比亞十四行詩、仲夏夜之夢等四十二項科目組別會考。

（b）會考方法：各科分：初等「秀才」、中等「進士」、高等「狀元」
三等次逐級會考，越級者不予核章。依各科目等次範圍自行背
誦，時間限三分鐘。

丁、獎勵辦法：

（a）個人獎：各項科目等次合格者即在會考護照上蓋合格章。
考取秀才得一分可報考進士，考取進士得三分可報考狀元，考取
狀元得五分頒發狀元帽壹頂及讀經學會獎狀一紙。單一等次合格
不發獎狀。通過多項狀元者，仍頒發一頂狀元帽、一張獎狀。

〔註16〕引自 www.read.twmail.net/index.htm

（b）個人特別獎：累計十五項狀元者，頒發銅典獎及大會獎狀。

累計二十一項狀元者，頒發銀典獎及大會獎狀。

至今年累計最多狀元者，取前三名頒發金典獎，狀元、榜眼、探花及大會獎狀。

（c）特別獎：領過金典獎者，今年再次獲得前三名者，頒發特別獎。

（五）從書院類型方面來做比較

1. 傳統書院

總計清人領臺二百一十三年間，全臺大大小小書院多達五十所以上，雖俱有書院之名，而究其性質，卻不盡相同，大致可分為高等教育的正規書院與基礎教育的非正規書院二大類型。（《台灣的書院與科舉》p17）

正規書院之中又可細分道管轄的海東書院、府管轄的崇文書院、廳管轄的鳳儀書院、白沙書院……等數種。

非正規書院之中，則可細分為義學，有西定坊書院、藍田書院……等書院、社學有興賢書院……等書院、文昌祠、試館、特殊教育有正心書院、正音書院等數種。茲分述如下：

（1）高等教育

（2）義學

（3）特殊教育

（4）試館

（5）文昌祠

2. 現代書院

現代讀經書院則細分為學齡前讀經教育及學齡兒童讀經教育。學齡前又可細分為幼稚園型態，包括全日讀經、半日讀經、在家自學型態、社區讀經班型態：每週一個晚上、週六、週日的早上或下午。

學齡兒童讀經教育又可細分為學校讀經班：晨光時間、課後輔導班、社團時間、每週一個晚上、及在家自學型態。茲分述如下：

（1）幼稚園型態

藉由王財貴教授十多年來推廣讀經教育，認同的家長及老師愈來愈多，經典書院如雨後春筍般不斷的增加，讀經幼兒書院就與一般的幼稚園不同。

一般幼稚園強調體智能均衡發展，六大領域〔註17〕都不可或缺，遊戲中學習，由簡單到複雜、由淺到深、由具體形象到概括抽象的教材編排，以幼兒為中心的學習模式，強調美語教學、填鴨式教法、重複練習握筆習寫。許多教育家和心理學家主張向孩子傳授一些基本原理、基本概念，並不斷加深孩子對這些知識的理解，在一門課程的學習中，應反覆提到這些基本概念，使孩子形成完整的知識體系。並用成人的觀點來安排兒童的學習內容，大人們藉由心理學的角度，提出研究學習心理、發展心理的新成果，課程的組織開始考慮怎樣做才適合孩子的心理，特別是智力發展的特性。也就是說，使孩子的學習內容建立在其心理準備的基礎上，以便孩子能夠更有效的理解新知識。問題是這些生理、心理的成熟與否？認知發展的階段才學得性為何？這些標準依然是大人們的觀點、大人們的看法。不見得是孩子的需求與最好的學習方式。民國以來的教育觀念，大體以美國廿世紀初年的實用主義為主導，也可以說是以「兒童中心本位」為主。其施教理論的大要是：

甲、教材選編要按照類化原則，也就是教材要依兒童的理解能力，按部就班，由淺到深，由易到難，只教他能懂得。

乙、教育的目標是遵循實用原則，他生活上有需要的才教給他。

丙、教學方法要注意興趣原則，順應兒童的興趣，有興趣才學。

而讀經幼兒書院則完全不一樣，讀經幼兒書院是利用兒童期記憶力最強的時候，記下一些永恆的東西。反覆誦讀是兒童的自然喜好！背書是他們的拿手好戲！如果不準備有價值的書讓孩子背，他們只好背電視廣告、或簡單文字組合成的句子。而且在記憶力正在發展的時候加以訓練，記憶能力會達到較高的頂峰，一輩子維持在較高的水準上一生都受用。讓兒童背誦了這麼多的經典，為了達到一個目的，就是樹立個人以至整個民族的文化信仰和品性，為了恢復中國文化而努力！經典，淨化了我們的心靈，教我們做人的道理，同時也給我們照亮了前行的路。所有的語文訓練，不論聽說讀寫，目的都是在訓練孩子的

〔註17〕幼稚園所謂的六大領域：為健康、遊戲、音樂、語文、工作、常識等六項。
　　　　1.健康：生活習慣、衛生習慣、健康檢查、安全教育。
　　　　2.遊戲：體能、游泳、團體遊戲、民俗遊戲。
　　　　3.音樂：唱遊、律動、節奏、音樂鑑賞。
　　　　4.工作：美勞、繪畫、美術鑑賞、陶藝、家事、飼養、種植……等。
　　　　5.語文：聽話、說話、看圖說話、童謠、故事、認字、閱讀、寫。
　　　　6.常識：自然科學、社會、數概念。

「思維」能力，唯有學會「獨立思考」，孩子才能對世界有所感、對是非有所判斷、對自身有所反省、對人生中將一再出現的考驗有所因應。我們一直在強調要教孩子「帶得走的能力」，但什麼是帶得走的能力？「思考力」才是眞正帶得走的能力，記誦不是，經典的文本更不是。經典只是聖賢用來教育弟子如何面對生命的「教材」，眞正的精髓是都隱在文字中的至理啊！

全日讀經班課程表〔註18〕如附表四：

　　（2）在家自學型態

　　不論中國或西方國家，自古以來人才幾乎都出自「家教」或「私塾」。至於所謂「公立學校」，把學生集中到學校去，由國家制定教材教法，實施大規模集體統一教育，是晚近西洋的發明。這樣的國民義務教育，有利亦有弊。他對普及民智提升國力，居功厥偉；但因爲「集體教育」，很難「因材施教」。而且全國教育政策攸關重大，長期使用固定一種教育理論，常失於偏頗；致使許多人才因而埋沒，甚至造成整個民族生命力的衰頹。所以歐美國家便一面注重教育改革，一面鼓勵私人辦學或在家自學以補救之。臺灣在民國八十八年間也已完成在家自學法規。孩子在幼稚園或國小階段，是孩子成長變化最快的階段，他學習成長的空間非常大，如果能實施內涵豐富的教育，孩子可以學到太多東西，如果在家讀經，一個中等資質的孩子，只要兩三年可以背完中文經典十至十五萬字，英文二至三萬字；開發他一生直覺想像的深度，並奠定他一生人格及學識的穩固基礎。人類號稱有七大智慧，而語文是一切智慧之本，本立而道生，其他如空間、時間、人際、內省、數理等智慧都是可以由語文能力帶動起來。十三歲之前是語文智慧發展的關鍵期，而其它智能並不這麼緊急。隨著社會經濟及資訊教育的高度發展，臺灣已漸漸擠身富裕、多元、自由及開放的現代國家行列，並正與全世界各先進國家並肩跨越另一個一千年，進入二十一世紀，迎接更艱難的挑戰。前瞻的教育專家一致認爲：新世紀的社會無疑是個「學習」的社會。競爭力的提升，智慧的啓迪，個人潛能的充分發揮，源源不絕的創造力之開發，持續不斷進步的契機就是「如何學習」。而學會如何學習則是關鍵。未來世界的主人現在正是蹣跚學步的年輕生命，擁有無限發展的可能，他們正以好奇的眼光探索這個茫茫的大千世界，「學習」是我國最重要的社會價值之一，所謂「日知其所無，月無忘其所能」、「學海無涯」的學習理念深植人心；「與其給孩子魚吃，不如教孩子釣魚」更是大家都知曉的道理。如何引導孩子自動

〔註18〕以宏遠書院爲例 club.pchome.com.tw/myclub/hongyuan

自發的學習，是當今社會中最重要的課題。透過「自我學習」、「博物館、大自然教育」與「學校」教育充分結合，發展成整體兒童教育推展的脈絡。

「在家自學」係指部分的在家自學。除了學校教育外，父母也加入教育的行列，帶領孩子從事多元寬廣的「自學」活動。例如大量閱讀、參觀博物館、參加生態導覽、旅遊等。藉此培養孩子有自我學習的觀念與能力，同時接受文化的薰陶，提升文化素養；社會資源，是在家教育家庭十分重視的情境及實物教學環境，也因此讓孩子在眞實的社會中學習、成長及互動。在家教育的孩童在進行日常生活的本身，就是一種能力訓練，這是一個邁向成熟負責的生命所不能或缺的。生活能力訓練在培養一種生命的智慧，孩子的品格道德、生活能力及知識吸收的平衡發展，他們容易發展出一種自主學習的能力，並且對學習充滿好奇、喜悅與自信，而奠定終身學習的能力。在家教育以更自主、更彈性的落實全人教育，因材施教、生活訓練等重要的教育理想。滿足孩童與父母之間愛與親密的互動需求，此天性是無可取代的；在家自學全日課程表〔註19〕如附表五：

（3）社區讀經班型態：

古人說：「易子而教」，自己單獨教自己的子女是比較困難的。所以最好的辦法是：要教自己的兒女，連他人的兒女一起教，與其一家獨樂獨學，不如大家眾人一起來讀。當兒童讀經時有伴，其讀經興趣將加大，而且參與的人多了，也較易形成風氣，對社會造成較快較大的影響。推動社區親子讀經，建立社區文教書香風氣，增進社區互動並敦親睦鄰，爲下一代創造優質成長環境，讓熟讀經典的孩子在潛移默化中人格健全，國學基礎日漸深厚，智能潛能多元開發，親子關係改善，家庭氣氛更和樂。社區讀經班是每週一個晚上或週六、週日的早上或下午，教學時間每週上課一次，每次一個半小時。時段很多班別也很多，以家長的時間自由選擇。

（4）學校讀經班

把聖賢帶回家—讀經教育融入學校教育〔註20〕

學校規劃的「兒童讀經教育」，讓學校讀經活動從每週五的晚上五班，提升到全校每班導師都樂意主動配合學校推動的讀經計畫，使得讀經教育融入

〔註19〕以嘉禾書院爲例 http://www.jiaheschool.com/
〔註20〕十全通訊第八期出版日期：97.06.27 學校網
　　　　http://classweb.scps.kh.edu.tw/Homepage.php?teacher_id=123

學校教育更向前邁進。在實施策略上，學校運用家長會經費及社會資源，幫一到五年級學生準備，一人一冊弟子規及學庸論語，更有助於讀經教育的全面推廣。爲了讓更多學生及家長參與讀經，每週六早上在學校開設五班，讓晚上無法參加的學生及家長有機會參與白天進行的讀經班。課程計畫各學年每週安排一節於彈性時間或綜合活動課程進行讀經教學活動，學校正式將讀經納入學校本位課程進行教學。各年級在不影響課業及不干擾課程進度的前提下，利用早自習與課堂上的零碎時間，進行讀經的學習活動，相關策略條例如下：

甲、讀經

（a）早自習時間：由讀經老師、閱讀志工或班級愛心媽媽或學生自己帶讀。

（b）彈性時間：老師做讀經指導。

（c）每節上課前五分鐘：每節上課鐘一響，在老師或小朋友還未全部進教室上課以前，請班長帶領小朋友誦讀五分鐘。

（d）家庭作業：每天花二十分鐘讀經，並讀給父母聽，若能親子一起共讀更佳。

乙、古典音樂

稱之爲「音樂讀經」。在學校掃地及下課時間，全校廣播聆聽，也可以在小朋友自習看書、回家做功課、讀書的時候聽或就寢前也聽。每天聆聽優美樂章、深具藝術價值，使左右腦平衡發展，身心健康，並增強學習能力。陳功雄博士推薦之古典音樂欣賞，如巴哈、韓德爾、海頓、莫札特、貝多芬……等的作品，長期聆聽古典音樂，刺激 α 腦波，對孩童 IQ、EQ 助益甚多。古典音樂可以養成兒童高尚的情操和博愛的情懷，古典音樂是美的藝術，是對自然、宇宙、生命美的讚歎，是人類心靈深處智慧和人格的流露。它蘊含著人性的柔美和天地的壯闊。喜歡古典音樂就是崇尚智慧的卓越和人格的高尚。古典音樂可以促進兒童心靈的健康音樂是情感的藝術，古典音樂中所具有的優美的旋律、豐富的情感和緩急有序的節奏，能與兒童內心的情感產生共鳴，並隨著音樂的節奏舞之、蹈之，因此而身心愉悅、舒展、健康。古典音樂可以開啓兒童的想像力和創造力。古典音樂不僅是聲音的藝術，而且也是靈性的藝術，豐富的音樂語言是人類理性和情感的最抽象表達。可以彌補語言文字教育和科學教育的不足，啓迪和拓展兒童時間和空間的觀念，從而

培養兒童非凡的想像力和創造力。古典音樂可以培養兒童的直覺能力音樂是直覺的藝術。音樂之所以是直覺的藝術是因爲音樂直接理解和抽象表達自然、宇宙、生命內在和諧的規律。科學所要求的素質正是表現在對這種和諧規律的敏感和把握，這就是科學的直覺。它與音樂是相通。古典音樂是開啓兒童直覺能力最好的方法之一。古典音樂是生命的藝術，讓生命豐富多彩音樂來源於生活，是對生活的美化和淨化。生活中有音樂就如同夏日的清風，宜人清爽；冬日的陽光溫暖明亮。一旦兒童養成聽古典音樂的習慣就如同生活中多了一個知己和玩伴。生活中的一切情趣皆能融入其中，又能從中得到無限的靈感和快樂。兒童需要古典音樂，尤其是嬰幼兒。人生之初，聽覺神經的發育和成長，決定了兒童智力的高低。這時候尤其需要大量音聲的刺激。風聲、雨聲等大自然之聲以及人的聲音，再輔之以音量適中音樂之聲，就是最自然、有效的教育方式。嬰幼兒時期又是人類習慣、性情養成的關鍵時期，這個時期的音樂啓蒙教育將成爲其一生的興趣和愛好，讓他終生受益。古典音樂還是理性的藝術，可以培養兒童縝密的思維能力，表面看來，音樂是跳動的靈感，但樂章和樂章之間，樂句與樂句之間，聲部與聲部之間，樂器的搭配無不體現了縝密的邏輯。在完整的交響樂中，不同樂章的發展、遞進、互動，樂器之間的相互輝映都表現出了音樂的理性。因此讓兒童聽完整的交響樂無形之中就能把這種理性傳導給他們，有助於他們的思維能力的提高。

然而傳統書院與現代書院最大的相同點，就是誦讀經典，那麼讀這些經典著作對孩子的現在跟將來有什麼幫助呢？

（1）大量識字

對於讀經典的孩子而言，識字是自然而然的過程，一年可認一千五百多個漢字，三年下來可以認四千多字。具體的教法如下：

對於已經認了一些字的孩子來說，可用手指著字逐字的點讀下去；對於還沒開始認字的孩子來說，可用一行行滑讀過去的方式，等孩子認識其中的一些字時就可用指讀法了。大多數孩子會在認字的過程當中，只要稍加引導，孩子自己就會學拼音，這時候的孩子已經有了初步的學習能力！識字越多越早，就能更早學習有深度的書本，在閱讀中開發智力。我們發現很多上小學二三年級的孩子還在讀三四歲幼兒的書本！主要就是識字不多的原因，這就浪費了孩子腦力發展的最佳時光！

（2）閱讀及寫作

識字是閱讀的基礎，當孩子認了很多字，我們只需引導孩子多讀多看有益的書就行了，一旦孩子自己喜歡讀書、自己喜歡學習，那我們要做的就很簡單：鼓勵孩子多看課外書，用豐富的資訊來刺激孩子的大腦，孩子的智力就在大量資訊的刺激下得到了開發！大腦神經網路的發展，除了靠直接經驗的刺激以外，更要靠間接經驗的刺激，因為個人的接觸面、生活面畢竟很有限。我們是以直接經驗所累積的體驗為基礎，去吸收更大更廣泛的間接經驗，也就是別人的經驗，以建構複雜的大腦。而接受間接經驗的最好途徑便是閱讀，尤其閱讀人類最高智慧的結晶——經典之作！要孩子寫出優秀的作文，就需要以大量的閱讀作為基礎，以實際經驗為背景，以間接經驗為後盾。

（3）考試成績

成績的好壞，往往不是取決於學習的努力程度，而是取決於他的理解能力的高低，因為我們常常看到許多很會玩的孩子，但是成績還是非常優秀。要提升孩子的理解能力，中文經典教育是非常好的教育方式，讀中文經典可以讓孩子自然識字；識字可以促進閱讀能力的發展；多讀好書可以拓展孩子的視野、收取別人的經驗為自己所用，汲取大量的間接經驗，書讀多了，很自然地，知識面就廣了，知識面一廣，理解能力、邏輯分析能力自然就強，孩子喜歡異想天開，書讀多了，還可以激起他的創新創造能力。由此，孩子在各種資訊的刺激下，理解力、邏輯分析能力、記憶力、想像力、創造力都得到極大的提升，這個時候孩子讀教科書還會難嗎？還用擔心考試成績不好嗎？

二、現代書院的特殊型態

（一）獨特的書院制度

傳統的書院教學，講求師生之間的情感交流與志趣契合，希望在傳道、授業、解惑的過程中，自然而然地呈現學術境界與人格魅力。書院的特色就是，老師與學生生活在一起，師生一同生活起居，寓教育於生活之中，以身教配合言教，成為當時讀書人生活教育不可或缺的部份，師長的知、情、意常為學生之表率，彼此共同生活、共同學習，師生關係共同討論、互為主體，由互敬而共同產生默契，有時展現亦師亦友的關係，生活中的耳濡目染，更

充分展現老師為心靈引導者、人性啓發者的教育之功。現在香港中文大學全校採用書院制度，所謂書院制度是指，全日制本科生分別隸屬新亞書院、聯合書院、崇基書院及逸夫書院。一個書院就是一個大的宿舍區，來自不同書院、不同年級的學生們在這裡學習、競賽、娛樂、生活。書院有自己的通識教育學分，學生們經常在不同的活動中得到這些學分，各個書院經常舉辦各式各樣的活動，有的是幫助學生提高自身素質，做好充分的準備面對社會，比如面試工作坊、寫作培訓班、社交禮儀講座；有的邀請各界名人來校演講，讓學生們更了解外面的世界。在校慶或者院慶的日子，一般都有慶祝活動，學生參與策劃籌備，學校、書院的凝聚力和學生們的自豪感，在此時能得到最好的體現。大學人數眾多要照顧每個學生並不容易，學生能從不同書院提供的通識教育、學生宿舍、文康活動設施、輔導服務等獲得更周到的照顧，也就是說每個學生，都有一個書院的身分和一個學院的身分，如果說學院負責學科方面的事務，而書院則負責其他的活動，一般情況，學生們在描述自己的身分的時候，書院放前面，學院放後面。這是現代大學運用傳統書院制度的最佳表現〔註21〕。主要內容有以下四點：

1. 書院通識教育

書院制度是香港中文大學的一大特色。崇基、新亞、聯合及逸夫四所書院按其文化背景及理念，為同學提供各具特色的書院通識教育課程。除了多元化的書院通識教育科目外，書院通識更著重以學生為本，從生活出發的「非形式教育」。非形式教育強調同學的參與、分享及交流，一方面擴闊他們的視野胸襟，另一方面促進同學間跨學系的溝通和合作。各所書院透過課程與活動的配合，實踐各自的書院精神。四所書院的書院通識教育重點與內容各有不同。

2. 其它書院活動

除了課堂上的通識教育，各書院亦提供形形色色的書院、舍堂及學生組織活動，希望同學在課堂及書本以外，亦能從生活上的教育有所得益。不同類型的書院活動，如海外留學團、語文進修計劃、陸運會、領袖及外展訓練、文藝演出及攝影比賽，使同學在德、智、體、群、美各方面都有均衡的發展，體現通識教育的全人教育目標。

〔註21〕http://www.cuhk.edu.hk/v6/b5/colleges/colleges.html

3. 不同形式的書院通識科目

書院通識科目大致分兩大類，其中一類爲課堂講學，內容因應書院的理念而各異。第二類則爲專題討論，同學以小組形式自選題目作資料搜集及分析研習，藉此訓練他們主動學習及獨立思考的能力，亦鼓勵同學互相交流合作，集思廣益。

4. 書院聚會

書院聚會以週會或月會形式舉行，同學須按書院規定出席。書院聚會內容豐富，包括不同形式的專題講座、書院活動匯報及畢業班惜別會等，聚師生於一堂，讓同學了解書院的動向之餘，亦爲他們增長見聞。

（二）廣設臺灣書院

馬英九總統去年二月競選談及文化政策時公開允諾，若當選總統，「將在世界廣設臺灣書院，以抗衡中國大陸的孔子學院」，他有企圖心要把臺灣文化中心提升爲世界華文中心。據了解，外交部、僑委會都願配合協助促成在海外設置「臺灣書院」事宜，但文建會迄今尚無具體進度。據了解，教育部去年七月曾召開「研商規劃設置臺灣書院協調會議」，決議有關海外設置「臺灣書院」事項，交由文建會主導，教育部、僑委會等部會協辦。對於沒有進度，外交官員形容，「想幫忙也插不上手」！據悉，中國政府在二〇〇五年最初設定的目標是希望在二〇一〇年設置一百所「孔子學院」，現已達到二百多所，目前新調整的目標是希望在二〇一〇年達到設置五百所「孔子學院」。面對中國有計畫利用教育和文化散播北京觀點，臺灣方面已於去年十一月在臺北舉行的「中華民國第四屆全球僑務會議」正式提案，建議請馬政府在世界廣設「臺灣書院」。相信有中國及臺灣的努力，從唐代開始設立的書院制度，在世界的各個角落發揚光大。

（三）口碑國小讀經好口碑〔註22〕

台南縣口碑國小昔日因招生不足，瀕臨裁併廢校邊緣，近三年來，校長黃良成推廣讀經班有成，許多家長慕名而來，十一日開學日，新學期轉進十三張新面孔，學生數升至七十三人，成爲偏遠小校學生數逆勢成長的特例。

〔註22〕 中時電子報／曹婷婷／南縣報導，2009－02－12，03：39
http://n.yam.com/chinatimes/garden/200902/20090212710402.html

口埤，位於虎頭埤東南邊的小山村，自然形成的低窪地，早年開闢了多處埤塘，因此得名。口埤周邊景點林立，境內有中興大學新化林場，加上當地的口碑國小因面臨廢校一再陳情爭取保留，闖出「有口皆碑」的知名度。

台南縣國小學生人數門檻為六十人，近幾年來，口碑國小因面臨學生人數逐年遞減，招生困難，年年遭遇廢校危機，每年，校方都疲於留住學生，但全校學生數始終徘徊在六十人上下。直到黃良成實施「閱讀經典分組教學」，樹立校園特色，不僅留住學生，更吸引外鄉鎮學生的家長，不辭辛勞遷戶籍、將小孩送來新化就讀，免除口碑遭廢校命運，今年更是首度一口氣吸引十三位學生跨區就讀。黃良成說，讀經旨在培養小孩品行與人格的養成，長遠來看，影響孩子一輩子，短程而論，則有助提升孩子的記憶力。時下有越來越多家長看重讀經潛移默化的好處，即有家長表示，把孩子送來有讀經的環境下求學，盼透過閱讀經典，讓孩子及早學好做人處事的課題。

成功大學歷史研究所博士生王昭文為此在自設的網站裡，提出警訊：長期處於教育資源弱勢的社群，若連小學生都無法就近上學，將加速地方沒落。她表示，對當地人來說，口碑國小具有不可取代的重要性，不乏全家五代人都讀過這所學校的，代代同學的世交情誼一旦中斷，同儕文化及校園裡培養起來的社區共同意識，將煙飛雲散。學生家長代表組成反併廢校聯盟，呼籲縣府考量廢校之後可能造成廢村的在地文化解體。口碑國小學童一畢業，便要到鎮內設在平地的國中就讀。當地學生家長之所以反對廢掉小學，主要是希望在孩子小時，能建立密切的親子關係。尤其口碑國小首開教學西拉雅語言的風氣，讓孩子們從快樂學習中成長，間接影響家人的平埔認同感，豈可言廢。台南口埤地區大小朋友，祈願留住能五代同堂就讀同一所學校的美好記憶，更祈盼傳承西拉雅文化的願望不至於失落。

第六章　結　論

　　教育是百年大計，臺灣的教育政策一直在進行教育改革，每次教育政策的改革都希望帶給教育政策一個新方向及新希望，爲臺灣的教育輸入一股清泉。而我們臺灣，經過幾十年的經濟發展，社會問題卻越來越多，各種矛盾愈益尖銳。老者不能安，無所養；少者不能懷，無所學；朋友不能信，無所行。臺灣，向何處去？這個曾被完全政治化的問題，現在已經變成越來越濃重悲涼的文化含義。重建我們的文化信仰，這是我們教育所面臨的極大而迫切的問題。但是，現在的臺灣，體制內的基礎教育與高等教育所傳授的大多是西方文化裏的夷之長技，也就是自然科學知識，對於西方的人文思想、民主文化的教育是被拒絕的。中國文化中的自強不息的剛健有爲，厚德載物的寬厚大氣，天人合一的神靈和對生命的敬畏，民貴君輕的民本思想和以人爲本的人文情懷，這些中國傳統文化本源的教育幾乎沒有，大都在提倡愚忠愚孝，無限敬愛……今天，我們的教育已經赤裸到了只教孩子會做題背題考試的水準，所謂教育就是爲孩子高價選擇條件好的小學，首選當然是擁有最高升學率的國中，考上一所升學率高的高中、考上一所公立的大學、找到一份賺錢的工作等等，而尊重個性、思想自由、人性道德、人生責任、民族傳統等一切人文的教育統統被忽略。應試的教育永遠無法擔當重樹信仰和復興文化的重任，而且還會阻礙對這一進程推動的任何努力。我們教育學生要直道而行、要悲天憫人，要見義勇爲，要有知者不惑，仁者不憂，勇者不懼的積極人生觀。

　　書院從宋代形成完備的規制之後，它就具有多種的功能與作用。不但在教育上提出有別於官學的人才培養方法，及與此相連繫的開放式教育體系，

而且也是古代的學術基地，宋明理學、清代考證學乃至近代新學，幾乎都是在書院蓬勃發展，興盛起來的。書院歷史源遠流長，它與我國傳統文化的關係極為深厚。首先，它與學校教育的關係十分密切，它的教育功能是在唐末五代亂世中，官學不興、庠序不修，士人無所學的情況下，沿著中唐興起的藏書修書一類書院的軌跡發展起來的。從一定意義上說，它的產生是古代教育改革的產物。正因為如此，具有學校性質的書院，既不同於官學，又有別於私學。它是介乎兩者之間，一種民辦官助並受政府控制的教育組織機構，它在傳播文化知識和培養人才方面，有著特殊的地位和作用，千餘年來，若離開了書院這個教育基地，要傳播文化並使其延續與發展，簡直是不可想像的。其次，書院與學術的發展更是密不可分，在書院的鼎盛時期，也就是學術研究的繁榮時期，宋代理學和書院並起，明代心學和書院同盛，清代漢學的復興都在書院大放異彩，書院的教育家們，他們的學術思想是透過書院發揚光大的；再者，書院與儒道釋三教合流的主要基地之一，其主要標誌是融合三教思想的理學思想體系在書院形成。還有，書院的祭祀活動，雖然有神明保佑的宗教色彩，書院祭祀先儒先賢，卻具有榜樣教育的作用，祭祀文昌帝君以求金榜題名，同樣具有安定考生心靈的作用。

就書院的性質來說，中國歷代王朝都主張「政教合一」，即政治與教育的合一。因此，不但要求教育目的、教學內容直接服務於現實政治，而且把各級學校也納入國家政治組織之中，造就產生了延續了數千年之久的官學教育系統。但在官學系統之外，還有一套私人講學的系統。雖然私學系統亦保持著與現實政治的聯繫，但它不直接受控於國家政府，能夠得到相對獨立的發展，並在學術傳授、教學方法等方面形成自己的顯著特色。古代書院在教學方法、組織管理等方面的特點，正與它的辦學性質有著密不可分的內在聯繫。書院是私學，因而繼承了古代私人講學的優良傳統，使自由講學、學術研究、學派爭鳴、注重自學、問難論等私學教育傳統得以發揚光大。另一方面，書院又是一種高級形態的私學，它具有組織化、制度化、多功能等各種特點。在傳統私學的基礎上有了更進一步的發展。縱觀整個書院史的發展歷程，總是可看到十分有趣的歷史現象：

書院時而標榜傳道，宣揚獨立的自由講學的精神；時而又沈溺科舉考試，有時甚至演變為官學的一個重要組成部分；時而受到統治者的打擊和禁毀；但時而又受到統治者的褒獎表彰，甚至給書院山長加官晉爵。所以會產生這

種奇特現象，不能歸結爲一種偶然的歷史原因，即個別統治者的興趣和任意，或者是個別山長的腐化，而是有著內在的必然原因。但是更值得注意的是，書院的官學化趨勢還有其內在的原因，這一點，則要追溯創建書院的士人本身。儒家本來就是以出仕做官爲最理想的人生道路，因而，按照官方的要求講學讀書，希求獲得官方的認可而參入官僚集團，幾乎是絕大部分士人人生追求的目標。

十六世紀以前的臺灣是西太平洋上的孤島。最早的教育場所該是荷蘭人的教堂，當時荷蘭人爲了教化土著皈依基督信仰，特別把聖經改寫爲平埔族語，傳教士用基督教傳統教學方式，教導原住民青少年使用拉丁文字母拼音法，臺灣最早的學校教育開始於十七世紀中葉；其次是鄭氏時代陳永華倡建的臺南孔廟，並規定一般孩童八歲開始進入小學唸書，由啓蒙老師坐而教之。先讀《三字經》、《千字文》，然後教授四書《論語》、《孟子》、《大學》、《中庸》，嚴格要求背誦，爲將來考試、研究學問打好基礎。明鄭時期學校的設立，以及陳永華所開創的人文教育系統和精神，可謂歷久彌新。時至今日，重新審視當代臺灣的教育發展歷史，實具有深遠的時代意義存在。自雍正十一年（1733）起，經乾隆、嘉慶，至道光十九年（1839）鴉片戰爭爆發爲止百年間，清廷陸續在各府縣興建孔廟，發展官學、儒學，已形成一套完整的科考體系。爲了讓儒學與地方書院平衡發展，當時的政府開始提倡民間設立書院，於是書院如雨後春筍般的發展起來。而臺灣也跟隨著漢人開發的腳步，在中南部各地陸續新建許多書院，如文開書院、興賢書院、藍田書院、振文書院、奎璧書院、萃文書院、鳳儀書院、屏東書院、文石書院等二十四所書院。臺灣多數書院創於先民墾務告成的嘉慶、道光年間（1796～1850），是臺灣人棄武從文的時段，在清代就多達六十餘家書院。臺灣從康熙二十二年（1683）施琅首建西定坊書院，到光緒十九年（1893）成立的崇基書院爲止，二百餘年之間，從「草萊初闢、窮鄉僻壤」中建起，到分布全臺各地的書院總數達六十二所之多。在昔日臺灣教育不普及的農耕時代，書院以研究學問，供人讀書講學而獨樹一幟，其教育體制有別於一般學校，成爲早期的文教中心。對當時臺灣的教育發展產生重大的影響。時至今日，書院的教育特色與社會文化發展之關係，對現今仍具有一定的意義。

後來，日本人治理臺灣導入新式教育，致使書院失去作用甚至荒廢消失，書房教育卻仍然存在著，爲異族統治下的臺灣保留漢語教學的空間，然而書

房教育的存在，對於日本人推動的「皇民化運動」，無疑是一個相當大的阻力，尤其是在日語的推廣方面，更滯礙難行，二次世界大戰後，書房經過日本人的高壓禁止，本就已逐漸式微，國民學校的設立又極爲普遍，書房自然而然遭受時代的淘汰，與書院一起走入歷史。如今僅存的二十餘所書院，皆由往昔之教學功能，演變成每逢考試期間，學子祈求文昌帝君庇祐考試順利、金榜題名的場所。

書院是臺灣教育史上重要史蹟，具有獨特的氣氛與風格，書院教育長期所累積下來的文化資產，蘊含整個臺灣族群的情感與智慧，也同時沿襲先民固有的傳統教育體系，是本土文化當中極其重要且彌足珍貴的一部份。對現代人而言，書院古蹟是臺灣文化精髓之所在，更是豐富個人心靈生活的重要依據。而今，面對如何提升學術品格等問題，我們需將視野再次投向傳統文化，從古代書院教育史話與經驗當中，萃取營養而爲今用。同時把先人雍容靜謐的精神、犧牲奉獻的美德與連續不斷的生機繼續傳遞下去，讓書院文化不被歷史洪河所掩沒。書院是古代傳統文化遺產中的重要組成部分，對我們今天進行教育改革和繁榮學術，乃至整個精神文明建設，提供了重要的歷史借鏡和啓迪。

附　表

附表一：書院的組織職務表

職務＼職稱	庶務 *	會計 *	財產 *	收租	祭祀	打雜	試務
總董事							
董事	※	※	※				
監院	※	※		※			※
會東	※		※				
首事	※						
當事			※				
禮書		※					
禮房		※		※			
齋長			※	※			
財帛		※					
倡首者	※						
租趕				※			
租差				※			
傳代				※			
管事				※			
爐主	※				※		
值董					※		
院丁						※	
院夫						※	
書丁						※	
拾字紙						※	

附表二：公私立幼稚園收費標準表

收費項目	公立幼稚園	私立幼稚園	收費限制	用　途
學費	半日制：3370元 全日制：5000元	最高不超過9000元 最高不超過14000元	一學期	本經費限用於人事費
學生活動費	半日制：120元 全日制：160元	半日制：150元 全日制：200元	一個月	
學生材料費	半日制：210元 全日制：240元	半日制：250元 全日制：300元	一個月	
點心代辦費	半日制：500元 全日制：830元	半日制：650元 全日制：1150元	一個月	
午餐代辦費	全日制：670元（含半日制用餐）	全日制：（一次）850元	一個月	國小附幼如由國小午餐供應則比照國小午餐收費標準（包括基本費、燃料費）
設備費		300元	一個月	設備購置、修繕費（含房租費）等
雜費	100元	500元	一個月	經常費、維護費、水電費、招生工作費、燃料費等
家長會費	100元		一學期	
交通代辦費	按實際情形與家長商定		一個月	
保險費	依公開招標價格收費		一學期	

附表三：全國經典總會考段數表

段　別	中文經典內容	段　別	英文經典內容
C01	國學啓蒙：孝經、弟子規、三字經、千字文、朱子治家格言	E01	西方文化導讀第 1 冊
C02	學庸全文	E02	西方文化導讀第 2 冊
C03	論語第 1 篇～第 10 篇	E03	西方文化導讀第 3 冊
C04	論語第 11 篇～第 20 篇	E04	西方文化導讀第 4 冊
C05	老子全文	E05	莎士比亞 14 行詩第 1 首～第 50 首
C06	莊子第 1 篇～第 4 篇	E06	莎士比亞 14 行詩第 51 首～第 100 首
C07	莊子第 5 篇～第 7 篇及天下篇	E07	莎士比亞 14 行詩第 101 首～第 154 首
C08	唐詩三百首第 1 首～第 73 首	E08	莎士比亞仲夏夜之夢第 1 首～第 45 首
C09	唐詩三百首第 74 首～第 169 首	E09	莎士比亞仲夏夜之夢第 46 首～第 90 首
C10	唐詩三百首第 170 首～第 320 首	E10	莎士比亞仲夏夜之夢第 91 首～第 137 首
C11	孟子第 1 篇～第 3 篇上	E11	柏拉圖蘇氏自辯第 1 課～第 20 課
C12	孟子第 3 篇下～第 5 篇下	E12	柏拉圖蘇氏自辯第 21 課～第 40 課
C13	孟子第 6 篇上～第 7 篇下	E13	柏拉圖蘇氏自辯 APPENDIX～END
C14	易經上經	E14	英文名著選第 1 課～第 15 課
C15	易經下經	E15	英文名著選第 16 課～第 30 課
C16	易經繫辭至雜卦	E16	英文名著選第 31 課～第 49 課
C17	詩經第 1 首～第 135 首	E17	英文聖經選第 1 課～第 20 課
C18	詩經第 136 首～第 234 首	E18	英文聖經選第 21 課～第 40 課
C19	詩經第 235 首～第 305 首	E19	英文聖經選第 41 課～第 56 課
C20	古文選第 1 課～第 16 課	E20	英文常與舉要第 25 課～第 49 課
C21	古文選第 17 課～第 42 課	E21	英文常與舉要第 50 課～第 70 課
C22	古文選第 43 課～第 64 課		
C23	書禮春秋選尚書選——禮記選禮運		
C24	書禮春秋選禮記選學記——春秋左傳選		
C25	書禮春秋選國語選——春秋穀梁傳選		
C26	詩歌詞曲選古歌——唐詩選		
C27	詩歌詞曲選宋元詩——北宋詞		
C28	詩歌詞曲選南宋詞——戲曲		
C29	佛經選雜阿含經——維摩詰所說經		
C30	佛經選大方廣佛華嚴經——摩訶止觀		
C31	佛經選天台四教儀——千手千眼觀世音		

附表四：現代書院的讀經書院課程規劃表

大　班

星期 時段	一	二	三	四	五
07：45 08：00	～寶 貝 互 道 早 安～				
08：00 08：40	～享 用 早 餐 嚕～				
08：50 09：30	週 會	英 文	英 文	英 文	英 文
09：30 10：10	孟 子	孟 子	孟 子	孟 子	孟 子
10：20 11：00	論 語	論 語	論 語	論 語	論 語
11：10 11：50	易 經	易 經	易 經	易 經	易 經
11：50 14：00	～午 餐 ＆ 午 休～				
14：20 14：50	詩 經	詩 經	詩 經	詩 經	詩 經
15：00 15：30	唐 詩	唐 詩	唐 詩	唐 詩	唐 詩
15：40 16：00	～下 午 茶 時 間～				
16：10 16：50	莊 子	莊 子	莊 子	莊 子	莊 子
16：50 17：30	老 莊	老 莊	老 莊	老 莊	老 莊

中　班

時段　星期	一	二	三	四	五
07：45 08：00	～寶貝互道早安～				
08：00 08：40	～享用早餐嚕～				
08：50 09：30	週　會	大　學	大　學	大　學	大　學
09：30 10：10	莊　子	莊　子	莊　子	莊　子	莊　子
10：20 11：00	論　語	論　語	論　語	論　語	論　語
11：10 11：50	易　經	易　經	易　經	易　經	易　經
11：50 14：00	～午餐 & 午休～				
14：20 14：50	孝　經	孝　經	孝　經	孝　經	孝　經
15：00 15：30	唐　詩	唐　詩	唐　詩	唐　詩	唐　詩
15：40 16：00	～下午茶時間～				
16：10 16：50	大　學	英　文	英　文	英　文	英　文
16：50 17：30	故事引導	生活常規	感恩善行	生活常規	故事引導

幼 小

時段＼星期	一	二	三	四	五
07：45 08：00	～寶貝互道早安～				
08：00 08：40	～享用早餐嚕～				
08：50 09：30	週 會	大 學	大 學	大 學	大 學
09：30 10：10	中 庸	中 庸	中 庸	中 庸	中 庸
10：20 11：00	論 語	論 語	論 語	論 語	論 語
11：10 11：50	詩 經	詩 經	詩 經	詩 經	詩 經
11：50 14：00	～午餐 & 午休～				
14：20 14：50	孝 經	孝 經	孝 經	孝 經	孝 經
15：00 15：30	唐 詩	唐 詩	唐 詩	唐 詩	唐 詩
15：40 16：00	～下午茶時間～				
16：10 16：50	大 學	英 文	英 文	英 文	英 文
16：50 17：30	故事引導	生活常規	感恩善行	生活常規	故事引導

附表五：在家自學全日課程表

啓蒙班：四歲～一年級

上課時間	星期一	星期二	星期三	星期四	星期五
8：00～9：00	功夫課	功夫課	功夫課	功夫課	功夫課
9：00～9：20	早餐	早餐	早餐	早餐	早餐
9：20～10：00	易經複習	易經複習	易經複習	易經複習	易經複習
10：00～11：00	中文讀經 易經	中文讀經 易經	統合課	中文讀經 易經	中文讀經 易經
11：00～12：00	英文	英文		英文	英文
12：00～14：00	午餐、午休				
14：00～14：30	論語誦讀 ／字卡	英文故事	詩詞吟唱 ／品格教育	論語誦讀 ／字卡	論語誦讀 ／字卡
14：30～15：00					
15：00～15：30	奧福音樂	論語誦讀 ／字卡	中文讀經 易經	西班牙	閱讀
15：30～16：00				繪畫 ／美勞	
16：00～16：30	點心	點心	點心		親子數學
16：30～17：00	戶外活動	戶外活動	戶外活動		點心
17：00～17：30				點心	戶外活動
17：30～18：00				戶外活動	

孔孟班：二年級～四年級

上課時間	星期一	星期二	星期三	星期四	星期五
8：00～9：00	功夫課	功夫課	功夫課	功夫課	功夫課
9：00～10：00	中文讀經 易經	中文讀經 易經	英文	中文讀經 易經	中文讀經 易經
10：00～11：00	英文	英文	統合課	英文	英文
11：00～12：00	易經背誦	易經背誦	統合課	易經背誦	易經背誦
12：00～14：00	午餐、午休				
14：00～14：30	書法	說書課	史記複誦 （項羽本紀）	西班牙語	英文故事
14：30～15：00	書法	說書課	史記複誦 （項羽本紀）	西班牙語	英文故事
15：00～15：30	中文抄寫	史記複誦 （項羽本紀）	家政	繪畫／美勞	親子數學
15：30～16：00	中文抄寫	史記複誦 （項羽本紀）	家政	繪畫／美勞	親子數學
16：00～16：30	中文抄寫	中文抄寫	易經背誦	繪畫／美勞	音樂
16：30～17：00	戶外活動 ／美術	中文抄寫	易經背誦	體育課	音樂
17：00～18：00	戶外活動 ／美術	體育課	體育課	體育課	體育課

春秋班：五年級～九年級

上課時間	星期一	星期二	星期三	星期四	星期五
8：00～9：00	功夫課	功夫課	功夫課	功夫課	功夫課
9：00～10：00	英文	英文	中文讀經古文選	英文	英文
10：00～11：00	中文讀經古文選	中文讀經古文選	科學課	古文選背誦	古文選背誦
11：00～12：00	古文選背誦	古文選背誦		古文選講解	古文選講解
12：00～14：00	午餐、午休				
14：00～14：30	書法	說書課	英文故事	西班牙語	數學
14：30～15：00					
15：00～15：30		史記複誦（項羽本紀）	家政	英文閱讀	科學複習
15：30～16：00	英文閱讀				
16：00～16：30		科學複習	數學		音樂
16：30～17：00	戶外活動／美術			體育課	
17：00～17：30		體育課	體育課		體育課
17：30～18：00				原文數學 Geometry	
18：00～18：30					
18：30～19：00					

參考書目

一、專書（以出版年月爲排列順序）

古　籍

1. 《臺灣省通志稿》（文獻委員會編，南投市：臺灣省文獻委員會 1951 年。）

2. 《雲林縣采訪冊》倪贊元（臺灣文獻叢刊第三七種，臺灣銀行經濟研究室，1959 年 4 月）。

3. 《臺灣教育碑記》〈臺灣省文獻叢刊第五四種，臺灣銀行經濟研究室，1959 年 7 月）。

4. 《臺灣外記》江日升（臺灣文獻叢刊第六〇種，臺灣銀行經濟研究室，1960 年 5 月）。

5. 《臺灣府志》高拱乾（臺灣文獻叢刊第六五種，臺灣銀行經濟研究室，1960 年 6 月）。

6. 《重修臺灣府志》周元文（臺灣文獻叢刊第六六種，臺灣銀行經濟研究室，1960 年 7 月）。

7. 《噶瑪蘭志略》柯培元（臺灣文獻叢刊第九二種，臺灣銀行經濟研究室，1961 年 1 月）。

8. 《重修福建臺灣府志》劉良璧（臺灣文獻叢刊第七四種，臺灣銀行經濟研究室，1961 年 3 月）。

9. 《澎湖紀略》胡建偉（臺灣文獻叢刊第一〇九種，臺灣銀行經濟研究室，1961 年 7 月）。

10. 《程氏家塾讀書分年日程》元·程端禮（臺北：世界書局，1962 年）。

11. 《臺灣通史》連橫（臺灣文獻叢刊第一二八種，卷 11，1962 年 2 月）。

12. 《續修臺灣府志》余文儀（臺灣文獻叢刊第一二一種，臺灣銀行經濟研究室，1962 年 4 月）。

13. 《續修臺灣縣志》謝金鑾（臺灣文獻叢刊第一四〇種，臺灣銀行經濟研究室，1962 年 6 月）。

14. 《彰化縣志》周璽纂（臺灣文獻叢刊第一五六種，臺灣銀行經濟研究室，1962 年 11 月）。

15. 《諸羅縣志》周鐘瑄（臺灣文獻叢刊第一五六種，臺灣銀行經濟研究室，1962 年 12 月）。

16. 《新竹縣志》陳淑均纂（臺灣銀行經濟研究室，1963 年）。

17. 《噶瑪蘭廳志》陳淑均（臺灣文獻叢刊第一六〇種，臺灣銀行經濟研究室，1963 年 3 月）。

18. 《澎湖廳志》林豪（臺灣文獻叢刊第一六四種，臺灣銀行經濟研究室，1963 年 6 月）。

19. 《淡水廳志》陳培桂（臺灣文叢刊第一七二種，臺灣銀行經濟研究室，1963 年 8 月）。

20. 《湖南通志》清·曾國荃等撰（臺北市：京華出版社，1967 年〉。

21. 《玉海》宋·王應麟（臺北市：臺灣商務館，1967 年印製）。

22. 《白鹿書院教規》宋·朱熹撰（臺北：藝文印書館 1967 年）。

23. 《臺灣省通志》李汝和主修（臺灣省文獻委員會，1970 年 6 月）。

24. 《大清德宗景皇帝實錄》（臺北市：華文書局，1970 年 6 月再版）

25. 《冊府元龜》北宋·王欽若等編（臺北市：臺灣中華，1972 年）。

26. 《臺灣文教史略》李汝和（臺北：臺灣省文獻委員會 1972 年）。

27. 《清代臺灣教育史料彙編》第 3 冊，莊金德〈臺灣省文獻會，1973 年〉。

28. 《天下書院總志》清·王昶（臺北：廣文書局，1974 年）。

29. 《明史》（臺北：鼎文書局，1975 年 6 月初版）。

30. 《古今圖書集成》陳夢雷（臺灣：鼎文書局 1977 年 4 月〉。

31. 《明末顏習齋先生元年譜》清·李塨（臺北：臺灣商務印書館，1978 年）。

32. 《日知錄》清·顧炎武（臺北：臺灣商務印書館，1978 年）。

33. 《康有爲政論集》上冊，康有爲（北京市：中華書局 1981 年第 1 版）。

34. 《性理精義》清·李光地（臺北：廣文書局，1982 年）。

35. 《欽定學政全書》素爾納纂（臺北市：文海出版社，1983 年）。

36. 《景印文淵閣四庫全書·文獻通考》元·馬端臨（臺灣：臺灣商務館，1983 年）。

37. 《欽定續通典》清·嵇璜（臺灣：臺灣商務館，1983 年）。

38. 《通典》唐·杜佑（臺北市：臺灣商務，1983 年）。

39. 《四書章句集注》宋·朱熹（臺北：鵝湖出版社，1984 年）。

40.《禮記集解》孫希旦（臺北市：文史哲出版社 1990 年 8 月）。

41.《吉安府志》（清・余之楨修；王時槐纂，北京市：中國書店出版，1992 年）

42.《鳳山縣采訪冊》盧德嘉（南投市：臺灣省文獻會 1993 年）。

43.《臨時臺灣舊慣調查會第一部調查第三回合報告書臺灣私法》（文獻委員會編，南投市：臺灣省文獻委員會 1993 年）

44.《白鹿書院志》清・毛德琦原訂、周兆蘭重修（南京：江蘇教育出版社，1995）。

現代專書

1.《廣東書院制度》劉伯驥（臺北市：中華叢書委員會，1958 年）。

2.《清代科舉制度之研究》黃光亮（臺北縣：嘉新水泥公司文化基金會，1976 年 10 月）。

3.《清代臺灣科舉制度之研究》張世賢（臺北縣：嘉新水泥公司文化基金會，1976 年 10 月）。

4.《文化與教育》錢穆（臺北：東大圖書公司，1976 年）。

5.《臺灣書院小史》馬肇選（彰化縣：社會教育館研究叢書之四，1977 年 9 月）。

6.《宋明理學概述》錢穆（臺北：學生書局，1977 年）。

7.《文廟祀典考》龐鍾璐（臺北：中國禮樂學會，1977 年）。

8.《近代書院學校制度變遷考》謝國楨（臺北：文海出版社，1979 年）。

9.《臺灣通史》連雅堂（臺北：眾文出版社，1979 年）。

10.《臺灣史》林衡道（臺北：眾文圖書出版，1979 年）。

11.《臺灣早期歷史研究》曹永和（臺北市：聯經出版事業公司，1979 年）。

12.《中國書院制度》盛朗西（臺北市：華世出版社，1979 年臺 1 版）。

13.《清代科舉》劉兆璸（臺北市：東大圖書有限公司，1979 年 10 月再版）。

14.《中國社會政治史》薩孟武第三冊（臺北市：三民書局 1980 年 1 月再版）。

15.《近代書院學校制度變遷考》謝國楨（臺北：文海書局，1980 年）。

16.《中國書院史話》章柳泉（北京：教育科學出版社，1981 年）。

17.《中國吏治制度史概要》張金鑑（臺北市：三民書局，1981 年 4 月）。

18.《臺灣史研究》張勝彥（臺北市：華世出版社，1981 年 4 月初版）。

19.《中國書院制度考略》張正藩（臺灣：中華書局，1981 年）。

20.《中國考試制度史》鄧嗣禹（臺北市：臺灣學生書局，1982 年）。

21.《清代臺灣：政策與社會變遷》楊熙（臺北：天功書局，1983 年）。

22.《台北市發展史》陳三井（臺北市：臺北市文獻委員會，1983 年）。

23.《唐代東亞教育圈的形成》高明士（臺北：國立編譯館中華叢書編審委員會，1984 年）。

24.《現代中國學術論衡》錢穆（臺北：東大圖書，1984 年）。

25.《清代臺灣之鄉治》戴炎輝（臺北市：聯經出版事業公司，1984 年）。

26.《古代選舉及科舉制度概述》許樹安（天津：天津人民出版社，1985 年）。

27.《草屯登瀛書院調查研究》漢寶德（南投：南投縣政府，1985 年）。

28.《集集明新書院調查研究》漢寶德（南投：南投縣政府，1985 年）。

29.《書院教育與建築》王鎮華（臺北：故鄉出版社，1986 年）。

30.《嶽麓書院一千零一十周年紀念文集》岳麓書院文化研究所編（長沙：湖南人民出版社，1986）。

31.《中國近代教育史教學參考資料》上冊，陳學恂主編（上海：人民出版社，1986）。

32.《臺灣的書院》王啓宗（臺中市：臺灣省政府新聞處，1987 年 6 月初版）。

33.《臺灣的傳統中國社會》陳其南（臺北市：允晨文化公司，1987 年）。

34.《西螺振文書院調查研究》閻亞寧（雲林：雲林縣政府，1987 年）。

35.《中國文化史》柳詒徵（臺北：正中書局，1989 年）。

36.《白鹿洞書院史略》李才棟（北京：教育科學出版社，1989 年）。

37.《臺灣儒學：起源、發展與轉化》陳昭瑛（臺北：正中書局，1990 年）。

38.《清代臺灣移民社會研究》陳孔立（廈門：廈門大學出版社，1990 年）。

39.《草屯鎮鄉土社會史資料》林美容（臺北：臺灣風物雜誌社，1990 年）。

40.《古蹟藍田書院簡介》藍田文獻委員會編（南投：南投藍田文獻委員會，1990 年）。

41.《宋代書院與宋代學術之關係》吳萬居（臺北：文史哲出版社，1991 年）。

42.《清代考選制度》楊紹旦（臺北縣：考選部，1991 年）。

43.《中國書院與傳統文化》楊布生、彭定國（湖南省：湖南教育出版社，1992 年）。

44.《書院與中國文化》丁鋼、劉琪（上海：上海教育出版社，1992 年）。

45.《南投藍田書院之研究與修護計劃》漢寶德（南投：南投縣政府 1993 年）。

46.《清代臺灣廳縣制度之研究》張勝彥（臺北市：華世出版社，1993 年）。

47.《清代臺灣知識份子社會參與之研究》郭伶芬（臺中市：必中出版社，1993 年）。

48.《中國的書院》朱漢民（臺北市：商務印書館，1993 年 10 月初版）。

49. 《中國教育系・歷代教育制度考》下卷，中國教育大系編纂出版委員會編（武漢：湖北教育出版社，1994）。

50. 《中國書院史》李國鈞主編（長沙：湖南教育出版社，1994 年）。

51. 《臺灣史研究》黃秀政（臺北市：臺灣學生書局，1995 年 8 月增訂再版）。

52. 《中國書院史》樊克政（臺北市：文津出版社，1995 年 9 月）。

53. 《科舉論叢》謝浩（南投市：臺灣省文獻會，1995 年 10 月）。

54. 《鳳山鳳儀書院調查研究》李乾朗等編（高雄縣：高雄縣政府。1996 年）。

55. 《書院的社會功能及其文化特色》胡青（武漢：湖北教育出版社，1996 年）。

56. 《中國教育史》王鳳喈（臺北：國立編譯館出版，1996）。

57. 《中國教育史綱》周愚文（臺北：師大書苑，1996 年）。

58. 《中國書院辭典》季嘯風（浙江：浙江教育出版社，1996 年）。

59. 《嶽麓書院的歷史與傳統》朱漢民（長沙：湖南大學出版社，1996 年）。

60. 《中國書院史資料》下冊，陳谷嘉、鄧洪波主編（杭州：浙江教育出版社，1997）。

61. 《中國書院制度研究》陳谷嘉、鄧洪波主編（杭州：浙江教育出版社，1997）。

62. 《書院文化》楊布生、彭定國（臺北縣：雲龍出版社，1997 年 12 月初版）。

63. 《中國書院史》李國鈞（湖南：湖南教育，1998 年）。

64. 《中國古代書院》王炳照（北京：商務印書館，1998）。

65. 《中國教育制度史論》高明士（臺北：聯經出版圖書公司，1999 年）。

66. 《清代官制研究》古鴻廷（臺北市：國立編譯館，1999 年）。

67. 《臺灣史探微：現實與史實的相互往來》戴國煇（臺北市：南天書局，1999 年）。

68. 《台灣的書院與科舉》林文龍（臺北市：吳氏圖書公司，1999 年 9 月）。

69. 《臺灣與傳統文化》陳昭瑛（臺北：臺灣書店出版，1999 年）。

70. 《臺灣早期歷史研究續集》曹永和（臺北市：聯經出版事業公司，2000 年）。

71. 《中國書院學規》鄧洪波（長沙：湖南大學出版社，2000 年）。

72. 《磺溪書院簡介》臺中縣大肚鄉公所編（臺中縣：臺中縣大肚鄉公所，2000 年）。

73. 《明清臺灣儒學論》潘朝陽（臺北：臺灣學生書局，2001 年）

74. 《臺灣歷史民俗》林衡道（臺北市：黎明文化事業，2001 年 4 月初版）。

75. 《新譯尚書讀本》吳璵（臺北市：三民書局 2001 年 8 月）。

76. 《學術與制度——學科體制與現代中國史學的建立》劉龍心（臺北：遠流出版社，2002 年）。

77.《中國書院文化與建築》楊慎初（武漢：湖北教育出版社，2002 年）。

78.《教育研究法》林生傳（臺北：心理出版社，2003 年。）

79.《中國書院史》鄧洪波（上海：東方出版中心，2004 年）。

80.《書院教育與科舉關係研究》李兵（臺北：國立臺灣大學出版中心，2005 年）

81.《台灣的書院》李鎮岩（臺北縣：遠足文化事業，2008 年 1 月）。

二、期刊論文

1.〈中國書院教育新論〉陳道生，師大教育研究所集刊 1，1958 年 6 月。

2.〈「大觀書社」與「大觀義學」〉陳漢光，臺灣風物 17 卷 5 期，1967 年。

3.〈清代臺灣書院制度初探〉張勝彥，食貨雜誌第 6 卷 3 期，1976 年 6 月。

4.〈書院與臺灣社會〉黃秀政，臺灣文獻第 31 卷第 3 期，1980 年 9 月。

5.〈清代臺灣書院沿革初稿〉郭嘉雄，臺灣文獻第 38 卷 2 期，1987 年。

6.〈日據時期臺灣書房教育之檢討〉吳文星，思與言第 26 卷 1 期，1988 年。

7.〈淺談台灣書院〉林衡道，國文天地第 5 卷 11 期，1990 年。

8.〈清代臺灣文科考試述略——歲科考篇〉黃淑清，臺北文獻直字 92 期，1990 年。

9.〈清代臺灣之義學〉孫準植，國史館館刊復刊第 15 期，1993 年。

10.〈書院祭祀空間的教育作用〉高明士，國際儒學研究論文集第 3 集 1997 年 5 月。

11.〈從書院學規看清代台灣書院的儒學教育宗旨〉林孟輝，孔孟月刊第 37 卷第 6 期，1999 年 2 月。

12.〈清代台灣書院的儒學教育內涵試探〉林孟輝，中華文化月刊第 233 期，1999 年 8 月。

13.〈理學堂大書院調查研究及修護計劃〉李乾朗研究主持臺北：臺北縣政府，1999 年。

三、學位論文

1.《宋代書院制度之研究》孫彥民，臺北：政治大學教育研究所碩士論文，1963 年。

2.《中國書院制度之研究》趙汝福，臺中：省立臺中師範專科學校，1970 年。

3.《清代臺灣漢人社會的建立及其結構》陳其南，臺北市：國立臺灣大學考古人類所，1975。

4.《浙江書院研究》呂仁偉，臺北：國立臺灣大學歷史學系，1980 年。

5. 《清代台灣科舉制度的研究》王惠琛，臺南市：國立成功大學歷史語言所，1989 年。

6. 《清代臺灣學校教育與儒學教化》林孟輝，臺南市：國立成功大學中國文學系，1999 年。

7. 《明代書院講學的研究》王崇峻，臺北：國立臺灣大學歷史學系，1992 年。

8. 《清代臺灣書院之研究》許世穎，臺北：臺北市立師範學院初等教育研究所，1996。

9. 《地方儒士興學設教的傳統及其意義》潘朝陽，鵝胡學誌第 17 期，1996 年。

10. 《宋代書院教育與教材教法》官志隆，彰化：彰化師範大學國文學系，2002 年。

11. 《清代明志書院研究》許楓萱，臺北：國立臺灣師範大學教育學系，2003 年。

12. 《清代臺灣學海書院研究》陳紫屏，臺北：國立臺灣師範大學教育學系，2003 年

13. 《中國傳統書院的人格教育與師生關係之研究》王甘草，彰化：國立彰化師範大學教育研究所，2004 年。

14. 《清代臺灣海東書院之研究》黃淑怡，嘉義：國立中正大學教育學研究所，2008 年。